山东省高水平学科(中国史)项目、国家社会科学基金青年项目资助

# 交流与展示：
# 中国参加1936年柏林奥运会研究

史慧佳 著



山东大学出版社
·济南·

**图书在版编目(CIP)数据**

交流与展示:中国参加1936年柏林奥运会研究 / 史慧佳著. —济南:山东大学出版社,2021.6
ISBN 978-7-5607-7062-8

Ⅰ.①交… Ⅱ.①史… Ⅲ.①奥运会—历史—研究—柏林—1936②体育运动史—研究—中国—1936 Ⅳ.①G811.219②G812.96

中国版本图书馆CIP数据核字(2021)第118172号

责任编辑 李孝德
文案编辑 张彩芸
封面设计 张 荔

出版发行 山东大学出版社
社 址 山东省济南市山大南路20号
邮政编码 250100
发行热线 (0531)88363008
经 销 新华书店
印 刷 济南新科印务有限公司
规 格 720毫米×1000毫米 1/16
15.5印张 262千字
版 次 2021年6月第1版
印 次 2021年6月第1次印刷
定 价 54.00元

# 目　录

# 绪 论

## 一、选题旨趣

2001年7月13日，北京获得第29届奥运会举办权，那一刻圆了中国人一百年来的奥运梦。2008年8月，气势恢宏的开幕式宣告第29届奥运会正式拉开大幕。从中国开始筹办奥运会，到奥运会圆满落幕，这期间各式各样的评论纷至沓来，惊叹的赞语、洋溢的自豪、浮现的疑虑，无论什么样的评论，都不能否认中国圆满实现了百年来的奥运梦。那么，我们不禁要问：中国人的奥运梦始于何时？何时开始参加奥运会？为何要参加奥运会？最终的结果又怎么样呢？

在大部分人的印象中，中国第一次参加奥运会始于1984年洛杉矶奥运会，许海峰为中国获得第一枚奥运金牌。殊不知，早在20世纪初中国人即有了自己的奥运梦：中国何时才能派一位选手参加奥运会？中国何时才能派一支队伍参加奥运会？中国何时才能举办奥运会？近代中国体育史上有名的"奥运三问"[①]寄托着中国人的奥运梦想。自1922年中国被国际奥委会接纳为会员国以来，这个梦想开始一步步地实现，1932年刘长春代表中国出征第10届洛杉矶奥运会，1936年中国体育代表团出席第11届柏林奥运会……2008年第29届奥运会在北京成功举办。

中国与奥运会的渊源最早可追溯到1928年在荷兰阿姆斯特丹举行的第

---

① 相关探讨主要有吴志刚：《基督教青年会对中国体育发展的影响》，许义雄主编：《近代中国体育思想史论集》，台湾师范大学体育学系（所）1990年版；张博：《近代中国的奥运记忆》，天津古籍出版社2008年版；张天白：《从东亚病夫到申办2008年奥运会》，《体育文史》1993年第12期；熊晓正：《一个民族的奥运情节》，《中国体育》，北京出版社1994年版；袁大任、王军等：《中国奥林匹克源头析证》，《体育文化导刊》2008年第5期。目前学界对"奥运三问"的真伪尚有争议，主要参见崔乐泉：《奥林匹克运动在中国的发展（一）》，《武汉体育学院学报》2007年第4期；古维秋、刘晖：《关于"奥运三问"真伪的辨析》，《成都体育学院学报》2009年第4期。

9 届奥运会，但此届奥运会中国仅派出宋如海作为代表出席开幕式。1932 年，中国派出刘长春作为唯一一名运动员参加第 10 届奥运会，其目的在于粉碎日本使“满洲国”合法化的阴谋。真正意义上大规模派出运动员参加奥运会是在 1936 年举办的第 11 届柏林奥运会，即使参加 1948 年第 14 届伦敦奥运会，中国也未能派出规模如此庞大的代表团。本书拟选取中国参加第 11 届奥运会为研究对象，此届奥运会较民国时期中国参加的其他两届奥运会相关史料丰富、全面，在某些方面亦更具典型性。同时，选取中国参加第 11 届奥运会并对其进行考察，发现这与当时中国的社会环境息息相关：1927～1936 年中国体育逐渐步入正轨，20 世纪 30 年代中德关系密切，这些均为中国派出 140 余人的体育代表团参加奥运会提供了有利条件，正因如此，筹备参加此届奥运会的组织者提出了中国参加此次奥运会的动机：交流体育技能，展示国家形象。此亦为本书考察中国参加此届奥运会的切入点。此外，通过对这段历史轨迹的梳理，不仅可以丰富我们对近代中国体育史的认识，亦可发现国民政府将参加奥运会作为在国际上重新塑造国家形象所进行的一种尝试。

## 二、研究现状

### （一）近代中国体育史研究路径

近代中国体育史民国时期即已有书籍、论文进行探讨研究，当时的主流体育杂志，如《勤奋体育月报》《体育季刊》《体育杂志》等，经常刊载时人对近代中国体育的种种看法。[①] 20 世纪 50 年代以来研究体育史的学者，主要采用通史的记述方式，以时间为线索，从宏观角度简要叙述各时期的体育发展状况，编撰了以近代中国体育史为主的体育类教科书、论著，成为体育史入门者的基础读物。[②] 进入 20 世纪 90 年代，体育史研究内容渐趋多样化，体育政策、体育思想、学校体育、体育人物、运动竞赛均被纳入讨论研究的范围，其研究的广度和深度

---

① 民国时期体育研究具体状况，参见陈晴：《清末民初新式体育的传入与嬗变》，华中师范大学教育学博士学位论文，2007 年。

② 主要有吴文忠：《中国近百年体育史》，台湾商务印书馆 1967 年版；吴文忠：《中国体育发展史》，台湾三民书局 1981 年版；成都体育学院体育史研究室编：《中国近代体育史简编》，人民体育出版社 1981 年版；王振亚：《旧中国体育见闻》，人民体育出版社 1987 年版；国家体委体育文史工作委员会、中国体育史学会编：《中国近代体育史》，北京体育学院出版社 1989 年版；崔乐泉：《中国近代体育史话》，中华书局 1998 年版；等等。

都有所加强。[①] 此后的一些学者还从体育新闻传播、社会文化、区域史和运动会发展方面对体育史进行研究，在研究内容、方法及视角方面，均有一定的突破。[②] 但是，以上这些研究仍多为历史史实的叙述，仅停留于史实表面，未能对相关问题予以深入探究，并且在一些史实的记述中存在或多或少的错误。同时，大陆地区的近代中国体育史研究，因受早期体育史研究的影响，研究中常常出现“旧势力”“国民党反动派”“帝国主义”等一些革命范式语言，禁锢了体育史研究人员的思维，致使研究成果或多或少地带有主观偏见，将研究对象予以简单的定性，而不能较客观、准确地进行中国近代体育史研究。虽然近年来有关近代中国体育史的新成果能够在考察客观史实的基础上进行研究，但“革命”范式在其中仍有相当大的影响。

近年来历史学者对近代体育开始产生浓厚兴趣，在方法论和史实梳理方面对近代体育史研究有巨大的推进作用。他们首先把体育史放在社会生活史视野下进行研究，将体育视为一种新兴的社会文化现象、生活方式及娱乐形式，从中探讨在西学东渐背景之下，近代中国社会生活是如何传承与嬗变的，其成果多见于社会生活通史、地方史研究中。[③] 但这些研究更多地是将体育作为阐释某一理论或视野的研究素材和对象予以看待，从而进行外缘、客观的描述，体育作为研究的主体并不突出。

除将近代中国体育发展置于政治史、社会史视野下进行研究之外，部分研究者还通过新文化史的视角，从更多侧面观察近代中国体育发展状况。清末以来，体育被认为是“强国强种”的重要方式，是除去“东亚病夫”蔑称的重要途径。因此，中国台湾地区不少历史学者从这个方面出发，以民族主义或以身体、国家

① 主要有乔克勤、关文明：《中国体育思想史》，甘肃民族出版社 1993 年版；苏竞存编：《中国近代学校体育史》，人民教育出版社 1994 年版；许义雄等：《中国近代体育思想》，台湾启英文化事业有限公司 1996 年版；崔乐泉、杨向东主编：《中国体育思想史（近代卷）》，首都师范大学出版社 2008 年版；等等。

② 主要有郎净：《商务印书馆与近代中国体育传播》，《体育文化导刊》2005 年第 8 期；赵蕴等：《20 世纪上半叶中国体育期刊的发展特征》，《体育成人教育学刊》2003 年第 3 期；徐元民：《中国近代知识分子对体育思想之传播》，师大书苑有限公司 1999 年版；施传杰：《中国民众体育发展的历程与特色——建国前上海近代竞技体育发展的回顾》，《第七届全国体育科学大会论文摘要汇编（一）》，2004 年；郎净：《近代体育在上海：1840～1937》，上海社会科学院出版社 2006 年版；罗时铭：《奥运来到中国》，清华大学出版社 2007 年版；徐元民：《中国近代运动竞赛》，台湾体育学院 1996 年版；等等。

③ 主要有严昌洪：《20 世纪中国社会生活变迁史》，人民出版社 2007 年版；李长莉：《中国人的生活方式：从传统到近代》，四川人民出版社 2008 年版；熊月之主编：《上海通史（晚清文化、民国文化卷）》，上海人民出版社 1999 年版；楼嘉军：《上海城市娱乐研究（1930～1939）》，文汇出版社 2008 年版。

为视角对近代体育进行研究。[①] 也有学者通过女子体育文化和性别视角，审视女子体育与国家、社会文化的关系。[②] 还有研究者将中国参加国际运动赛事这一举动置于国际关系框架下，从这一角度理解中国人对运动的热爱与追求。[③] 亦有研究者将19世纪末21世纪初的中国体育放到全球化的独特视角下，使这个时期中国体育的发展显现出了在别人眼中未曾显示的一些新的特点。[④] 用新视野对中国近代体育史进行研究，扩大了人们认识、研究近代中国体育发展历程的眼界。然而，这些研究仅将近代中国体育作为其研究的载体，并未将其作为研究的主体，呈现其发展的脉络。

针对上述存在的问题，近几年与近代中国体育史相关的部分硕士学位论文，能够在翔实梳理相关史实的基础上，进一步探究体育与近代中国的种种关联，在不同程度上弥补了以往研究中的不足之处。有论者通过考察新式体育传入中国后，从中国体育思想的传播和转变、地方与全国体育思潮的相互关系以及新体育思潮对近代中国体育发展产生的影响等方面进行了深入的研究。[⑤] 有论者从区域体育或体育机构发展状况着手研究，进而审视民国时期体育发展的道路，总结对当代中国体育发展提供的可借鉴之处。[⑥] 有论者从推进体育发展及运动会与民族主义的关系入手，对民国时期中国参与国内外运动会进行研

---

① 主要有许义雄：《近代中国民族主义体育思想之特质》，许义雄等：《中国近代体育思想》，启英文化事业有限公司1996年版；戴伟谦：《民族精神教育之体育思想》，许义雄等：《中国近代体育思想》，启英文化事业有限公司1996年版；黄金麟：《历史、身体、国家：近代中国的身体形成（1895～1937）》，新星出版社2006年版；黄金麟：《政体与身体：苏维埃的革命与身体，1928～1937》，台湾联经出版事业公司2005年版；王冠华：《近代中国体育——范畴类别与体制归属》，王希、姚平主编：《在美国发现历史——留美历史学人反思录》，北京大学出版社2010年版，第285～303页。

② 参见游鉴明：《运动场内外：近代华东地区的女子体育（1895～1937）》，"中研院"近代史研究所2009年版。

③ Xu Guoqi（徐国琦），*Olympic Dreams：China and Sports，1895-2008*，Cambridge，Mass.：Harvard University Press，2008.

④ Andrew D.Morris（毛岸俊），*Marrow of the Nation：A History of Sport and Physical Culture in Republican China*，Berkeley：University of California Press，2004.

⑤ 参见王荷英：《〈申报〉中的上海近代体育研究（1872～1919）》，苏州大学体育人文社会学硕士学位论文，2005年；陈晴：《清末民初新式体育的传入与嬗变》，华中师范大学教育学博士学位论文，2007年；张婷婷：《近代体育思想的转变与发展（1918～1920）——以湖南为个例的考察》，华中师范大学历史学硕士学位论文，2008年。

⑥ 参见任冉冉：《上海社会体育研究（1912～1937）》，上海师范大学历史学硕士学位论文，2007年；柯火炎：《中华全国体育协进会研究（1924～1949）》，华中师范大学历史学硕士学位论文，2009年。

究。[①] 有论者采用新文化史的研究方法，审视体育在近代中国扮演的角色。[②]

在肯定上述研究的同时，仍有一些问题需要思考。回归本书所选研究对象，综观近代中国所参加的国内外体育赛事，除参与竞赛、考察学习外，民族主义亦为贯穿其中的一条线索，不论是全国运动会中政府呼吁“体育救国”，还是远东运动会上与日本进行抗争，均为近代中国表现民族主义的形式。但是，近代中国参与体育赛事，是否仅能通过这两种方式表现民族主义，特别是在走出国门、走出东亚参加奥运会的时候，在不能通过比赛成绩展现民族精神、展示中国形象的情况下，将采用何种方式进行表达，是一个值得思考的问题。

综上所述，近代中国体育史研究路径呈现出多种发展态势，并在相互借鉴的基础上不断加深认识，产生新视野与新方法。通过梳理以往研究可以发现，体育与政治、经济、社会、文化均有密不可分的联系，如果仅将近代中国体育与其中一部分进行研究，并不能全面展现近代中国体育史的发展状况，继而不能更加接近历史的客观事实。因此，近代中国体育史的研究路径，逐步朝着总体史方向发展，成为不可避免的趋势。

（二）近代中国参与奥运会的研究现状

自 1932 年中国在真正意义上参与奥运会后，大量介绍奥运会的论著层出不穷，对中国参与奥运会也有相关的论述。如沈嗣良编写的《我国参加第十届世界运动会盛况》，介绍了中国参加此次奥运会的动机、成绩及意义，并对中国参加 1936 年奥运会予以了展望。[③] 中华体育协进会主编的《柏林世运会》，用图片向人们展示了第 11 届奥运会的盛况，并在前言中简要提及中国参加第10 届、第 11 届奥运会的情况以及中国参与第 11 届奥运会的目的。[④] 然而，这些论著仅为时人对奥运会的认知、评价，很少涉及真正的学术研究。

早期奥运会史研究包含于体育通史论著中，如吴文忠编写的《中国体育发展史》一书，叙述了中国参加第 10 届、第 11 届、第 14 届奥运会的状况，并收录了参加第 11 届奥运会后政府代表、体育代表团成员及报界在比赛失败后的种

---

① 参见李琪：《远东运动会与近代中国》，华中师范大学历史学硕士学位论文，2008 年；姚敏：《体育救国：民国时期全运会研究》，华中师范大学历史学硕士学位论文，2011 年。

② 参见黄传昶：《近代中国体育中的启蒙与娱乐（1927～1937）——以华东地区为中心》，华中师范大学历史学硕士学位论文，2012 年。

③ 参见沈嗣良：《我国参加第十届世界运动会盛况》，中国第二历史档案馆编：《中华民国史档案资料汇编》第五辑第一编，江苏古籍出版社 1994 年版，第 994～999 页。

④ 参见中华体育协进会主编：《柏林世运会》，良友图书出版公司 1936 年版。

种言论。[①] 国家体委体育文史工作委员会与中国体育史学会编写的《中国近代体育史》，以及体育史编写组编写的《体育史》，从宏观上简述了旧中国参加的三届奥运会，通过阐述当时参赛经费不足、代表团参赛的种种辛酸，说明国民党统治的腐败、黑暗，诸如此类的革命式语言，影响了之后大陆地区的奥运史论著的写作主旨。[②] 20 世纪 90 年代后期，以奥运会为主体的通史类著作出现。美国学者徐国琦的*Olympic Dreams*：*China and Sports*，*1895-2008* 一书论述了1895～2008 年间中国体育运动的发展史，其中第二章内容涉及中国参加 1932 年、1936 年及 1948 年奥运会的概况及国内外反响。由此徐氏认为，通过参加 1932 年及 1936 年奥运会，中国人试图向世界展示一种新面貌、一种新的身份认同，也是面对日本侵略的回应——即使在诸多困难下仍坚持参加 1948 年奥运会，亦是延续前两次参加奥运会展示中国的意图。[③] 其他以奥运会为主体的论著数量不多，且多为对相关历史的叙述，少有对其中问题的探讨，[④]故而下文仅对相关问题分类论述。

1.近代中国参与的奥运

虽说中国第一次参与奥运会是在 1928 年，但因当时仅派宋如海作为代表出席开幕式，中国并未参与竞赛，故无相关论著。对中国参与第 10 届奥运会的论述，秦文忠的《中国运动员参加第十届奥运会简介》较详细地介绍了中国参与第 10 届奥运会的筹备经过，以及中国运动员在美国的经历。[⑤] 王培的《1932 年中国首次参加奥运会在北平的筹备经历》简要叙述中国参加 1932 年奥运会的筹备经过。[⑥] 其他与第 10 届奥运会相关的论述多以当时的参与者为切入点，将在下文予以详述。

第 11 届奥运会为中国第一次派出代表团参加的奥运会，因相关的资料较多，故相关论述较之前两届奥运会要多。游鉴明的《近代中国女子的运动图像》以历史照片和漫画为主要表现形式，展示了中国参加 1936 年奥运会的情形，特

① 参见吴文忠：《中国体育发展史》，台湾三民书局 1981 年版，第 481～487、490～492 页。

② 参见国家体委体育文史工作委员会、中国体育史学会编：《中国近代体育史》，北京体育学院出版社 1989 年版；体育史编写组：《体育史》，高等教育出版社 1987 年版。

③ Xu Guoqi(徐国琦)，*Olympic Dreams*：*China and Sports*，*1895-2008*，pp.39-48.

④ 主要有罗时铭：《奥运来到中国》，清华大学出版社 2007 年版；张博：《近代中国的奥运记忆》，天津古籍出版社 2008 年版；崔乐泉：《奥林匹克运动在中国的发展(一)》，《武汉体育学院学报》2007 年第 4 期；崔乐泉：《20 世纪中国体育的崛起与中华民族的复兴》，《体育文化导刊》2010 年第 10 期。

⑤ 参见秦文忠：《中国运动员参加第十届奥运会简介》，《宁夏大学学报》(自然科学版)1983 年第 1 期。

⑥ 参见王培：《1932 年中国首次参加奥运会在北平的筹备经历》，《北京档案》2008 年第 9 期。

别是代表团中的女选手们。[①] 赵善性的《中国与第 11 届奥林匹克运动会》简析了中国参加此届奥运会的原因，并参考有关文献资料，探讨了中国参加此届奥运会的历史地位及深远影响。[②] 高翠的《中国代表团与第 11 届奥运会》依据相关史料进行翔实论述，进而反映民国时期中国体育落后的事实。[③] 李润波的《历尽艰辛，进军奥运》记述了中国筹备、参与 1936 年柏林奥运会的全过程。[④] 除此之外，还有从中国代表团参与的运动项目出发进行论述的文章。李璟的《第一次走向世界的中国“国家足球队”》从队员选拔、征战南洋、奥运赛场上与英国队的对决、赛后访问欧洲六国这四方面，对参加 1936 年奥运会的中国足球队进行了记述。[⑤] 威子的《第一支走向世界的中国足球队》简述了当时中国足球队的实力，以及他们转战南洋、奥运赛场和受邀访欧的过程，只可惜对经费问题的记述存在谬误。[⑥] 赵宇梳理了 20 世纪早期中国足球发展的状况以及中国足球队参加 1936 年奥运会的前后经过。[⑦] 郑光路的《中国武术走向世界的序曲——国术表演队一九三六年赴“奥运会”》根据参加第 11 届奥运会的国术选手郑怀贤生前讲述，参考当时资料，详细描述了“国术表演队”在奥运会期间的坎坷经历。[⑧] 除参赛队伍外，国民政府亦组织一支体育考察团，以求吸取体育发达国家的经验，提高国内体育程度，郑志林、赵善性的《中华体育考察团赴欧考察评述》，就记述了考察团成员情况、选拔成员标准及体育考察活动。[⑨]

至于对第 14 届奥运会的记述，金玉良的《第 14 届奥运会与中国代表团》，简要叙述了英国筹备奥运会情况及中国代表团在伦敦的辛酸之旅。[⑩] 裘争平的《1948 年伦敦奥运会上的中国足球队》，介绍了中国出席第 14 届奥运会足球队

---

① 参见游鉴明：《近代中国女子的运动图像——一九三七年前的历史照片和漫画》，台湾博雅书屋有限公司 2008 年版，第 151～155 页。

② 参见赵善性：《中国与第 11 届奥林匹克运动会》，《武汉体育学院学报》1988 年第 6 期。

③ 参见高翠：《中国代表团与第 11 届奥运会》，《体育文化导刊》2004 年第 8、9 期。

④ 参见李润波：《历尽艰辛，进军奥运》，《北京档案》2007 年第 12 期。

⑤ 参见李璟：《第一次走向世界的中国“国家足球队”》，《文史精华》2002 年第 6 期。

⑥ 参见威子：《第一支走向世界的中国足球队》，《传承》2010 年第 6 期。

⑦ 参见赵宇：《巅峰的写照——从参加柏林奥运会的中国足球队看近代巅峰时期的中国足球》，《近代中国》2020 年第 2 期。

⑧ 参见郑光路：《中国武术走向世界的序曲——国术表演队一九三六年赴“奥运会”》，《体育文化导刊》2004 年第 7 期；另此文作者的另外两篇文章《中华武术首次赴奥运会表演全纪录》[《党史文苑》(纪实版)2008 年第 6 期]、《中华武术在 1936 年柏林奥运会》(《文史精华》2008 年第 6 期)与此文内容大致相同，在此不予评述。

⑨ 参见郑志林、赵善性：《中华体育考察团赴欧考察评述》，《体育文化导刊》1992 年第 4 期。

⑩ 参见金玉良：《第 14 届奥运会与中国代表团》，《体育文史》1994 年第 1 期。

的主要成员以及足球比赛的大致状况。[①]

2.与奥运会相关的人物

除了从近代中国的奥运参与这方面进行论述外，亦有论著以相关奥运人物为主体进行记述。孙越的《试论参加第11届奥运会的浙江体育名人》通过对出席第11届奥运会的浙江体育名人——王正廷、沈嗣良、宋君复、金兆均、舒鸿、江良规等人的介绍，浅析他们对近代中国体育发展的贡献，弘扬他们爱国、敬业和奉献的精神。[②] 兰凤翱的《天津人的奥运情结》讲述了王正廷的体育人生、“奥运三问”于天津的诞生、国术表演队队员傅淑云1936年的柏林之旅，以此说明天津人的奥运情结由来已久。[③] 但这类按地域论述奥运人物的文章较少，多数论著以个人的相关经历进行讲述，下文分职员、运动员两部分论述。

(1)职员

奥运会研究中所涉及的职员，包括代表团中的领导人员、管理人员、各参赛项目教管人员。提到近代中国的奥运人物，首先需要提及的即为王正廷。完颜绍元的《王正廷的外交生涯》将组织参加远运会、奥运会作为王正廷外交生涯的一部分进行叙述，并述及王正廷领团参加奥运会期间的外交活动。[④] 陆其国的《民国外交官王正廷与奥运会》讲述了王正廷与体育的结缘、领团参加奥运会、维护国家利益及其领导奥运之路的艰辛等内容。[⑤] 齐君、张连义的《王正廷与近代奥运会》叙述了王正廷当选中国首位国际奥委会委员、宣传奥运文化、推动中国奥运之行和筹募款项参加奥运会等内容，对扩大中华影响起了重要作用。[⑥] 除王正廷外，另一位在中国积极倡导奥运的人是张伯苓。孙海麟编写的《中国奥运先驱张伯苓》讲述了张伯苓作为中国奥运的先行者及倡导者的相关情况，以及近代中国三次参与奥运的史实，并述及张伯苓在中国奥运史上的地位。[⑦] 其他讲述张伯苓与奥运会的文章基本上与这本书所述内容相近，在此不进行评述。[⑧]

---

① 参见裘争平：《1948年伦敦奥运会上的中国足球队》，《档案春秋》2006年第10期。

② 参见孙越：《试论参加第11届奥运会的浙江体育名人》，《浙江体育科学》1997年第1期。

③ 参见兰凤翱：《天津人的奥运情结》，《体育文化导刊》2002年第1期。

④ 参见完颜绍元：《王正廷的外交生涯》，团结出版社2008年版。此书与该作者的另一本著作《王正廷传》（河北人民出版社1999年版）内容相同，在此不予赘述。

⑤ 参见陆其国：《民国外交官王正廷与奥运会》，《检察风云》2008年第10期。

⑥ 参见齐君、张连义：《王正廷与近代奥运会》，《兰台世界》2008年第11期。

⑦ 参见孙海麟主编：《中国奥运先驱张伯苓》，人民出版社2007年版。

⑧ 详见查毅：《中国奥运的先驱张伯苓》，《兰台世界》2010年第5期；周利成：《张伯苓：中国奥运先驱》，《决策与信息》2008年第8期。

至于参与奥运会的其他职员，宁波市江北区政协教文卫体和文史委等编写的《奥运篮球第一哨:舒鸿教授纪念文集》一书，收录了民国以来各报有关舒鸿在1936年奥运会上精彩表现的报道，以及一些怀念舒鸿的纪念性文章，全面叙述了舒鸿在体育方面特别是奥运会上的精彩表现及对中国的贡献。① 贝晓京的《奥运史上的首位中国裁判》简述了舒鸿担任1936年奥运会篮球决赛裁判的经过。② 陈晴的《宋如海——中国首位奥运会正式代表的体育理论与实践》简述了宋如海代表中国出席1928年奥运会的情况。③ 汤铭新、朱方东等学者的《简论宋如海〈我能比呀·世界运动会丛录〉在中国奥林匹克史中的地位与影响》评述了宋如海所著《我能比呀·世界运动会丛录》在中国奥运史上的地位及作用。④ 狄万勇的《中国参加奥运会的第一位正式代表宋如海》讲述了宋如海代表中国出席第9届奥运会始末、其所作与奥运会有关的著作及其点明奥运经济的先见之明。⑤

(2)运动员

作为中国第一位参加奥运会的运动员，刘长春参与奥运会是当今奥运史论著中讲述较为集中的内容。元文学主编的《中国奥运第一人刘长春》及孟昭莉等编著的《体育先驱刘长春》，讲述了刘长春参加第10届与第11届奥运会的经过，并从侧面展现了奥运会中的各方角力。⑥ 范珍的《中华民国运作刘长春参加奥运会过程的分析》一文，以"中华民国"运作刘长春参加第10届奥运会的过程为主线，揭示刘长春参加第10届奥运会的真实动因和曲折过程及其参加奥运会的真实历史意义。⑦ 孙喜和等学者的《刘长春第10届奥运会日记分析》通过对《我国首次正式参加奥运会始末》⑧中刘长春日记的分析，从刘长春在第10届奥林匹克运动会上表现出来的荣辱观、反日情绪、爱国主张，以及他对中国体育

---

① 参见宁波市江北区政协教文卫体和文史委等编:《奥运篮球第一哨:舒鸿教授纪念文集》，西泠印社出版社2008年版。

② 参见贝晓京:《奥运史上的首位中国裁判》，《传承》2010年第12期。

③ 参见陈晴:《宋如海——中国首位奥运会正式代表的体育理论与实践》，《军事体育进修学院学报》2008年第4期。

④ 参见汤铭新、朱方东等:《简论宋如海〈我能比呀·世界运动会丛录〉在中国奥林匹克史中的地位与影响》，《浙江体育科学》1999年第1期。

⑤ 参见狄万勇:《中国参加奥运会的第一位正式代表宋如海》，《江淮文史》2008年第1期。

⑥ 元文学主编:《中国奥运第一人刘长春》，大连理工大学出版社2008年版；孟昭莉等编著:《体育先驱刘长春》，大连理工大学出版社2009年版。

⑦ 参见范珍:《中华民国运作刘长春参加奥运会过程的分析》，大连理工大学运动人体科学硕士学位论文，2008年。

⑧ 参见刘长春:《文史资料选辑》第70辑，文史出版社1980年版。

发展的思考和建议等方面，阐述了中国参加第10届奥林匹克运动会的意义。[1] 孙喜和等学者的《刘长春参加第10届奥运会过程分析》对刘长春参加第10届奥运会的过程进行了分析，认为日本和伪满洲国运作刘长春参加奥运会有其政治目的。[2] 其余相关文章，多为讲述刘长春参加第10届奥运会的过程。[3]

李松福的《球王李惠堂传奇》仅将与李惠堂参与1936年奥运会相关的逸闻趣事缀辑成书。[4] 张博的《李惠堂：两次出征奥运会》讲述李惠堂1936年作为运动员的奥运之旅及1948年作为教练员的带队远征。[5] 王作化等学者的《符保卢：首个打入奥运决赛的中国选手》、刘骞的《被历史遗忘的中国奥运先驱》记述了中国第一位闯入奥运决赛的运动员符保卢的生平及其在1936年奥运会上的表现。[6] 袁成亮的《程金冠与1936年柏林奥运会》、吴宁兴的《江苏最早参加奥运会的运动员：程金冠》以参加1936年奥运会短跑运动员程金冠的口述史为主要材料进行叙述。[7] 林旭升的《林绍洲：我国竞技奥运110米高栏项目第一人》、周铭共的《李梦华的体育之路》、王作化等学者的《战死在抗日沙场的奥运英雄王润兰》分别讲述林绍洲、李梦华、王润兰的生平及他们的1936年奥运之旅。[8]

作为民国时期著名的女运动明星，杨秀琼受到时人及今人的关注。周丹用符号学方法分析民国时期画报上杨秀琼的照片，揭示了近代媒介图像对杨秀琼表征方式的变化以及杨秀琼在近代中国思想发展中的教育作用。[9] 汤锐从体育、性别、政治三个层面，分析了杨秀琼在20世纪30年代作为"模范""典型"，

---

① 参见孙喜和等：《刘长春第10届奥运会日记分析》，《体育文化导刊》2008年第11期。

② 参见孙喜和等：《刘长春参加第10届奥运会过程分析》，《体育文化导刊》2009年第5期。

③ 主要有李润波：《孤帆远影——刘长春参加第十届奥运会写照》，《北京档案》2007年第11期；王晋阳等：《刘长春首次代表中国参加奥运会的台前幕后》，《文史春秋》2008年第8期；陈昱：《中国奥运第一人刘长春》，《兰台世界》2010年第13期；等等。

④ 参见李松福：《球王李惠堂传奇》，未来出版社1987年版。

⑤ 参见张博：《李惠堂：两次出征奥运会》，《百年潮》2008年第8期。

⑥ 参见王作化等：《符保卢：首个打入奥运决赛的中国选手》，《文史春秋》2008年第12期；刘骞：《被历史遗忘的中国奥运先驱》，《黑龙江史志》2010年第8期。

⑦ 参见袁成亮：《程金冠与1936年柏林奥运会》，《百年潮》2007年第2期；吴宁兴：《江苏最早参加奥运会的运动员：程金冠》，《江苏地方志》2008年第4期。

⑧ 参见林旭升：《林绍洲：我国竞技奥运110米高栏项目第一人》，《台声》2001年第6期；周铭共：《李梦华的体育之路》，《体育文化导刊》2006年第10期；王作化等：《战死在抗日沙场的奥运英雄王润兰》，《文史精华》2008年增刊第1期。

⑨ 参见周丹：《近代媒介图像对体育明星的塑造及其意义——民国画报对运动员杨秀琼的视觉表征》，《成都体育学院学报》2008年第6期。

成为国民政府推广新生活运动的政治符码及形塑民族精神的丰碑。[①] 卢珊、邓先宇分别通过《玲珑》《申报》中的新闻报道，考察了媒体对杨秀琼形象的建构。[②]

此外，还有一位常常被忽视的奥运选手——张星贤，作为首位参加奥运会的中国台湾选手，他并不像刘长春一样被人们所熟知。林玫君的《身体的竞逐与身份的游移——台湾首位奥运选手张星贤的身份认同之形塑与其纠葛》以张氏的中文、日文自传为核心资料，通过呈现张氏参加比赛时所表现出来的“暧昧”的身份认同与差异，发现他在有多重认同来源的社会中始终摇摆不定。[③]

综上所述，20 世纪 80 年代以来的近代中国奥运史研究极少以规范的学术论著形式出现，套用罗伯特·巴里(Robert Barney)的话：“这些研究只是告诉我们奥运会在什么时间、什么地点以什么样的方式发生着，对于追求真相和社会问题的学者来说，这些资料只能算作咖啡时间的休闲读物。”[④]不仅缺乏对相关重要问题的研究，即使是已有研究成果，也不能做到深入研究，亦不乏重复出版、重复投稿现象。同时，有著者为表现所写论著的真实性，以当年参加奥运会的运动员或其家人的回忆录、口述材料为主要资料进行研究，这些回忆录、口述材料是否客观地反映了当时的历史事实，可信度有多高。这些都是当下近代中国奥运史研究中不容忽视的问题。

## 三、研究思路、创新点与难点

本书拟在以往研究成果的基础上，采用文本与图片相结合的方式，试图从中国参加 1936 年第 11 届奥运会的动机出发，呈现经费筹备过程、人员选拔与训练情况，以及中国代表团在奥运会期间的种种表现和国内外对此届奥运会的反响、评论，进而探讨当时中国政府如何推动体育国际化以及对国家形象的重新塑造等问题。

以往的研究多为对相关史实的陈述，较少进行深入的分析与讨论，因此对上述问题进行尝试性探讨为本书的第一个创新点。本书在论述的基础上，还试

---

① 参见汤锐：《体育·性别·政治动员——以南国“美人鱼”杨秀琼为中心》，《广东社会科学》2014 年第 3 期。

② 参见卢珊：《从〈玲珑〉杂志新闻报道看杨秀琼的角色变化》，《黑龙江史志》2015 年第 14 期；邓先宇：《〈申报〉对杨秀琼形象的建构(1933～1936)》，《传播力研究》2017 年第 12 期。

③ 参见林玫君：《身体的竞逐与身份的游移——台湾首位奥运选手张星贤的身份认同之形塑与其纠葛》，《思与言》2009 年第 1 期。

④ 转引自王润斌、杨麟：《奥林匹克政治史的创新之作——评阿尔弗雷德·赛恩的〈权力、政治与奥运会〉》，《体育学刊》2009 年第 6 期。

图探讨近代中国是用何种方式将中国体育融入世界体育发展的趋势之中？当时的政府又是如何利用这次体育赛事，尝试着摆脱“东亚病夫”的形象，向本国人民及世界各国人士展示中国之“新”形象？

本书写作中的难点在于目前搜集到的资料多为报刊类资料，部分资料间存在记述上的差异，且有部分参与者的回忆录，他们的回忆是否客观也难以考证，因此，在写作中如何取舍这些资料，需要谨慎思考。同时，中国派出的体育代表团在1936年第11届奥运会赛场上并未取得成绩，如何在没有取得成绩的情况下呈现“交流”与“展示”，这也为本书写作增添了不少难度。

# 第一章 参加奥运会的背景与动因

## 一、参赛背景

### (一)步入正轨:1927～1936 年中国体育发展状况

19 世纪中叶以来,中国长期处于内忧外患的环境之中,特别是在中日甲午战争后,部分知识分子的忧患意识愈加强烈,提出了许多救亡图存的方法。其中即有鼓吹"尚武救国""强国保种"者,号召民众加强身体锻炼。而锻炼身体的方法,除了传统的运动项目外,此时西式的运动项目陆续传入中国,如从军队中引进的"西洋体操"、部分教会学校提倡的球类运动和田径赛事,体育运动项目逐渐多样化。随后,中华体育协进会等体育组织的成立,推动了中国体育的规范化、专业化,并且通过校际运动会、区域运动会、全国运动会及远东运动会的举办,中国人的体育技能、体育规则、体育观念等开始有所转变。然而,此时期政局动荡,战乱仍频,体育发展并不稳定。

国民政府定都南京后,相对稳定的政治环境,使体育在清末民初发展的基础上渐渐步入正轨,政府与地方通过不同的方式积极倡导体育。就政府而言,1929 年公布了《国民体育法》,确定了国民体育的宗旨;1932 年召开了全国体育会议,确定了提倡体育的目标,组建了全国体育行政系统,公布了国民体育实施方案;1933 年举办了暑期体育补习班,培养体育师资。[①] 除此之外,国民政府还通过积极举办体育比赛来促进体育发展,在 1927～1936 年共举办过三次全国运动会,不仅比赛项目有所增加,体育成绩有所进步,而且在比赛规则制定、运动员道德规范及对女子运动的重视等方面均有所改善。[②] 同时,国民政府还注

① 参见沈嗣良:《十年来的中国体育》,沈云龙主编:《抗战十年前之中国(1927～1936)》,台湾文海出版社 1983 年版,第 608～609 页;王世杰:《中国体育之前途》,《东方杂志》1933 年第 20 期。

② 参见姚敏:《体育救国:民国时期全运会研究》,华中师范大学历史学硕士学位论文,2011 年。

重参加国际性比赛，除派网球选手参加世界台维斯杯网球赛外，这十年内还参加了第8届、第9届、第10届远东运动会以及第10届奥运会，在交流体育技能的同时，亦引起了国民对体育运动的关注。国民政府为振兴中国体育采取的行动，改变了清末民初时政府对体育发展不甚关注的态度，中国的体育行政系统逐步建立起来。

除了政府提倡之外，社会上亦积极开展、宣传体育运动。20世纪初创设的几个主要体育组织，如中华体育协进会、南华体育会，在此时期发展日益成熟。1928年中央国术馆成立后，各地的国术馆纷纷成立，如上海市国术馆、天津市国术馆，并且创办了各自的刊物，有利于武术在地方的开展及体育运动的推广。同时，体育论著大量出现，如《世界体育史略》(章辑五，1936年)，《中国田径赛小史》(阮蔚村，1933年)，《体育原理》(吴蕴瑞、袁敦礼，1933年)，亦有介绍各类运动规则、发展前沿与状况的论著。另外，一些体育编辑或体育团体创办了在近代中国体育史上有较大影响力的体育刊物，如《勤奋体育月报》《体育季刊》《体育杂志》《体育研究与通讯》，这些刊物除了刊登体育新闻、介绍国外体育前沿信息外，还有当时体育专业人士及体育爱好者的评论，使读者在了解体育发展前沿信息的同时，也有了一个发表建议的平台。此外，积极举办地方性比赛。受各地区政治、经济环境的影响，地区之间的体育开展状况也存在差距。其中，华南、华东、华北的地方体育开展最为兴盛，所举办的校际联合运动会，埠际足、篮球比赛及区域内的运动会亦较多，极大地促进了当地体育的发展。

正是在政府与社会各界的共同努力之下，此时期的中国体育逐渐步入正轨，在开展民众运动的同时，专业体育有较大提升。体育组织经验日益丰富，体育技能知识日臻完善，体育专业人士与运动员的数量日趋增加，这些均为中国派出庞大代表团参加1936年奥运会奠定了基础。

### (二)“蜜月期”:20世纪30年代的中德关系

自19世纪中叶以来，中国的命运便与全球经济、政治和思想的进步紧密相连，清王朝尝试着以保留自身传统为前提进行对外交往，但均告无效。一次次的失败，让中国的有识之士认识到，向世界上先进国家学习成为改变现状的重要手段。20世纪的最初十年，中国的教育制度、军事体制、司法体系以及社会思潮、流行词汇主要受到日本的影响，多数中国年轻人选择到日本留学。20世纪20年代，苏联作为中国革命的主要指导者，促成国共两党合作，派顾问团训练军队，并予以武器、进行战略指导，为蒋介石复兴民族主义统治奠定了基石。[①] 20世纪40年代，美国成为中国的头号合作伙伴，不仅在抗日战争及解放战争初期给予国民政府军事和经济援助，而且对此时期国民政府的建设发挥了重要作用。20世纪50年代中华人民共和国成立后，苏联在中国有着压倒性的影响力，意识形态、军事战略及经济政策，无所不包。

以上均是我们耳熟能详的内容，然而还有一部分内容常常被我们忽略，即20世纪二三十年代，确切地说是1928年至1938年，中国同德国的密切程度超过了其他国家，德国在军事、工业及意识形态领域对中国产生了重要影响，甚至部分影响极其深远。[②]

1922年，孙中山发表题为"国际发展中国"的报告，认为德国是当时最可能与中国进行军事与工业合作的国家，并派密使前往德国进行沟通，但德国政府考虑到广州政局不稳定，并未同意合作。之后孙中山再次遣使前往，德方仍旧不同意。直到1926年，曾留学德国的朱家骅写信给自己的导师，请求派德国专家帮助扩建广州兵工厂，随后对方推荐鲍尔到广州进行指导。从此开始，国民党与德国的联系日益紧密，为南京国民政府时期的中德关系奠定了基础。

中德合作主要涉及军事及经贸领域。军事方面主要表现为蒋介石聘请了德国驻华军事顾问团，从1927年12月德方正式派出顾问起，到1932年8月"连同满约、辞聘、因公殒命及病故者，先后共计九十四人"[③]，他们在军事思想，重大军事决策，军队的组建、训练、改造，以及军事教育改进等方面起到重要作用。[④]此外，德国的军事顾问对中德经贸合作亦起到推动作用。1934年春，德国陆军总司令赛克特出任蒋介石第四任总顾问，在其穿针引线之下，是年8月23日，时任国民政府财政部部长兼中央银行总裁孔祥熙与德国工商界、军界在华代理

---

① 参见[德]伯恩德·马丁：《德国与国民党中国（1927～1941）》，李济民译，张寄谦主编：《中德关系史研究论集》，北京大学出版社2011年版，第139～140页。

② 参见[美]柯伟林：《德国与中华民国》，陈谦平、陈红民等译，江苏人民出版社2006年版，第1～6页。此时期，共产国际先后派遣德共党员指导中国共产党工作，亦属中德关系一部分，在此不予详述，参见[德]伯恩德·马丁：《德国与国民党中国（1927～1941）》，第139～149页。

③ 《李鼎在国民政府军事委员会临时会议上的书面意见》（1932年9月1日），国民政府军事机关档案，中国历史第二档案馆藏。转引自易豪精：《从"蜜月"到断交——抗日战争爆发前后中德关系的演变》，《中共党史研究》1995年第5期。

④ 参见张北根：《1933～1941年的中德关系》，《历史研究》1995年第2期；何兰：《德国军事顾问与中德关系》，《华中师范大学学报》（人文社会科学版）1999年第2期；丁栋、谈利兵：《二战前德国与南京国民政府军事技术现代化》，《德国研究》2007年第2期；徐康：《抗战前德国军事顾问团对中国军事教育的改进与贡献》，《民国档案》2010年第1期。

人克兰(Hans Klein)签订《中国农矿原料及产品对德国工业品交易合约》，双方就交货地点、运输方式、价格等做了规定，并允诺为中国政府争取一亿马克信用借款。[①] 除此之外，通过对德国国民、历史及其政治生活的了解，国民党和政府领导人认识到，德国所取得的经验可为中国采用，蒋介石于 1934 年开展的"新生活运动"即为最好的例证。[②]

1936 年，中德关系达到顶点。是年 4 月 8 日，双方于柏林签订《德华信用借款合同》，实现了《中国农矿原料及产品对德国工业品交易合约》中一亿马克贷款的承诺。[③] 蒋介石致电希特勒，认为《德华信用借款合同》"使国交益敦亲睦，建设得有基础"。5 月，希特勒复蒋"中德两国之货物互换实给予两国经济进展以莫大裨益"。[④] 7 月，德国冯・莱谢劳将军访问南京，向蒋介石、孔祥熙分别赠送了荣誉佩剑、红十字勋章。[⑤] 第 11 届奥运会恰好在柏林举办，利用这场体育盛会巩固中德关系，不失为一种好方法，为此国民政府派出国民党元老戴季陶为政府代表前往柏林[⑥]，亦可见其中的意图。

## 二、考察、交流体育技能

### (一)"深恐孤陋寡闻"：远东运动会非法解散后的忧患

1912 年，菲律宾体育协进会鉴于 1911 年邀请中日参加"嘉年华会"的经历，以及奥林匹克大会对体育技能、国家间交流的影响，派代表勃朗正式访问中日两国，提出组织远东地区的体育比赛，中日先后同意加入，并于 1913 年举办第 1 届远东运动会。[⑦] 大会在中日菲三国轮流举行，举办地由各国代表议决，其中第 2 届、第 5 届、第 8 届由中国负责主办。中国参加历届远东运动会，最初由全国青年协会体育干事(由美国人担任)主持，1924 年中华全国体育协进会[⑧]成立

---

① 参见薛毅：《1936 年〈德华信用借款合同〉签订的作用与影响》，《武汉大学学报》(人文科学版)2004 年第 6 期。

② 参见[美]柯伟林：《德国与中华民国》，第 199～208 页。

③ 参见薛毅：《1936 年〈德华信用借款合同〉签订的作用与影响》，《武汉大学学报》(人文科学版)2004 年第 6 期。

④ 转引自张北根：《1933～1941 年的中德关系》，《历史研究》1995 年第 2 期。

⑤ 参见[美]柯伟林：《德国与中华民国》，第 148～152 页。

⑥ 参见《国民政府文官处致行政院公函》(1936 年 4 月 4 日)，中国第二历史档案馆编：《中华民国史档案资料汇编》第五辑第一编，江苏古籍出版社 1994 年版，第 1007～1008 页。

⑦ 参见阮蔚村：《远东运动会历史与成绩》，勤奋书局 1933 年版，第 2～3 页。

⑧ 以下简称为"全国体协会"。相关研究详见陈明辉：《中华全国体育协进会研究(1924～1949)》，武汉大学出版社 2019 年版。

后，转由国人自主办理相关事宜。[①] 远东运动会对中国体育发展产生重要影响：各比赛项目成绩以远运会的成绩为标准，全国运动会、华北运动会及各省市运动会一定程度上成为远东运动会的赛前“大练兵”。然而，这一对中国及远东地区意义重大的体育赛事，却于 1934 年第 10 届远东运动会召开后被非法解散。

在时人看来，远东运动会能维持到第 10 届实属不易，“在过去的几次中，每次都由日人作梗破坏”[②]，在中国和菲律宾的努力维持下才坚持到第 10 届。即使是第 10 届远东运动会，亦使中国体育界对大会的顺利召开额手称庆。然而，维持并非解决问题的根本方法，远东运动会最终因日本不合章程的举动而解散。其实，问题的关键在于伪满洲国是否能以国家的身份参加远运会。1932 年伪满洲国成立后，中国政府和国联均未承认其合法性，日本亦曾企图借第 10 届奥运会召开之机，让伪满洲国派代表团参加，以便得到世界各国的承认，无奈在中国的阻碍下并未得逞。此计不成，日本便打起第 10 届远东运动会的主意，但在国内人民及海外华侨的支持下，全国体协会进行了积极斗争，让日本的计划再度落空。

然而，日本并不甘心。1934 年 5 月 19 日，第 10 届远东运动会执委会召开第一次会议，日本提议修改会章第三条末节“新会员国之参加，必须经全体旧会员国之通过”部分，而按照第九条“经法定人数多数之通过”进行处理，这一提案立即遭到中方坚决反对。[③] 翌日，中、日、菲三国就此问题展开激烈争论，最终中国代表沈嗣良严正指出，如果一定要以少数意见修改会章，中国只有通过退出会议的方式进行抗议，以维护会章之精神。中国代表团总代表兼总领队王正廷亦发表宣言，表明中方遵守会章第十四条规定，之后如有修改会章的举动，中国代表团均视为非法。[④] 21 日，在中国代表未出席的情况下，日本强迫菲律宾召开非法会议，通过了将远东运动会解散而改组为东亚业余体育协会的决议，并立即表决伪满洲国加入。[⑤] 历时二十余年的远东运动会至此告终。

远东运动会的非法解散，让中国顿失参加国际竞赛的机会，“深恐固〔孤〕[⑥]

① 参见周家骐：《吾国出席历届远东运动会经过》，《体育季刊》1935 年第 1 期。

② 《编辑者言》，《勤奋体育月报》1934 年第 8 期。

③ 参见《远东体育协会非法解散之经过》，《勤奋体育月报》1934 年第 9 期。

④ 参见杨君如辑：《第十届远东运动会》（下），《国闻周报》1934 年第 22 期。

⑤ 参见《远东体育协会非法解散之经过》，《勤奋体育月报》1934 年第 9 期。

⑥ 引文中缺失内容用“（　）”添加、错别字用“〔　〕”括注正确字，下同。

陋寡闻，阻塞前途之进展”[①]成为体育界忧虑之事。而 1936 年第 11 届奥运会，恰好为中国提供了与世界进行体育交流的机会。

(二)“技不如人”：考察、学习世界先进体育技能

如前所述，1927 年南京国民政府成立后，中国体育发展日益步入正轨。然而，将此状况置于世界体育发展的潮流中，却发现中国体育依旧落后。虽然校际、埠际各项比赛进行得如火如荼，各区域及全国运动会的比赛成绩不断刷新，各报刊体育专栏及专业体育杂志也报道着令人振奋的消息，但一旦走出国门，参加远东运动会，中国体育仍落后于世界的事实便暴露出来。以南京国民政府成立后中国参加的第 9 届、第 10 届远东运动会为例，除足球获得冠军，其余参赛项目均不敌日本。虽说远东运动会的主要参与者仅中国、日本、菲律宾三国，但在这两届远运会中，冠军均为日本，中国仅屈居亚军。第 10 届远东运动会后，时人曾言“本年远运会吾国已尝付其全力矣，锦标仅夺得足球一项，田径则幸未全军覆没，其可庆也”[②]。可见，中国居于亚军亦属不易。

就在社会大众为体育健儿取得成绩感到欣喜的同时，一些体育专业人士及体育爱好者则清醒地认识到，中国体育的发展仍旧堪忧。因此，《体育杂志》《勤奋体育月报》等体育类期刊刊登国外最新体育技术、训练方法及体育前沿讯息，旨在宣传世界上的先进体育技术，供国内从事体育工作者及体育爱好者学习。然而，从中国运动员参加国内外比赛的状况来看，文本宣传收效甚微，取得成绩的总不外几位“明星”运动员，并且发挥状况时好时坏。时人在对第 1 届到第 9 届远运会成绩做总结时得出“日本猛进，中国不振”的结论，认为此绝非中国体育在退步，实由其他各国进步之迅速。[③]

面对中国体育岌岌可危的状况，从提高中国运动员运动技术的层面看，中国参加第 11 届奥运会实为一次不可错过的考察、学习机会。中央社特派记者冯有真总结道，此次出席并不奢望取得分数，而是希望在技术上多得一些经验，使中国体育水准有所提高，全国人民对体育的兴趣随之增加，“为我国的体育打开一条新的路线，划分一个新的时代”[④]。中国的奥运之旅，亦是增长阅历之行。通过此次奥运契机，吸收世界先进体育技术，努力改进，不仅有益于当时体育的

① 参见中华全国体育协进会：《出席第十一届世界运动会中华代表团报告》前编，华丰印刷所 1937 年版，第 1 页。

② 刘雪松：《我对于吾国参加世界运动会之前瞻》，《勤奋体育月报》1934 年第 1 期。

③ 参见志刚：《远东运动会之起源及其发展》，《东方杂志》1933 年第 20 期。

④ 冯有真：《世运选手团随征记》第一信，《中央日报》1936 年 7 月 5 日。

发展，而且考察学习的成果亦对后来中国体育的发展产生重要影响。

## 三、展示国家形象

### （一）“未完成之展示”：中国参加1932年洛杉矶奥运会

自1896年第1届现代奥林匹克运动会成功举办以来，随着其成员国不断增加，奥林匹克运动会逐渐成为重要的国际体育活动。1921年，中国成功举办第5届远东运动会，展示了其体育精神与风采，后渐为国际奥委会所重视，于1922年被接纳为会员国。[①] 中国与奥运会的第一次接触是在1928年第9届奥运会，因时值北伐甫成，政局尚未稳定，而中国参加第8届远东运动会的成绩亦非理想，故全国体协会决定不派选手参赛，仅派宋如海以会员资格出席大会开幕典礼。[②]

1932年第10届奥运会在洛杉矶举行，筹备之初原拟派足球队参加，因此次大会并未将足球设为比赛项目，且九一八事变及一・二八事变先后发生，国家处于危机之中，故国民政府决定不派运动员参加，仅由全国体协会拟派本会总干事沈嗣良出席。不料日本宣传要派于希渭、刘长春两人代表“满洲国”参加奥运会，消息传出，国内体育界深恐“一旦成为事实，于颜面难堪”[③]，议决派于、刘两位代表中国出席，随即展开筹备活动。无奈于希渭已遭日本监视，无法脱身，仅刘长春按预定计划准备赴赛，沈嗣良、宋君复、刘雪松等五人作为职员随同前往。虽然刘长春在预赛中即被淘汰，并未取得成绩，但中国参加第10届奥运会的意义、影响却是重大的。

自举办现代奥运会以来，中国还是第一次派运动员参加，实开启中国体育史之新纪元。对于比赛成绩，时人在赛前即认识到，刘氏虽为中国成绩最佳短跑选手，然“欲与世界之精华争竞胜负，恐相差尚远”，此行除将日本侵略中国的真相告于世界、学习先进运动技术外，最为重要的是“我国之运动精神，将因刘君而世界一新其认识”[④]。翻阅当年照片，刘氏上着绣有中国国徽的黑色西装，

---

① 参见汤铭新、朱方东等：《简论宋如海〈我能比呀・世界运动会丛录〉在中国奥林匹克史中的地位与影响》，《浙江体育科学》1999年第1期。

② 参见汤铭新、朱方东等：《简论宋如海〈我能比呀・世界运动会丛录〉在中国奥林匹克史中的地位与影响》，《浙江体育科学》1999年第1期。至于中国未派运动员参赛，董守义则认为实际理由是体协没有钱，国民政府亦未理睬此事，参见董守义：《奥林匹克旧事》，《体育史料》第二辑，人民体育出版社1980年版，第5页。

③ 郑扬新：《欧林匹克之起源与吾国参加之历史》，《体育研究与通讯》1934年第2期。

④ 《赠刘长春君西渡赴美》，《申报》1932年7月8日。

下着黑色裤子，脚蹬皮鞋，这样的形象让外国人意识到，中国人亦非从前长辫、马褂的形象。虽然在预赛中即被淘汰，但其赛场内外的表现，不仅受到大会及舆论好评，亦使接触过刘氏的人感觉到其为人和蔼、待人真诚。除此之外，总领队沈嗣良亦开展宣传，在洛杉矶的四个星期中，沈氏大约平均每日至少有两场演讲，所讲内容不外乎两个方面：一是中国体育界的状况，二是一・二八事变的经过。[①] 赴美代表团人员时刻用自己的言行向世界宣传中国。

中国虽然在"逼迫"下参加了第 10 届奥运会，却获得意外的结果。"碌衫矶的万国旗中，显扬着青天白日旗"[②]，唤起世界注意到"老大的中国，还保存着少年的精神，要在运动界里与列强角逐，绝没有自弃的观念，和任人宰割的可能"[③]。王正廷亦认为，中国洛杉矶之旅虽未取得成绩，"而直接间接所予各国及国内人士之了解与注意，至深且广矣"[④]。只可惜此届奥运会中，仅有一名运动员及少数职员代表中国参加，未能表现中国近代体育之精神与真谛，给世界各国留下印象与确切认识的时间亦过于短暂，中国形象之展示尚未完成，此为促使中国积极参加 1936 年第 11 届奥运会的又一因素。

（二）"不充分之展示"：中国体育特色展示的局限

自西式体育传入中国后，诸多体育运动逐步发展起来，却多不足以代表中国与世界体育强国一争高下。唯有足球一项，在当时最具国际竞争力，特别是粤港地区的足球，受英国影响较大，开展得最普遍，实力亦最强劲。在中国参与的十届远东运动会中，除第 1 届败于菲律宾、第 9 届与日本同获冠军外，其余八次均获冠军。特别是在第 6 届远运会中，中国足球队战胜日、菲两国代表队后，日本各报称赞中国足球队球员"有铜头铁脚，战法似铜城铁壁，战无不胜，攻无不胜，中华铁军堂堂十年连胜"[⑤]。会后南华足球队受邀赴澳洲参加比赛，表现良好，为中国足球给予国际好印象之嚆矢。可见，中国足球在当时已有一定国际影响力，然而这局限于一定区域内的影响力，实不足以展示中国的体育实力与精神。

---

① 参见沈嗣良：《我国参加第十届世界运动会盛况》，第 997 页。
② 沈嗣良：《我国参加第十届世界运动会盛况》，第 998 页。
③ 沈嗣良：《我国参加第十届世界运动会盛况》，第 994 页。
④ 蒋槐青：《世界运动会史略(一)》，《勤奋体育月报》1936 年第 5 期。
⑤ 阮蔚村：《三十年来之吾国足球》，《勤奋体育月报》1935 年第 5 期。

中国体育的特色，除足球一项外，国术[1]亦是不可或缺的部分。与足球不同，作为中国优秀的传统文化及运动，国术可以称得上历史悠久，流传广泛。南京国民政府成立后，积极提倡国术，在中央及各省市均设有国术馆，各国术馆亦创办期刊进行宣传，1934 年第 6 届全国运动会上的国术表演特别是女子表演的进步，彰显了国术发展的良好态势。此外，国术具有参与群众广、资金花费少、健身防卫咸宜等优点，极宜向欧美各国推广。[2] 然而，与同为“国术”的日本柔道相比，欧美各国尚未对中国国术有深刻印象与准确认识，因此在时人看来甚为遗憾。

由此可见，能够代表中国体育国际化水准的足球及传承中国体育传统的国术，总是局限于一定区域内展示，并不能让世界各国对中国体育有准确定位。向全世界展示中国体育朝气蓬勃的气象，进而改善中国“东亚病夫”的形象，消除各国对华人的错误观念，成为中国参加第 11 届奥运会的动机之一。

---

① 狭义指中国武术，广义上凡中国传统的艺术均为国术。参见张之江：《中央国术馆缘起》，《张之江先生国术言论集》，中央国术馆 1931 年版，第 1 页；张一善：《提倡国术声中应有的认识》，《山西国术体育旬刊》1934 年第 1 卷创刊号。

② 参见《国术选委谈参加世运会目的》，《大公报》1936 年 3 月 7 日。

# 第二章　参加奥运会的保障与运动员“规训”

## 一、经费预算与筹措

经费问题一直是近代中国各项公共事业发展的重要掣肘，在体育事业方面亦是如此。全国体协会声称，自己“惟因经费一项，多由上海各方筹助，故甚困难，致各项工作，不能积极计划”[①]。此次参加第 11 届奥运会，作为基本保障经费，其组成状况如何？源于何处？这些均为不容忽视的问题。

（一）从两份预算书看经费组成

自 1934 年全国体协会受教育部委托起，即已开始着手筹备各项事宜，其中经费便是筹备工作的重中之重。1935 年 11 月和 1936 年 4 月，全国体协会通过教育部向行政院转呈两份参加奥运会预算书。通过这两份预算书，我们可以大致了解参加 1936 年柏林奥运会的经费组成状况。现将两份预算书分别抄录如下：

**材料一：**

**参加第十一届世界运动会[②]经费预算（1935 年 11 月 19 日）**[③]

甲、代表团自上海至柏林来回舟车票价等费用，每人共计国币 952.00 元。

（1）自上海至威尼斯二等舱位来回船票每人 32 镑，每磅以国币 16.00 元计，合洋 512.00 元。

（2）自威尼斯至柏林二等火车来回 866 立米（意币），每立米以国币

① 《吾国准备出席世界运动大会》，《勤奋体育月报》1934 年第 11 期。

② 时人对奥运会的一种称呼方式，此外还有“亚林匹克”“欧林匹克”等称呼方式。

③ 《教育部致行政院呈》（1935 年 11 月 19 日），中国第二历史档案馆编：《中华民国史档案资料汇编》，江苏古籍出版社 1994 年版，第 1006～1007 页。

0.25元计，合洋216.00元。

(3)威尼斯行李税每人9磅，每磅以国币16.00元计，合洋144.00元。

(4)车舟上赏钱，每人80.00元。

乙、代表团留德四星期膳宿每人每日6马克，每马克以国币1.20元计，合洋202.00元。

丙、代表团留德四星期零用费每日2元，共计56.00元。

丁、治装费每人50.00元。

戊、津贴，代表团国内往返旅费平均每人100.00元，代表团选手职员以一百人计算(内选手约80人，职员约20人)，共计国币136000元整。

己、筹备费20000.00元。

庚、预选训练费用10000.00元。

辛、代表团职员留德招待费用6000.00元。

综计约需国币172000元整。

**材料二：**

**表2-1　　筹备参加世运会经费概算书**

编制机关：中华全国体育协进会　　　　编制日期：1936年1月

| 项目 | | 经费(元) | 说明 |
|---|---|---|---|
| 办公费 | 邮电费 | 100 | |
| | 招待费 | 400 | |
| 旅费 | 职员旅费 | 1500 | 派员赴平、津、港、粤等地接洽预选事宜 |
| | 华北足球队 | 1600 | 赴沪参加预选赛来回车资(二等票20人每人以80元计) |
| | 华南足球队 | 3000 | 赴沪参加预选赛来回船旅费(二等票20人每人以150元计) |
| | 上海足球队 | 240 | 各球员参加预选赛车资 |
| | 马来亚足球队 | 1500 | 赴沪参加预选赛来回船旅费(二等票3人每人以500元计) |
| | 华北篮球队 | 1120 | 赴沪参加预选赛来回车旅费(二等票14人每人以80元计) |
| | 南京及上海篮球队 | 500 | 参加预选赛车资(24人) |

续表

| 项目 | | 经费(元) | 说明 |
|---|---|---|---|
| 训练费 | 足球队 | 6000 | 20人留港训练四月起五月止膳宿费(每天每人5元计) |
| | 篮球队 | 7200 | 16人留沪训练四月起六月止膳宿费(每天每人5元计) |
| | 田径及游泳队 | 4500 | 15人四月起五月止在港沪训练膳宿费(每天每人5元计) |
| | 各项教练员 | 500 | 旅费 |
| 特别费 | 预选费 | 500 | 运动会费用 |
| | 杂项 | 1340 | 预算以外之费用概括之 |
| 总计 | | 30000 | |

**表 2-2　　参加第十一届世界运动会经费概算书**

编制机关：中华全国体育协进会　　编制日期：1936年3月

| 项目 | | | 经费(元) | 说明 |
|---|---|---|---|---|
| 旅费 | 赴德船票 | | 85680 | 每人56磅(每磅=17元)=925(952)元，共计90人 |
| | 车票 | | 21060 | 自威尼斯至柏林购来回车票计每人866立米(每立米=27分)=234元 |
| | 行旅税 | | 13770 | 威尼斯征行旅税每人9磅=153元 |
| | 舟车赏金 | | 9000 | 来回旅程每人100元 |
| | 国内旅费 | | 9000 | 津贴各代表在国内往返旅费平均每人100元 |
| | 留德费用 | 选手与职员膳宿费 | 16128 | 留德四星期(计28天)，每人每日6马克(每马克=1.20元)=7.20元，以80人计算 |
| | | 总代表、代表及领队膳宿费 | 6720 | 留德四星期，每人每日20马克=24元，以10人计算 |
| 招待费 | 国内 | | 1000 | |
| | 旅德 | | 6000 | |
| 治装费 | | | 4500 | 每人50元，计90人 |

续表

| 项目 | | 经费(元) | 说明 |
|---|---|---|---|
| 旅德零用费 | | 6048 | 留德四星期,每人每日 2 马克＝2.40 元,共计 90 人 |
| 邮电费 | | 2000 | |
| 特别费 | 杂项 | 3000 | |
| 总计 | | 183906 | |

资料来源:《教育部致行政院呈》(1936 年 4 月 3 日),《中国筹备参加第十一届奥运会的一组史料》,《民国档案》1990 年第 3 期。

从两份预算书中我们可以看出,此次参加奥运会的经费,主要由筹备和参赛两部分组成。在筹备费用中,车旅费和训练费所占比重最高,其中车旅费总额为 9460 元,占筹备经费总额的 31.5%,训练费(主要是膳宿费用)总额为 18200,占筹备费用总额的 60.7%。由此可见,在筹备奥运会的经费中,以运动员基本的旅费、膳宿为主,在真正可以提高训练成绩的技能培训,以及训练器材方面的花费并不多。这一方面可以反映出当时经费的紧张状况,先保证基本生活,无暇顾及其他;另一方面亦说明当时对于国际大赛尚缺乏参赛经验,以及当时筹备训练水平的落后状况。从经费使用对象来看,足球和篮球为经费的使用大户,分别占经费总额的 41.1%和 29.4%。究其原因,一方面是足球和篮球都是团体项目,参加人数众多,此次参加奥运会的运动员有 69 人,足球和篮球运动员共计 36 人[①],占参加奥运会运动员总数的一半多;另一方面是足球和篮球作为集体项目与其他个人项目有显著区别,更强调团队协作能力,因而集中一地训练更有助于提高水平。此外,两大球类运动还寄托着国人的殷切期望,尤其是足球队。中国足球队在 1913 年至 1934 年间参加的十届远东运动会中八次夺冠,当时体育杂志认为“吾国足球运动早经名震海外,惜未尝一登世界球坛,以一显身手也”[②]。此次柏林奥运会,在全国各地挑选足球精英并选“球王”李惠堂担任队长,“以期为民族争荣誉,为国家赠光彩”[③]。所以,经费方面对足

① 此处运动员指参加竞技比赛的运动员,不包括国术运动员。选拔运动员实为 70 人,其中有 4 名田径运动员为半自费,但有一人最终并未出国参赛,故出国参赛者为 69 人。参见《出席第十一届世界运动会中华代表团报告》前编,第 12～16 页;陆翔千:《参加第十一届世界运动会中华代表团大事记》,《体育季刊》1936 年第 3 期。

② 《参加世运足球代表队预选经过》,《体育季刊》1936 年第 2 期。

③ 《参加世运足球代表队预选经过》,《体育季刊》1936 年第 2 期。

球多有倾斜，亦在所难免。

参赛经费主要由旅费、招待费、治装费、旅德零用费、邮电、特别费六部分组成。其中旅费最为庞大，旅费又以车、船票和留德膳宿费用为主。比较前后两份预算书，可以发现两份预算书经费有所不同，最主要的差别为赴德船票和额定代表团人数两方面，致使两份预算书预算经费相差近 5 万元。[①] 之所以出现此种情况，主要是因为同意大利油轮的价格谈判并不顺利，以及全国体协会对船票估算的失误。这样的失误，直接导致行政院编制预算时通过的是第一份预算书，"除筹备费三万元外，应列十四万元"[②]。至于两份预算书中人数的差距，看似削减了 10 人，但事实上参加第 11 届奥运会代表团的人数并未减少，反而更多。[③] 因此，参赛经费应不止预算表中所列数目。

除以上两部分在预算书中可直观看到的花销外，还有一项隐性的巨大花销，即体育考察团的经费。有感于九一八事变后中国国际地位之低落，以及国人体弱不足以进行国防和国家建设，"体育救国"的呼声日益高涨，同时适值德国在此届奥运会举办期间召开世界休闲娱乐讨论会及国际运动学员营两个国际性会议，因此教育部体育委员会于 1936 年 1 月 27 日举行体育委员会第二次常会，决议派遣赴德考察体育人员。[④] 体育考察团共有 37 人，包括领队郝更生，正指导袁敦礼，副指导吴澂、高梓，以及 33 名考察团团员。[⑤] 除参加上述两个会议以及参观柏林奥运会外，会后还要前往几个欧洲国家考察各国的体育发展状况。因此，体育考察团团员的花销比运动员更为巨大。虽然每人已缴纳 750 元到 2000 元不等的考察费用，但仅抵达德国的旅费就需 1300 余元；同时，在欧洲

① 参见《中华全国体育协进会致行政院电》(1936 年 3 月 6 日)，《中国筹备参加第十一届奥运会的一组史料》，《民国档案》1990 年第 3 期。

② 《行政院签呈》(1936 年 4 月 9 日)，《中国筹备参加第十一届奥运会的一组史料》，《民国档案》1990 年第 3 期。

③ 根据《出席第十一届世界运动会中华代表团报告》所列，中华代表团共有 140 人，包括 29 名职员、78 名运动员(内含 9 名国术表演队队员)、33 名体育考察团团员。除去在欧洲居住及先期到达者，共有 133 人乘游轮抵德(参见《出席第十一届世界运动会中华代表团报告》前编，第 19 页)，远非第二份概算书中所列 90 人。

④ 参见《吾国决定出席世运会代表团人数》，《勤奋体育月报》1936 年第 5 期。

⑤ 对于考察团人数，有论者认为是 42 人(参见郑志林、赵善性：《中华体育考察团赴欧考察评述》，《体育文化导刊》1992 年第 4 期)，亦有论者认为是 37 人。笔者查阅《参加第十一届世界运动大会筹备情形(后)》(《体育季刊》1936 年第 2 期)、《参加第十一届世界运动会中华代表团大事记》(《体育季刊》1936 年第 3 期)及《出席第十一届世界运动会中华代表团报告》等资料，综合认为应为 37 人。

各国考察的车旅膳宿亦需大量花费[①]，因此考察团所缴费用，无异于杯水车薪，难以支撑此次考察。

综上所述，此次参加柏林奥运会经费支出庞大，可谓史无前例。虽然南京国民政府给予了很大支持，但经费缺口依然存在。如何解决这一难题，成为全国体协会的重要工作之一。

（二）多元化的经费来源

此次参加奥运会经费需求巨大，经费能否及时筹集是中国参加柏林奥运会的必要条件。作为中国参加奥运会的筹办组织，全国体协会经过多方筹集，基本上满足了中华代表团的经费需求。经费的来源主要有以下三个方面。

1.政府拨款

出席此届奥运会的中华代表团由运动员、职员、考察团三部分组成，人数达到创纪录的141人。[②] 如此庞大的代表团，如没有政府支持必定举步维艰。因此，早在1935年10月14日全国体协会就召开会议，讨论参加项目、选拔办法及筹措经费等事项，并审核预算经费为17万元，希望政府“先拨筹备及训练费用三万元，其余各款，再行如数补给”[③]。11月25日，经行政院第239次院务会议决议通过参加奥运会的预算，经费由1936年度第二预备费内支付。后中华体育协进会续编出另一份概算书，发现之前的预算有误——除先行编造筹备及训练用费3万元外，“续编出国用费概算书十八万余元，计超出原定预算肆万余元，关于此项超出预算部分，据称另由该会自筹”[④]。查阅1936年度中央补助的教育经费，可以发现，除筹备及训练所需3万元先期拨付外，其余14万元国民政府确已予以补助。[⑤] 而超出原定预算的部分，则确实要靠全国体协会自行筹集。

2.社会各界捐款及个人缴纳费用

中华代表团此次参加奥运会规模宏大，史无前例，得到了社会各界人士的

① 考察团从柏林前往丹麦的车票价格约为136马克（约163元，打对折后的价格），其他欧洲国家火车票大多可打7.5折；各地膳宿平均每日12马克，按17天计算，约需204马克（约245元）（参见《出席第十一届世界运动会中华代表团报告》后编，第90、92页）。由此可以推算，考察团37人及奥运会闭幕后加入的5名代表团职员，在考察过程中需要大量花销。

② 参见陆翔千：《参加第十一届世界运动会中华代表团大事记》，《体育季刊》1936年第3期。

③ 《教育部致行政院呈》（1935年11月19日），《中华民国史档案资料汇编》，第1005页。

④ 《教育部致行政院呈》（1936年4月3日），《中国筹备参加第十一届奥运会的一组史料》，《民国档案》1990年第3期。

⑤ 参见《廿五年度补助费细数》，《中央日报》1936年7月4日。

支持。截止到1936年6月，共收到社会各界人士捐款19000元。[①] 此外，还有中央各部门和部分地方官员的捐款，具体状况见表2-3。

表2-3　　中央各部门和部分地方官员的捐款

| 姓名 | 捐款 | 姓名 | 捐款 |
| --- | --- | --- | --- |
| 陈济棠 | 国币三千元 | 行政院 | 国币三千元 |
| 杨　森 | 国币二千元 | 戴传贤 | 国币二千元 |
| 刘　峙 | 国币一千元 | 韩复榘 | 国币一千元 |
| 吴忠信 | 国币一千元 | 熊式辉 | 国币一千元 |
| 吴铁城 | 国币一千元 | 龙　云 | 国币一千元 |
| 商　震 | 国币一千元 | 张学良 | 国币一千元 |
| 白崇禧、李宗仁、黄旭初 | 国币一千元 | 马鸿逵 | 国币一千元 |
| 考试院 | 国币一千元 | 陈绍宽 | 国币一千元 |
| 邵力子 | 国币一千元 | 阎锡山 | 国币一千元 |
| 黄绍雄 | 国币一千元 | 青岛市政府 | 国币一千元 |
| 陈　仪 | 国币一千元 | 广州市政府 | 国币六六五.七四元(毫洋一千元) |
| 马超俊 | 国币五百元 | 林云陔 | 国币六〇三.一四元(粤币一千元) |
| 何应钦 | 国币五百元 | 宋哲元 | 国币五百元 |
| 傅作义 | 国币五百元 | 张发奎 | 国币三百元 |
| 共　计 | 国币三万〇五百六十八元八角八分 | | |

资料来源:《出席第十一届世界运动会中华代表团报告》前编,第3页。

个人缴费主要是指体育考察团团员以及半自费的候补运动员所缴的费用。体育考察团团员分为教育部保送团员、全国体协会津贴团员和自费团员三种，所缴纳费用各不相同。其中保送团员纳费1600元；全国体协会津贴团员男子750元，女子1200元；自费团员男子1600元，女子2000元。[②] 在名额上教育部保送11人，中华体育协进会津贴15人(10男5女)，自费7人(5男2女)，因此考察团个人缴费总额为43100元。另外还有半自费运动员4人，每人交付750元，

① 参见《世运会代表团本月出国》,《勤奋体育月报》1936年第9期。

② 女子花费较贵,因为德国方面不招待女子,参见《参加第十一届世界运动大会筹备情形》,《体育季刊》1935年第2期。

总计 3000 元。[①]

3.足球队“热身赛”收入

现代足球运动自传入中国后，很快风靡通商各埠，并逐渐形成了南粤和上海两大足球中心，涌现出唐福祥、梁玉堂、戴麟经等一批足球精英。[②] 中国足球在远东运动会上战绩辉煌，但一直未曾在世界崭露头角。1932 年本欲选拔一支足球队参加第 10 届奥运会，但终因赛制和经费问题被迫取消。[③] 1936 年柏林奥运会，足球作为呼声最高的比赛项目，早在教育部体育委员会决定参加此届奥运会的时候，就已定为必然参加的项目。[④] 但参加奥运会困难重重，其中经费问题尤为棘手。关于经费问题，李惠堂早在 1935 年即已提出良好建议，认为：“出发期应距大会比赛期前两个月，先至东荷印，后至马来半岛，沿途比赛。甲、可借比赛增进全队合作与了解。乙、可借收入增厚经济力量。丙、遇有异军突起、优异奇材〔才〕，可授权领队临时选拔，携同赴会，以增加战斗力。”[⑤]足球队采纳队长李惠堂的建议，决定先期于 5 月 2 日乘坐法国邮轮赴南洋各国练习比赛。[⑥] 从 5 月 2 日离沪到 7 月 9 日与代表团孟买会和，这支足球队转战南洋各岛及印度两个月之久，共战 27 场，除 4 次平局外，未尝一败。

图 2-1　爪哇巴城华侨欢迎中华代表团足球队

（图片来源：《第十一届世界运动大会画报》，勤奋书局 1936 年版，第 38 页）

① 《体协准许四名田径候补代表自备半费赴德》，《申报》1936 年 6 月 19 日。

② 参见阮蔚村：《三十年来之吾国足球》，《勤奋体育月报》1935 年第 5 期。

③ 国际足球协会反对奥委会球员业余资格规定，致使洛杉矶奥运会取消足球一项（参见李维达：《世界运动会消息》，《体育季刊》1936 年第 2 期）；郑扬新的言论和湖北教育厅公报的报道也证实了在 1932 年中国代表团有派足球运动员参赛的打算（参见郑扬新：《欧林匹克之起源——吾国参加之历史》，《体育研究与通讯》1934 年第 2 期；《明年世界运动会我国参加足球及国术》，《湖北教育厅公报》1931 年第 7 期）。

④ 参见《我国参加下届世运会，选手定三十人，经费十余万元》，《大公报》1934 年 7 月 9 日。

⑤ 李惠堂：《对于我国足球队参加世界运动会之建议》，《勤奋体育月报》1935 年第 5 期。

⑥ 参见《世运足球代表队昨日首途出国远征》，《申报》1936 年 5 月 3 日。

据参加此次奥运会的足球队队员孙锦顺回忆："在两个多月的旅途中，我们为了节约每一个铜板，就乘最低级的船舱，住最便宜的旅馆。有时全体队员都住在一间大的统间，由于床位不够，有些人只好打地铺。行李我们自己动手搬，吃饭拣最便宜实惠的吃。"[①]正是在这种艰难的环境下，足球队挣取了20多万港币[②]，这一收入基本保证了足球队赴德参赛和赛后在欧洲考察的费用。当全国体协会获悉这一消息后，派周家骐前去讨要经费。最终足球队以整个代表团为整体这一观念，汇去10多万港币给全国体协会。[③] 可见，这笔资金为中华代表团顺利参加柏林奥运会提供了有效保障。

综上所述，本次中华代表团参加柏林奥运会共筹集约27万多法币，另有20多万港币。撇开足球队热身赛收入不谈，时任上海市教育局官员的邵汝干曾言"识者谓耗廿五万国币"[④]，可见"二十七万法币"这个数字基本上是可靠的。[⑤]

## 二、运动员选拔与训练

鉴于参加上届奥运会时因时间仓促而未举行选拔，这次柏林奥运会中国的"奥林匹克委员会"——全国体协会在运动员选拔方面，较早做了筹备，一些项目的运动员在选拔前后还进行了训练。然而，凡事不能尽善尽美，选拔过程中存在的问题亦不可忽视。

### （一）确定参加项目及全国暑期运动训练营

1934年7月5日，教育部体育委员会召开第十二次常务会议，决议参加第11届奥运会，并委托全国体协会负责办理报名及预选事宜。8月3日，全国体协会召开临时董事会，推定本会董事马约翰、袁敦礼、沈嗣良组成计划委员会，主持筹备及训练工作，计划委员会于10月13日召开第一次会议，议决参加足球、田径、竞走、举重、游泳、拳击六个比赛项目，并计划组织国术一类

---

① 孙锦顺：《一九三六年中国足球代表队出征奥运会的经过》，《文史资料精选》第十三册，中国文史出版社1990年版，第529页。

② 这一数据是由孙锦顺回忆所得，参见《一九三六年中国足球代表队出征奥运会的经过》，《文史资料精选》第十三册，第529页。另有材料显示，爪哇11场的门票收入是41500盾，参见《中华足球队荡平爪哇》，《勤奋体育月报》1936年第10期。

③ 此资料来自孙锦顺回忆。另外，有资料显示，周家骐确于1936年5月25日登意轮赴德，顺道往苏门答腊与足球队相晤。参见《闻人踪影·周家骐》，《勤奋体育月报》1936年第9期。

④ 邵汝干：《世运大会给予我们的教训》，《勤奋体育月报》1936年第12期。

⑤ 赛后经全国体育协进会统计，奥运会经费尚且余1万余元（参见《第七次常务董事会议纪录》，《体育季刊》1937年第2期），由此可见26万元经费的数字基本符合时人邵汝干所言。

的表演项目。[①] 12 月 5 日，在全国体协会常务董事会上通过此案。在得知本届奥运会增添篮球为比赛项目后，马约翰分函各地董事征求意见，经商议决定参加。1936 年 1 月 27 日全国体协会召开第三任董事第二次会议，议决参加自由车(即自行车)比赛。至此，中华代表团参加第 11 届奥运会比赛及表演项目确定。

在决定参加第 11 届奥运会后，为选拔优良选手，经全国体协会多次协商，渐有集中训练选手的想法。鉴于暑假期间各学校均休假，不妨碍学生学业，拟定于 1935 年暑假在青岛举办夏令训练营，[②]并于 1934 年 12 月 5 日全国体协会常务董事会上，推请郝更生、马约翰、宋君复组成夏令训练营计划委员会。[③] 1935 年 2 月 10 日全国体协会常务董事会上，通过了夏令训练营计划委员会的计划，正式定名此次夏令训练营为“全国暑期运动训练营”，在山东大学青岛校区举行。经全国体协会积极筹备，募集经费，于 7 月 11 日开始训练[④]，训练项目有男子田径、男子篮球两种[⑤]。参加训练者，田径方面除当年全国体协会正式宣布的全国纪录保持者外，篮球方面除全国体协会聘请的选拔委员会选定的 12 人外，其余皆由各省市当局选送，经审查，正式选取田径选手 18 人，篮球选手 12 人。训练由德国领事馆介绍的德国田径专家兰威・伟格(Wilelm Lowewig)及其他中外运动专家予以指导，这期间主要进行了六次田径测验。经过 30 余天短期训练，各比赛项目的成绩特别是田径成绩均有所提高。伴随着 8 月 15 日最后一次田径测验完毕，全国暑期运动训练营圆满结束。

(二)筹备选拔事宜及运动员选拔、训练

青岛全国暑期运动训练营结束后，全国体协会制定了总体选拔方针：以第 6 届全运会比赛成绩为根据，委托各项运动专家组成选拔委员会，视程度及需要酌量选拔。[⑥] 依据此方针，全国体协会开始进行每个参赛项目的选拔与训练。

---

① 参见《参加第十一届世界运动会计划委员会第一次会议纪录》，《体育季刊》1935 年第 1 期。

② 参见《训练世运选手明夏在青岛举行》，《中央日报》1934 年 10 月 6 日。

③ 参见《本会会议纪录》，《体育季刊》1935 年第 1 期。

④ 为供给体育教员、指导员、行政人员进修机会，特于训练会同时举办暑期讲习会、体育讨论会，三会于 7 月 15 日联合举行开幕典礼。因与选拔选手无关，在此不予论述。

⑤ 原定训练项目为男子田径、男子游泳及男子篮球，后鉴于游泳人才多在粤港，经商定取消。参见《本会筹办暑期体育训练会体育讲习会及体育讨论会情形》，《体育季刊》1935 年第 3 期。

⑥ 参见《教育部致行政院呈》(1935 年 11 月 19 日)，《中华民国史档案资料汇编》，第 1006 页。

1.聘请选拔委员及筹划选拔事宜

为了使每个项目能选拔出最优秀的运动员，1936 年 1 月 27 日全国体协会召开第三任董事第二次会议，制定以下三项选拔原则：品性良好，成绩优良，年龄较幼且更有希望提升成绩，并议决聘请相关专家进行选拔，具体如下：

足球：聘请沈嗣良、颜成坤、郝更生、容启兆、马约翰为委员，沈嗣良为该项召集人。

篮球：聘请董守义、舒鸿、宋君复为委员，董守义为该项召集人。

田径及游泳：聘请马约翰、容启兆、周家骐为委员，马约翰为此两项召集人。

举重及国术表演①：聘请褚民谊、张之江、沈嗣良、叶良为委员，褚民谊为召集人。

其他项目：竞走由全国体协会委托上海中华竞走会测验；自由车先由中国驻荷公使介绍，再经全国体协会董事会审核后选定。

各项目运动员，先由选拔委员依据选拔原则进行预选，录取初选名单，提请董事会核准后，发函通知各选手。

至于选拔及训练地点，经全国体协会董事会决定，足球在香港集中选拔，由容启兆赴港筹商接洽相关事宜；关于篮球训练场所及设立田径训练班等事宜，由沈嗣良董事赴北平、天津会商，最终商定借清华大学进行田径、篮球训练，分由马约翰、董守义主持相关工作。

2.各项目运动员选拔与训练

选拔事宜筹备完毕，各选拔委员会先后展开选拔、训练工作，一些项目则通过保送或介绍的方式完成队员选拔。通过梳理选拔、训练的经过，特别是部分代表队的训练规约，可以发现，早在筹备阶段，各项目的选拔委员即已注重对运动员的纪律、运动生活等方面进行规训，为“新”形象的塑造奠定了基础。

(1)篮球队

自篮球传入中国，逐渐形成以北平、天津为主的华北区，以及以南京、上海为主的华东区两大篮球中心，故此次预选集中在以上地区选拔，于 1936 年 1 月

① 时人认为举重与中国国术中的挺石担在方法上大同小异，唯运用动作、比赛规则不同，故而将举重归为国术一类进行选拔。参见《世界运动会举重比赛规则》，《大公报》1935 年 4 月 23 日。

25 日至 27 日会集上海进行预赛[①]，篮球选拔委员会本拟定先分别进行华北、华东两区内部比赛，组成华北、华东两队选拔运动员，无奈华东区京（南京）、沪两队旗鼓相当，未能组成华东队，只能通过上海队与华北队、南京队与华北队两场比赛选拔队员。经篮球选拔委员会临场观察个人球艺，以技术及球队需要为标准，选出牟作云、王玉增、王南珍等 20 人为候选队员。又经过与上海篮球劲旅麦令司队、海贼队的三场试赛，选拔委员选定王玉增、王南珍、牟作云、王鸿斌、李绍唐、刘云章、沈聿恭、刘宝成、冯念华、蔡演雄、王士选、尹贵仁、于敬孝、徐兆熊 14 人为正式队员。

预选结束后，为促进各队员个人技术增进，提高全队合作默契度，故聘请董守义为教练，于 4 月初借清华大学展开为期两个月的训练。

图 2-2　中华代表团篮球队在北平训练状况

（图片来源：《勤奋体育月报》1936 年第 8 期）

透过篮球队训练规约，可以发现其中对训练纪律的严格要求：凡所规定的练习或比赛时间，队员不得借故迟到或缺席；无故缺席两次或有其他不良行为，即取消资格遣送回籍。同时，亦对队员的生活习惯、作息安排有明确规

① 对于篮球队选拔问题，按董守义称，篮球选委已于第 6 届全运会中选定 20 名篮球运动员，无奈事后沈嗣良提出重新选拔，继而有 1936 年之后的分区选拔（参见董守义：《我参加第十一届奥运会》，《奥运会与中国》，文史资料出版社 1985 年版，第 10～11 页）。比照当时报刊杂志，篮球队选拔报道开始于 1936 年初，而与董氏说法相同的仅有当时部分运动员的回忆，笔者综合认为，篮球选拔应该在 1936 年初开始。

定：由本队发给制服，除练习时着运动衣外，其余时间衣履必须整洁；每晚10时就寝，9时半即不可高声谈话。① 鉴于所选队员多为学生，为避免荒废学业，经清华大学教务长潘光旦同意，特准许各队员免费自由选课，作为旁听生学习②，并规定除训练时间外，每人须至少上午选两小时、下午选一小时的课程，其余时间须到图书馆自习。③ 训练期间进行两场队内比赛，并受天津体协邀请表演两场，于6月10日期满结束。6月20日在天津集合后南下到沪准备赴德。

(2)拳击选手

新式体育传入中国后，拳击并未像足球、篮球等运动一样受到注意，因此擅长此项者并不多。国民党军第三十二军军长商震在军中创办西洋拳击队，培养出一些拳击好手。1936年2月初，国民党军第三十二军李梦华、靳桂、靳贵第、王润兰4人由该军体育部主任率领赴沪，参加上海西人青年会业余拳击赛，表现精彩，技惊四座。全国体协会得知此消息，决议派此4人参加奥运，函请商震准许其赴沪受训。经此4人同意，于2月23日赴沪，全国体协会聘请上海西人青年会拳击教练英人丁格尔、精武体育会拳击教练全澳、拳击冠军华侨陈汉强3人予以指导，并有明显进步，四五月间亦参加两场拳击比赛，均获得不错成绩。

图2-3 中华代表团拳击选手
(图片来源：《体育季刊》1936年第2期)

---

① 参见《参加第十一届世生(界)运动大会筹备情形(后)》，《体育季刊》1936年第2期。

② 参见《体育消息：世运篮球选手训练课程编定，本月一日开始训练，清华特准选手听课》，《磐石杂志》1936年第4期。

③ 参见《参加第十一届世生(界)运动大会筹备情形(后)》，《体育季刊》1936年第2期。

图 2-4　中华代表团拳击选手(左起:王润兰、靳贵第、靳桂、李梦华及教练丁格尔)
(图片来源:《出席第十一届世界运动会中华代表团报告》前编,第 10 页)

(3)足球队

因足球承载着国人的期许,故而选拔队员的工作亦更见周密。“不问新进或名宿,凡我足球能手,务求网罗无遗”[①],以期组成一支荟萃精华的足球劲旅。依据第 6 届全运会比赛及 1935 年度各球员的最新成绩,初步选出来自粤港、上海、马来亚等地区的球员共 30 名,于 4 月初在香港举行预选赛。除此 30 人外,如有特殊人才,足球选委会随时录选,并聘请容启兆主持在港预选事宜。足球选委沈嗣良因公事繁忙,委托周家骐代其赴港主持一切工作。4 月 2 日,周家骐偕同上海、华北 7 名球员乘船赴港参加预选,马来亚、爪哇各球员亦先后到港,如期会集,随即由香港体育当局向足球总会注册参加职业联赛,30 名球员轮流出场,选委到场观察各队员表现,至 13 日,共赛 10 余场。14 日,选委容、颜、周 3 人依各场观察所得,经商议后正式录取 22 人,分别为:黄纪良、包家平、李天生、谭江柏、麦绍汉、蔡文礼、徐亚辉、黄美顺、李国威、陈镇和、梁树堂、梁荣照、曹桂成、贾幼良、张显源、孙锦顺、冯景祥、李惠堂、卓石金、叶北华、郑季良、杨水益。

① 《参加世运足球代表队预选经过》,《体育季刊》1936 年第 2 期。

图 2-5　中华代表团足球队队员
（图片来源：《体育季刊》1936 年第 2 期）

图 2-6　中华代表团足球队队员
（图片来源：《体育季刊》1936 年第 2 期）

队员选定后，即函请颜成坤担任教练，黄家骏任管理，李惠堂为队长。随后，按预定练习赛日程，从 4 月 16 日起，先与香港足球劲旅赛两场，后至上海与当地劲旅赛两场。4 月 30 日“晋京聆训”，并分甲、乙两队举行表演赛；第二日与上海西联甲组法商队打最后一场练习赛。除表演赛外，五场练习赛四胜一负，成绩优异。5 月 2 日，足球队乘法国邮轮先期出国，赴南洋群岛一带及印度打练习赛（详见附录 2），这期间不仅受到当地华侨热情接待，亦给当地观众留下极好印象，实为中华代表团展示“新”中国形象之先声。至于奥运赛场上的首发阵容，须待南洋练习赛后，依据各队员表现再做定夺。[①]

（4）田径队

田径选拔分初选、预选两部分。为进行初选，按照全国体协会公布的田径成绩及格标准，召集全国田径成绩及格者组成田径训练班，借清华大学进行训练，共 20 人报名参加，4 月 27 日第一次测验后，又有 3 名运动员加入。共训练 25 日，先后进行 5 次测验，受训运动员成绩有不同程度的提高，一些运动员的成绩甚至打破全国或远东纪录。这期间训练班队员在平津地区亦有多次表演赛、比赛。

清华田径训练后，于 6 月 7 日在上海举行奥运田径预选大会。为搜罗全国优秀田径运动员，除参加田径训练班的各运动员外，全国体协会登报征求各省市派遣优秀选手参加预选，共有男子 50 人、女子 9 人报名参加。经过 7 日中外对抗赛以及 6 月 7 日、8 日男子十项运动预选赛，田径选拔委员会审查各运动员预赛成绩并综合多方考虑，先行选定田径代表队正式队员 15 人，分别是傅金城（短跑）、贾连仁（中距离）、陈宝球（铅球）、吴必显（跳高）、王士林（三级跳）、黄英杰（高栏）、刘长春（短跑）、戴淑国（短跑）、张龄佳、程金冠（中栏）、李森（短跑）、王正林（长跑）、冷培根（铁饼）、林绍洲（高栏）、郭洁（铁饼）。14 日全国体协会第五次常务董事会议上，决议张龄佳因不合业余运动员条件而取消其参赛资格，张家夔、司徒光、郝春德为候补队员，并准予周长星自费参赛。[②] 16 日再度测验撑竿跳高一项，符保卢获取最后一个正式队员名额。

① 参见《参加世运足球代表队预选经过》，《体育季刊》1936 年第 2 期。

② 《体协常务董事会决议，世运田径代表张龄佳取消资格》，《申报》1936 年 6 月 15 日。

图 2-7　中华代表团田径队正式队员
（图片来源:《体育季刊》1936 年第 2 期）

图 2-8　中华代表团田径队正式队员
（图片来源：《体育季刊》1936 年第 2 期）

预选结束后，自 5 月 11 日起，田径代表队队员继续留沪训练两星期，聘请马约翰、宋君复等 5 人为训练指导，并拟定训练规程、方法。规定每星期测验一次，训练期间将约请上海各劲旅作小规模对抗赛。在注重增加运动员体育技能及经验的同时，田径选拔委员会亦注意运动员纪律方面的规训，练习期间每日午饭后即须休息，练习前不准外出，晚 10 时即须归寝。至于训练方法，总教练马约翰主张每日先进行集体身体准备运动，再就每位运动员各自项目进行练习，采用掖进法，以求最大限度地开发运动员的能力。[1]

图 2-9　林绍洲与黄英杰之高栏练习
（图片来源：《出席第十一届世界运动会中华代表团报告》前编，第 5 页）

① 参见《出席第十一届世界运动会中华代表团报告》前编，第 7 页。

经过一番调整，最终确定刘长春等15人为田径队正式队员，张家夔（跳远）、司徒光（三级跳）、郝春德（标枪）、王禾[1]为候补队员，周长星为自费队员。

张家夔　　司徒光　　郝春德　　王　禾

图 2-10　中华代表团田径队候补队员

（图片来源：《中华劲旅点将录：参加世界运动会之我国选手队》，《良友》1936年第117期）

（5）举重选手及国术表演队

作为参赛项目中与中国本土体育关系最密切的体育项目，举重与国术队员的选拔在当时看来无疑是特殊的，“凡体格强健，平行端正，素无嗜好，具中等学校程度，能明悉欧西普通习俗”[2]。具体而言，举重选手要熟悉国际举重协会举重规则，对三种举重方式动作标准，且成绩优良；国术表演要求队员务必精于拳术、器械，擅长弓箭、踢毽等项目者优先考虑。从以上选拔标准中即可见中西体育交汇的痕迹，特别是国术表演，更注重体现中国特有的体育内涵。1936年5月11日，在上海申园健身房举行举重、国术初选，代表国民政府出席奥运会的戴季陶及驻德总领事到场参观，第二天继续进行复选。综合两日情况，正式选定黄社基、沈良、翁康庭为奥运举重选手；国术表演方面，经褚民谊、张之江等选委观察个人态度、姿势及技术程度，正式选出张文广、温敬铭、郑怀贤、金石生、张而鼎、寇运兴6名男运动员，以及翟涟源、傅淑云、刘玉华3名女运动员，代表中国赴德表演国术。

① 王禾于16日撑竿跳测试中因成绩不及符保卢而成为候补队员，后因故并未赴德。

② 《出席第十一届世界运动会中华代表团报告》前编，第13页。

图 2-11　中华代表团举重选手

（图片来源：《体育季刊》1936 年第 2 期）

图 2-12　中华代表团国术表演队队员

（图片来源：《体育季刊》1936 年第 2 期）

预选结束后，举重选手自5月15日起在上海申园训练，由周家骐、举重队管理叶良主持一切事宜；国术表演队则自5月21日起在南京中央国术馆训练，由褚民谊、张之江及国术表演队管理郝铭主持一切事宜。两队均训练一个月。

(6)其余各项目选手

①游泳选手

游泳一项并未举行预选，仅由选拔委员依据国内男子、女子最新游泳成绩甄拔，选定陈振兴、杨秀琼、郭振恒3人再予测验，陈、杨二人的成绩委托香港华人体育协进会测验，郭振恒则委托上海市游泳池测验，规定男子测验7项，女子测验6项，如有一项成绩特优即合格。经5月18日、24日两次测验，陈振兴100米自由泳成绩及杨秀琼100米自由泳、400米自由泳成绩，均打破全国纪录，而6月7日郭振兴200米蛙泳，成绩较其之前有所退步。故经全国体协会第五次常务董事会议议决，录取陈振兴、杨秀琼为游泳选手。因时间紧促，游泳选手并未进行训练。

图2-13　中华代表团游泳选手陈振兴、杨秀琼

（图片来源：《中华劲旅点将录：参加世界运动会之我国选手队》，《良友》1936年第117期）

②竞走选手

受全国体协会委托办理竞走选拔事宜的中华竞走会，于1936年5月29日召开裁判会议，议决以姿势正确、速度平均、品行端正为选拔原则，于5月31日进行预选。共有11人报名参加，路线与第6届全运会所定相同，而到达终点的仅蔡正义等4人。中华竞走会将此4人成绩函至全国体协会，经全国体协会第五次常务董事会议，录取蔡正义、周余愚、张造九、郑成山为竞走选手。同游泳选手的情况一样，竞走选手并未进行训练。

图 2-14　中华代表团竞走选手
（图片来源：《体育季刊》1936 年第 2 期）

③自由车选手

自由车选手由推荐产生。1935 年 8 月，中国驻荷公使金问泗致函全国体协会，称荷兰华侨何浩华曾获荷兰鹿特丹自由车比赛冠军及全荷自由车总冠军。荷兰曾希望何浩华代表荷兰出席奥运会，何氏未应允，并多次向驻荷公使馆提出代表中国参赛。经全国体协会审核，同意其代表中国参加自由车比赛，复函金公使，告知何氏于 7 月底赴德与中华代表团会合。

图 2-15　中华代表团自由车选手何浩华
（图片来源：《体育季刊》1936 年第 2 期）

（三）选拔过程中存在的问题

其实，对于选拔选手的相关事宜，早在 1934 年教育部决定参加第 11 届奥运会后，即有体育专业人士及体育爱好者在报刊上建言，沪江大学体育主任刘雪松就选拔选手一事提出建议，认为“参加之人材〔才〕必需精”，务必使“人人有特殊之才干，合作之精神，良好之道德”，并特别指出足球队员的选拔，在重视个人技能的同时，更需注重整体的合作。① 曾留学德国的中央大学体育科教授吴澂认为，选拔田径选手，成绩应以奥运会为标准，“宁缺毋滥”，同时要选择可以显示中国特长或足以纠正外国对中国不良印象的项目参加比赛。② 全国体协会亦较早进行筹备，制定选拔标准，并经过不同程度的选拔训练，可谓筹备完善。然而，在实际的操作过程中，却不如所计划的那样完善。

田径预选后，社会各界对选拔结果颇有微词。铁饼、跨栏与世界成绩相差甚远，却各选派两名选手，而较有可能取得成绩的撑竿跳仅选派一人；选拔前并未公布选拔选手参加马拉松比赛，却未经测验便选派王正林参加该项目……③ 甚至有人认为，田径选拔并不公允，建议从速秉公纠正，重新选拔合适人才。④ 篮球预选后亦是非议重重，国内篮球好手，如时称篮球前锋第一人的唐宝堃，因赴新加坡作赈灾义演而未来得及参加预选，事后却遭拒补选。此事与撑竿跳选手符保卢因病可重新测验一事对比，令时人颇感不公平，上海体育界甚至提出篮球重选说⑤，却并没有得到全国体协会回应。更有人指出，选拔之所以不公允，实由选拔委员会的假公济私造成。⑥

其实，社会各界对选拔产生的质疑，最核心部分在于运动员的业余资格问题。当时，业余运动员身份是一个人能参加奥运会的基本要求，针对这一点，社会各界对已选定的运动员展开逐个审查。5 月 29 日，上海某报刊载，足球队队长李惠堂有违反此规则的嫌疑，经李惠堂澄清后方告结。⑦ 之后的张龄佳事件则更为轰动，时人认为田径预选时并无男子十项，增添此项实为张龄佳个人。针对此事，预选召集人马约翰予以回应，选拔张氏作为十项代表，除成绩优良及训练刻苦外，其对于心理学颇有研究，并已决定赛后回国在体育界服务，鉴于此

---

① 参见刘雪松：《我对于吾国参加世界运动会之前瞻》，《勤奋体育月报》1934 年第 1 期。

② 参见吴澂：《从第六届全运会说到我国参与第十一届世界运动会应有的准备》，《新中华》1935 年第 19 期。

③ 参见《全国体育协进会今日召开董事会讨论参加世运田径代表问题》，《大公报》1936 年 6 月 14 日；《能否跑毕二十六英里，王正林应先测验》，《申报》1936 年 6 月 18 日。

④ 参见《选派世运田径选手不公允，应从速秉公纠正》，《申报》1936 年 6 月 13 日。

⑤ 参见《全国体育协进会今日召开董事会讨论参加世运田径代表问题》，《大公报》1936 年 6 月 14 日；《篮球代表有重选说》，《大公报》1936 年 6 月 19 日。

⑥ 参见《祝第十一届世运会开幕》，《勤奋体育月报》1936 年第 10 期。

⑦ 参见《对于李惠堂之业余资格问题，主张应由体协加以详细调查》，《中央日报》1936 年 6 月 6 日。

才将其录取。[1] 针对马氏回应，社会上立即有人反驳：张氏为清华大学体育助教，与“业余资格”这一世运会选手资格似有冲突，同时其“对于心理学颇有研究”与体育亦无关联。[2] 更有甚者，抬出全国体协会第二次董事会上制订的选拔原则，认为张龄佳既非“年龄较幼”，亦非“成绩优异”，应立即取消其参赛资格。[3] 对此，马约翰在全国体协会第五次常务董事会议上指出，张氏确实在清华大学体育部图书馆工作，只是其聘书上误写为体育助教，以致与业余规则不符。最终，为维护“业余资格”的规定，全国体协会董事会议决，停派张龄佳出席奥运会。[4]

由此可见，选拔前制订的标准、规则，在实践过程中受种种因素影响，而发生不同程度的变化。这些变化，说其为完善既定标准也好，满足个人需求也罢，均表现出文本表达与实际运作之间的落差。而这一问题，是我们在检视此次运动员选拔时不能忽略的问题。

无论如何，出席第 11 届奥运会运动员的选拔、训练工作，伴随着不断的非议声及修正工作而告一段落。

## 三、运动员“新”形象塑造

### （一）出国前的塑造

为了安排好中华代表团赴德后事宜，全国体协会代表宋如海于 6 月 2 日先期赴德，协助驻德代表助理黄维立进行相关工作，如预定住宿场所、向大会筹委会登记参加各项目等事务。除做好抵德后的准备，国内的准备工作亦相继筹备起来。选拔事竣，除先期出国的足球队外，尚有 120 余名团员的手续需要办理，而预定舱位、领取护照、交涉船票价格等纷繁事务亦需处理。除以上为出国而做的基本工作外，更为重要的是为“展示”而进行的代表团团员的形象塑造。

1.“包装”运动员

服装作为展示形象最直观的部分，全国体协会对此甚为注意。规定男女一律着西式藏青法兰绒大褂，头戴国货草帽，男团员上着白衬衫、佩戴黑领带，下穿白裤黑皮鞋；女团员着白色旗袍、棕色平跟皮鞋。同时，为求衣帽颜色、样式一致，统一由全国体协会定制，其余服装由个人自行采办。由此可见，在外在形象包装方面，全国体协会除注重展现中国“现代性”的一面，亦将中国元素加入

---

① 参见《对田径选拔责难，马约翰有所声明》，《申报》1936 年 6 月 11 日。

② 参见《全国体育协进会今日召开董事会讨论参加世运田径代表问题》，《大公报》1936 年 6 月 14 日。

③ 参见槐青：《田径选拔的总检讨》，《申报》1936 年 6 月 14 日。

④ 参见《本会董事会议纪录》，《体育季刊》1936 年第 2 期。

其中，特别是头戴国货草帽，可以说是对当时国内进行的国货年运动的一种支持和响应。

图 2-16　着装整齐划一的中华代表团团员

（图片来源：《出席第十一届世界运动会中华代表团报告》前编，第 30 页）

图 2-17　着装整齐划一的体育考察团团员

（图片来源：《出席第十一届世界运动会中华代表团报告》后编，第 2 页）

除形象包装外，运动员对沿途状况、比赛地点的了解亦为重要，故全国体协会编辑《出国须知》一册，对出国路程、应带行李、旅途气候、膳宿状况、大会情形等均有详细记载，分发予各团员，以供参考。同时，在驻沪德领事欢送会上，代表团团员观看了德国拍摄的奥运会筹备状况，包括奥运会历史及为举办奥运会德国所作各种新建设，犹如向导一般。这些为第一次去德国的各团员做好了思想准备，以便尽快适应新环境。

2.政府及上海各界对代表团的“寄语”

除全国体协会对代表团团员的形象予以塑造外，政府及社会各界亦对代表团的形象寄予期望。6 月 23 日，全体团员着制服齐集上海北站，在代表团干事周家骐率领下，乘特备专车晋京，抵达南京后先至中山陵行礼，后返励志社聆听时任行政院院长蒋介石训话，训话内容多为勉励之语。对于代表团此行目的，蒋氏讲道，此次参加奥运会，胜败已无关宏旨，最要者为“表现我国家民族固有礼义廉耻之精神于世界人类”。因此，在道义、精神与纪律上，“必须为我国家争光荣，一切态度行动……当表现我东亚具有五千年光荣历史与崇高文化之堂堂大国民的风度，夫然后可以得世界各国人民之敬爱”①。无可厚非，蒋氏有借此次训话宣传新生活运动的意图，但其主旨实为训导代表团团员，将中华民族优良的民族精神及文化，通过此次奥运之旅展现于世界人民面前，继而改变外人对中国的不良印象。训话完毕，蒋氏亲行授旗礼，将承载着国人期许的“国旗”交与中华代表团代表郝更生。

翌日，上海市各界在青年会举行联合欢送大会，上海市市长代表、教育局局长潘公展，上海市党部童行白及警备司令部杨啸天均致欢送词。潘公展认为，中华代表团此次出席奥运会，要尽自己所能参加比赛，同时要参观、学习他人之长，胜利虽不可奢望，而代表团到德国及途经各国，“一切生活起居，能表现出大国民的精神”，处处展示不失为近代国家的形象，进而提高中国的国际地位，此为此次出席奥运会之最大收获。② 除交流观摩、展示国家形象外，杨啸天指出在精神方面要注意两点：注重个人品格修养及保持生活秩序，发扬团结精神，遵守公共纪律。③ 无论从个人出发，还是对团体而言，注重一言一行，均关乎国家形象之展示。

---

① 《世运代表团昨日来京，蒋院长授旗致训》，《中央日报》1936 年 6 月 24 日。

② 参见《本市各团体昨欢送世运代表团》，《申报》1936 年 6 月 25 日。

③ 参见《本市各团体昨欢送世运代表团》，《申报》1936 年 6 月 25 日。

图 2-18　赴中山陵谒陵的中华代表团团员
（图片来源:《时报》1936 年 6 月 25 日）

图 2-19　蒋介石（前排左八）训话后与中华代表团团员合影
（图片来源:《时报》1936 年 6 月 25 日）

由此观之，中华代表团在出国前，受到以蒋介石训话为主的思想灌输。将中华民族之形象展示于全世界，成为代表团参加此届奥运会的重要思想理念。

1936 年 6 月 26 日，除先期放洋的足球队及部分在中国香港、新加坡的团员外，101 名代表团团员集合于上海杨树浦招商局北栈，在代表团总干事沈嗣良的带领下，登上意大利邮轮“康脱浮台”号，上海市市长吴铁城、警备司令部杨啸天，暨各社团代表、团员亲友等千余人前往欢送，在不时地欢呼呐喊和铿锵悠扬的军乐声中，及中航协会两架飞机的护送之下，中华代表团辞别祖国，开始万里长征之海程。

图 2-20　上海各团体欢送中华代表团启程

（图片来源：《出席第十一届世界运动会中华代表团报告》前编，第 18 页）

（二）旅途中的“规训”与展示

从上海出发后，代表团途经香港、新加坡、孟买等地，抵达威尼斯，再由威尼斯转车至柏林。其中，从上海到威尼斯的海程历时 25 天，占此次行程绝大部分时间。代表团合理利用这漫长海程，对各团员的生活、训练进行规训，为即将到来的体育交流与形象展示做最后准备。此外，通过与船上中外旅客的互动，代表团展示了先期塑造的新形象。

登船第二天，代表团即召开第一次全体谈话会，代表团总干事沈嗣良报告一切团务，并嘱咐各团员：个人的言语行动关乎团体的形象，而团体的形象即代表国家形象，望各自注意自己的言行，而且中国的礼仪与欧洲不同，要注意国际礼仪；同时，沿途天气闷热，每人应注意身体。① 除此之外，经谈话会上商讨，特组织行政、训练、讲演、游艺（即娱乐）、管理五个委员会，便于合理安排代表团在邮轮上的生活。

6 月 29 日上午，训练、讲演、游艺三个委员会举行联席会议，通过了全团作息时间表，自 30 日开始施行，具体如下：

上午 7:00～7:30 全体团员在船顶甲板进行早操，由团员分任领导，星期日休息。

11:00～12:00 在吸烟室举行演讲会。

下午 2:00～5:00 分组练习德语会话各一小时。

5:00～6:00 由各队教练及管理分别率领队员，在甲板上分别练习。

晚间 8:00～9:00 在甲板举行游艺会。

10:00 就寝。②

当日下午 4 点，游艺、管理、行政三个委员会分别举行会议商讨各项事宜，训练委员会亦公布早操日程表及领导员姓名。管理委员会议决，每天各队管理应视察各队员饮食起居，如有疾病尽快诊治，并请代表团翻译兼医生黄元恺向各团员宣传避免晕船注意事项及预防办法，以求“保存”团员特别是运动员的体力。行政委员会则公布了旨在整肃代表团风纪的相关事项。至此，旅途中的规约制订完毕，相关事宜的准备工作业已完成。

6 月 30 日，一切活动按前日所定展开，除因海上风浪巨大，致使大部分团员晕船，或经新加坡、孟买等港停船登陆外，各项事宜均在不同程度上予以开展，直至邮轮抵达威尼斯。

为使团员了解德文，减少到达德国后言语上的困难，行政委员会特组织德语会话班，聘请考察团副指导吴澂、翻译梅馥香等 4 人为指导员，并将报名参加者按程度分为已读、未读四组，每日下午 3 点起分班授课。同时，讲演委员会敦请体育考察团部分团员作专题演讲，先后分别为郝更生《中国教育之现状》、黄丽明《欧洲通行之礼貌》、张汇兰《吃的礼貌》、吴澂《德国之现状》，代表团团员对此颇感兴趣，每次听讲的人很多。③ 从演讲题目来看，演讲不仅旨在使团员明晰国内教育现状及此次奥运行的目的，更多的是介绍团员们不甚熟悉的欧洲礼仪及第 11 届奥运会主办国德国的现状，在强化团员思想理念的同时，亦拓宽了团

① 参见储安平：《我国世运代表团从上海到香港途中》，《中央日报》1936 年 7 月 8 日。

② 参见《出席第十一届世界运动会中华代表团报告》前编，第 21 页。

③ 参见冯有真：《世运选手团随征记》第三信下，《中央日报》1936 年 7 月 29 日。

员的知识广度，为即将到来的欧洲生活做准备。除面向全体团员进行学习指导外，因代表团中5位年纪较轻的女团员，尚缺乏出洋生活经验，亟须学习欧洲生活方式，以便尽快适应新的生活环境，行政委员会特聘请高梓、黄丽明等对5位女团员进行一对一的生活指导，并设法在就餐时将桌位移近，以便更好地指导餐桌礼仪。[①] 足见行政委员会考虑问题之周详。

除为即将到来的欧洲生活做准备外，代表团亦未耽误训练，虽说训练条件不比国内，但仍尽可能展开各项训练[②]：篮球队在甲板网球场上练习传球方法；田赛投掷运动员练习拉力或推、掷动作；径赛运动员作跳绳运动；举重选手亦进行举杠铃等增强臂力的练习，少数运动员甚至在因晕船而取消训练之时仍然坚持训练[③]。运动员们在有限的空间里发奋练习，不时引来中外旅客驻足观看。虽说前来观看者人数有限，但仍是代表团对中国新形象及体育精神的一种展示。

图 2-21　运动员船上练习举重

图 2-22　拳击选手在甲板上练习

（图片来源：《出席第十一届世界运动会中华代表团报告》前编，第22页）

除学习新知识、组织训练外，代表团还组织了一系列娱乐活动。除在代表团内部举行象棋、围棋比赛外，代表团成员同中外乘客亦有良好互动。代表团职员郝更生、袁敦礼联系中国旅行社游欧团团员，组成“世运同舟联谊会”，方便国人交流。此外，游艺委员会积极筹划了两场晚会，7月3日晚在头等舱舞厅举办邮轮第一次晚会，中外旅客300余人前来观看，表演节目先后为全体团员合

① 参见陆翔千：《参加第十一届世界运动会中华代表团大事记》，《体育季刊》1936年第3期。

② 并非所有选手参与训练，鉴于足球队南洋热身赛辛劳，为恢复体能，沈嗣良、马约翰特许足球队不参与轮上训练。（参见李惠堂：《参加世运欧游杂感·追记中英之战》，《申报》1936年10月10日）

③ 储安平：《只要化五镑钱，到开罗看金字塔去》，《中央日报》1936年8月2日；冯有真：《世运选手团随征记》第五信二，《中央日报》1936年8月4日。

唱国民党党歌，代表团总干事沈嗣良致辞，两位团员的双簧表演，国术队的国术表演，女团员的小合唱。7 月 18 日又举办离别晚会，国术队表演之后，团员们与前来参加联欢的中外旅客进行化装舞会。这两次晚会，不仅增添了海上生活的乐趣，增进了中外旅客间的友谊，也向中外旅客展示了中国国术的风采，而船上各国乘客对国术表演亦十分赞赏。[①] 同时，国术队中女选手的表演及女团员的小合唱，向各国乘客展示了中国“新”女性的精神面貌。

7 月 18 日，代表团举行第二次全体谈话会，总干事沈嗣良重申出席此届奥运会的使命及奥运会的组织纲要，总教练马约翰、考察团总领队郝更生等人则对全体团员予以勉励，并向团员分发《赴德须知》。7 月 20 日，邮轮到达威尼斯，中华代表团的海上之旅画上圆满句号。

在中华代表团出征之时，国内各报刊对代表团展示中国的新形象寄予深切期望，甚至有人认为，代表团出国前的准备过于仓促，尚未对团员进行文化训导，实为遗憾。[②] 然而，代表团有效利用悠长的旅途时光，对自身形象进行塑造。这一过程，虽称不上细致周详，但也算是竭尽所能，或多或少地弥补了国内准备的匆忙。经过出国前及旅途中的塑造、规训，代表团团员的内、外在形象均按照展示中国之新形象的目标有所提升。

---

① 参见储安平：《只要化五镑钱，到开罗看金字塔去》，《中央日报》1936 年 8 月 2 日。

② 参见济武：《敬告我国参预第十一届世运诸公》，《体育季刊》1936 年第 2 期。

# 第三章　奥运之旅[①]:交流与展示的实况

## 一、奥运赛场内外的交流与展示

中华代表团威尼斯登陆后,经过休整,于 1936 年 7 月 22 日驱车前往柏林,并于翌日抵达柏林,受到柏林市政府代表、奥运筹委会代表、中国驻德大使及各团体代表的热烈欢迎。

图 3-1　国民政府代表戴季陶(右四)与驻德大使程天放夫妇(左三、左四)等合影
(图片来源:《读书青年》1936 年第 5 期)

① 本书所称"奥运之旅",指 1936 年 7 月 23 日中国代表团抵达柏林,至 1936 年 9 月 4 日乘船归国这段时间,并非仅指为期 16 天的柏林奥运会。

图 3-2　柏林华侨欢迎中华代表团

（图片来源：《出席第十一届世界运动会中华代表团报告》前编，第 24 页）

在德国政府代表致欢迎词后，中华代表团由足球队队长李惠堂手执国旗于前，代表团整队出站，各成员服装整洁，队伍整齐划一，令在场的德国人实觉惊讶，因为他们“从来没有看到中国同胞如此的精神焕发”[①]。次日德国报纸均刊载中国代表团抵德一事，字里行间不仅透露出“意想不到中国会有这许多选手参加世运”这样的惊奇，亦对中国代表团成员及前来欢迎之华侨所表现出的民族精神表示钦佩与赞许。[②] 中华代表团在柏林首次成功亮相，为西方重新审视中国是一个良好的开端。

除体育考察团部分团员转车赴汉堡参加世界体育休闲会议，其余团员赴国际运动学员营外，所有运动员及职员从车站前往柏林市政府，出席于市府礼堂举行的欢迎会。会后，代表团团员乘车前往奥运村等处安排住宿，一切安排妥当后，代表团职员、运动员各司其职，为即将拉开大幕的奥运会做准备。

---

① 储安平：《我国代表团由威尼市到柏林》上，《中央日报》1936 年 8 月 10 日。

② 参见《沈嗣良昨在青年会演讲，吾国参加世运的经过》，《申报》1936 年 9 月 17 日；储安平：《我代表团抵柏林时舆论界备极赞扬》，《中央日报》1936 年 8 月 11 日。

图 3-3　中华代表团整队出站

（图片来源:《出席第十一届世界运动会中华代表团报告》前编，第 26 页）

图 3-4　第十一届奥运会开幕式上中华代表团入场情景

（图片来源:《出席第十一届世界运动会中华代表团报告》前编，第 32 页）

（一）“心有余力不足”:奥运赛场上比赛失利

1936 年 8 月 1 日下午，第 11 届奥运会开幕，中华代表团的旗手是足球队队长李惠堂，在李氏的带领下，方阵内的全体运动员步伐整齐，精神焕发，走进会场的时候，“所受的热烈欢呼，也不下奥匈等国”①。相较于第10届奥运会只有刘长春一人执旗入场的场景，此次的庞大阵容，令在场的外国人为之一振，产生对中华代表团另眼相看的心理。同时对中华代表团选手而言，“交流”与“展示”的自信心亦大大增加。

宏伟壮观的开幕式后，各项比赛于8月2日陆续展开。现将中国选手在奥运赛场上的表现简述于下。

1.田径比赛

8月2日，男子100米预赛，傅金城、程金冠、刘长春先后被淘汰，成绩分别为11秒5、11秒6、11秒2。男子800米预赛，贾连仁以小组第四名落选。男子跳高预赛，及格线为1.85米，吴必显两跃未过而遭淘汰。男子铅球预赛，掷过14米为及格，陈宝球三试均未达到而遭淘汰。当日举行的1万米比赛，中国选手王正林为保存实力参加马拉松比赛而弃权。

8月3日，女子100米预赛，中国唯一一位女田径选手李森在小组中屈居殿军被淘汰，成绩为13秒6。

8月4日，男子200米预赛，程金冠、傅金城、刘长春成绩分别为23秒6、23秒4、23秒6，均未获得决赛资格。跳远预赛，及格线为7.15米，郝春德、司徒光、张家夔均未过7米而遭淘汰。

8月5日，男子1500米预赛，贾连仁被淘汰，成绩为4分20秒，较在国内成绩有所退步。男子高栏预赛，黄英杰、林绍洲先后被淘汰，成绩分别为16秒9、15秒7。撑竿跳预赛，及格线为3.8米，符保卢于第二次试跳通过，成为田径队中唯一获取决赛权的选手，然而在当日下午的决赛中未过4米而被淘汰。男子铁饼预赛，规定44米为进入决赛成绩，郭洁、冷培根分别掷出38米、39米，未获决赛权。

8月6日，男子400米预赛，戴淑国在小组中居殿军而无缘决赛，成绩为51秒8。三级跳远预赛，及格线为14米，司徒光、王士林三试均未达标而遭淘汰。男子标枪预赛，郝春德成绩未达60米及格线被淘汰。

8月7日，中国选手周长星参加十项全能比赛，前两项共获1228分，分别为100米556分、跳远662分，唯第三项铅球未得分，无奈中途退赛。

8月8日，男子4×100米预赛，中国派出傅金城、戴淑国、程金冠、刘长春4人参赛，成绩为44秒8，与其他参赛队相差较大而无缘决赛。同日下午举行

① 冯有真：《世运选手团随征记》第九信二，《中央日报》1936年8月22日。

的男子4×400米预赛，中国基于上午参加接力赛时选手损耗较大而弃权。

8月9日，王正林参加马拉松比赛，位居第40名，成绩为3小时25分36秒4，与第一名日本选手孙基桢相差几乎1小时。

图3-5　中华代表团田径队队员

（图片来源：《第十一届世界运动大会画报》，第26页）

2.中英足球之战

奥运会足球比赛秩序于7月19日抽签决定，中国足球队首战即遇现代足球鼻祖英国队。消息一经传出，立即受到媒体关注，《柏林日报》在报道奥运会足球秩序时，即以“素执全世界牛耳之英国胜呢？还是新从东方来的中国胜呢？”[①]作为文章结尾。8月6日下午5时半，中英足球战于康姆逊球场打响，国民政府代表戴季陶、驻德大使程天放、留欧学生及侨胞五六百人到场助威，慕名前来的各国球迷亦不少于一万人。

中英两队列队入场向观众行礼后，比赛开始。上半场双方势均力敌，以0∶0结束；下半场中国队改守势为攻势，虽有几次威胁性射门，但终未进球。下半场13分钟时，英国队利用中国队内部空虚的有利形势，攻入一球，约10分钟后又以类似方法攻入一球，中国队虽力图反攻，但最终未能挽回败局，以0∶2被淘汰出局。由于足球赛采取淘汰制，中国足球队无缘下一轮。

① 储安平：《世运花絮录》上，《中央日报》1936年8月24日。

图 3-6　出战中英足球赛的中国足球代表队(左起,前排为曹桂成、冯景祥、李惠堂、孙锦顺、叶北华,中排为徐亚辉、黄美顺、陈镇和,后排为李天生、包家平、谭江柏)

(图片来源:《出席第十一届世界运动会中华代表团报告》前编,第 41 页)

图 3-7　中英足球赛中积极应战的中国队队员(左起:徐亚辉、李天生、包家平、谭江柏)

(图片来源:《出席第十一届世界运动会中华代表团报告》前编,第 43 页)

3.篮球比赛

奥运会篮球比赛秩序于7月27日抽签决定，中国队首战对手为日本队。为了尽快适应比赛，中国队于7月29日、7月31日、8月3日、8月4日分别与秘鲁、美国、意大利、波兰四支队伍进行友谊赛。

图 3-8　参加第11届奥运会的中国篮球代表队
（图片来源：《第十一届世界运动大会画报》，第39页）

图 3-9　中法篮球赛一幕
（图片来源：《出席第十一届世界运动会中华代表团报告》前编，第39页）

8 月 7 日，中日篮球赛打响，开场局势尚为激烈，不久中国队即出现失误，上半时以 10∶15 落后五分结束。下半时中国队虽一再努力，但因防守出现问题，终以 19∶35 败于日本队。

与奥运会足球赛制不同，篮球比赛采用双循环制[①]，中国队仍有晋级第二轮的希望。8 日下午，中国队与法国队对垒，以 45∶38 淘汰法国晋级第二轮。经抽签，中国队第二轮与秘鲁队交锋，然而中国队并未延续中秘友谊赛的胜绩，反以 21∶29 败于秘鲁。10 日下午，中国队与巴西队进行第二轮淘汰赛，虽积极应战，却无奈以 14∶32 大比分惨败。中国队未能抓住这一至关重要的机会，终被淘汰出局。

4.其他项目

举重比赛于 8 月 2 日上午进行，轻量级黄社基、沈良，次轻级翁康庭均遭落选，成绩距获得奖牌相差甚远。[②]

竞走于 8 月 5 日下午开赛，距离为 5 万米，共有 33 人参加。蔡正义、周余愚、张造九分列第 21、23、24 名，用时分别为 5 小时 16 分 42 秒、5 小时 25 分 12 秒、5 小时 27 分 15 秒，远不及各自在国内的成绩。

自由车于 8 月 6 日进行预赛，代表中国参赛的荷兰华侨何浩华实力尚属雄厚，无奈在第五轮与上届冠军相遇，最后以 1 厘米之差被淘汰。

8 月 8 日上午，陈振兴参加男子 100 米自由泳预赛，位列第四而无缘半决赛；同日下午女子 100 米自由泳预赛，杨秀琼落后同组第一名约 15 米，成绩相差较大而被淘汰。

8 月 11 日晚，中量级选手靳贵第与重量级选手王润兰代表中国参加拳击比赛，均于第一轮被淘汰。[③]

综上所述，中华代表团在奥运赛场上并未取得一分。面对这样的结果，作为关注中华代表团状况的先锋，国内各大报刊在报道中无不透露着失落的情绪，“无一上名”“仍未得分”“惨遭淘汰”……其实，中国运动员在明知自己实力不足的情况下仍能够积极备战。代表团里唯一一位女田径队员李森到达柏林

---

① 即每轮被淘汰者，须与本轮落选队伍再分组进行淘汰赛，胜者仍可进入下一轮比赛。

② 此届奥运会举重轻量级第一名成绩为 312.5 公斤，次轻级第一名成绩为 342.5 公斤，而中国举重选手成绩分别为黄社基 257.5 公斤、沈良 242.5 公斤、翁康庭 122.5 公斤。参见《第十一届世界运动会举重成绩表》，《勤奋体育月报》1936 年第 12 期。

③ 靳贵第第一轮对手为英国拳手，比赛中英国拳手一次犯规后本应判靳氏胜利，英国队管理员提出抗议，后经特别会议商讨，决以计数定胜负，故判靳氏败。参见《出席第十一届世界运动会中华代表团报告》前编，第 37 页。

后练习勤奋，赛前全体放假时仍旧按时练习。[①] 足球队在得知首轮对手为实力强劲的英国队后并未颓丧放弃，“每朝五时半起床，六时到村内的运动场内集合，先行柔软体操，种种轻微动作，然后跑圈子练长气，每两三天总有一次的下午，是到外面的球场去练球的，有时练习射门，有时分队比赛研究一攻一守的阵法”[②]。但各项目终因实力较弱而被逐一淘汰。

（二）奥运赛场外的展示与交流

虽然中华代表团在奥运赛场上并未做到以比赛成绩展示中国体育实力、交流中国体育技能，然而走出赛场，通过规训与展示运动员生活状况，以及国术、足球两队的精彩表演，在不同程度上做到了交流。

1.运动员生活中的规训与展示

除分赴参加世界休闲会议、国际运动学员营的体育考察团团员外，离开柏林市政厅的代表团成员，前往位于柏林市西的奥运村住宿，由于奥运村不准女选手及表演人员居住，故只有职员及男选手入住，共计 85 人；国术表演队男选手赴杜陪利兹军营寄宿，五名女选手则在另设的女子宿舍寄宿。[③]

代表团成员的住宿安排妥善后，7 月 24 日代表团管理人员召开会议，制订《住村规约》及《作息时间表》，要求奥运村中的运动员及村外居住之女运动员、国术队成员遵守此两项内容。

**表 3-1　　第 11 届奥运会期间中华代表团作息时间**

<table>
<tr><th colspan="2">时间</th><th>事项</th><th>备注</th></tr>
<tr><td rowspan="6">上午</td><td>6:30</td><td>起床</td><td>由各队管理监察</td></tr>
<tr><td>7:15</td><td>升旗</td><td>全体制服，集合九十二号宅前排队</td></tr>
<tr><td>7:30</td><td rowspan="2">早餐[④]</td><td rowspan="2">应准时进膳，不得耽延</td></tr>
<tr><td>8:15</td></tr>
<tr><td>12:00</td><td rowspan="2">午餐</td><td rowspan="2">应准时进膳，不得耽延</td></tr>
<tr><td>12:45</td></tr>
</table>

① 参见储安平：《世运花絮录》，《中央日报》1936 年 8 月 18 日。

② 李惠堂：《参加世运欧游杂感·追记中英之战》，《申报》1936 年 10 月 10 日。

③ 参见陆翔千：《参加第十一届世界运动会中华代表团大事记》，《体育季刊》1936 年第 3 期。

④ 因德国奥委会给中国派定的饭堂不大，所以奥运村内的中华代表团成员分两批进餐，第一批为田径队、篮球队、举重队，包括宋君复、沈昆南、叶良、李清安；第二批为足球队，包括陈振兴、何浩华及其余职员。参见储安平：《奥林匹克新村中我国健儿的生活》，《中央日报》1936 年 8 月 15 日。

续表

| 时间 | | 事项 | 备注 |
| --- | --- | --- | --- |
| 下午 | 3:00～6:00 | 练习 | 各队时间表另定 |
| | 6:15 | 降旗 | 须有五人参加 |
| | 6:30 | 晚餐 | 应准时进膳，不得耽延 |
| | 7:15 | | |
| | 10:30 | 就寝 | 至时不得高声谈笑，由管理点名 |

资料来源：《出席第十一届世界运动会中华代表团报告》前编，第29页。

《住村规约》要求各团员遵守下列规约：精神活泼，举止大方，态度和蔼，服装整洁，遵守大会住村规约，服从职员指导，谨守作息时间，留居村内不得外出（指会前及比赛日期中）。

从规约与作息时间表的内容中不难发现，代表团管理人员除规定团员做到在一个团体内最基本的要求，如遵守纪律、服从指导、按时休息训练外，对团员的形象也做出了规训，外在形象要做到服装整洁、精神活泼，行为方面要举止大方、整装出席升降旗仪式。在遵守奥运村规约的同时，亦是努力向当时以西方为主导的世界体育环境靠拢，除注重旅途中所教授的西方礼仪外，也要在精神风貌方面有所转变。作为参赛国家中来自亚洲的国家，中国和日本很自然地被人们拿来进行比较。对中华代表团的成员而言，虽不满日本在中国的侵略行径，但他们"背景坚固、宣传周到"的确引起了外界关注，很值得中国借鉴学习。[1] 鉴于外界将中日进行比较的事实，为展示不同于日本人"拘谨"[2]的形象，故而规约中要求各团员"精神活泼"，塑造不一样的亚洲人形象，展示一个新兴国家的精神风貌。

之所以制订上述规训内容，亦与代表团礼仪方面准备不足有密不可分的关系。甫到柏林时，各团员还不能很快适应新环境，人数较少时尚能做到有纪律、精神活泼，一旦遇到集体行动，种种问题便暴露出来，如裤子颜色不统一，喊口号或答谢时缺乏一致行动，"有的举手，有的点头……呼口号时，有的脱帽，有的干呼，真难看极了"[3]。随着奥运会期间日常生活、训练生活的逐步展开，团员们渐渐适应，即使在奥运会闭幕后离开奥运村迁往他处住宿时，亦能按照新订要

① 参见刘长春：《世运日记》，《时报》1936年8月17日。
② 陆翔千：《柏林亚林匹克村随笔》，《体育季刊》1936年第3期。
③ 刘长春：《世运日记》，《时报》1936年8月17日。

求，有条不紊地进行各项活动。[①]

经过船上20余天的颠簸生活，进入奥运村后，住宿条件舒适方便，饮食方面虽为西餐，却能够尽量迎合中国人口味，“无异上海国人自设之西菜馆”[②]。除此之外，每晚8点在村内兴登堡大厅内有娱乐表演，可以调节运动员劳顿的训练生活。由此可见，代表团团员在奥运村内的生活颇为惬意。

运动员生活的主要内容仍是训练，从早晨五点起，到晚上六点，篮球场、田径场、游泳池等运动场所均有各国选手在场练习，其中美国黑人的短跑、日本的跳远及游泳最引人注目。因此，中国健儿除在规定时间内进行训练外，常常结队在一旁观看，学习总结外国优秀选手的练习方法及先进技术，甚至有许多人为了看练习而忘记吃饭。据刘长春记载，田径队的程金冠与周长星是最肯用心研究的。[③] 游泳选手陈振兴亦经常观察美日选手的游泳方法，在认识到自身技术存在的问题后，悉心总结优秀游泳选手的技术，并承诺在“归国后当力求改进，并将新法指示其他游泳同志”。[④]

图3-10　中华代表团团员在训练场边观看各国选手训练（右一为代表团总教练兼田径队教练马约翰）
（图片来源：《出席第十一届世界运动会中华代表团报告》前编，第31页）

① 奥运村办事处以节省经费为由，令各团于18日搬出奥运村，中华代表团迁往柏林市中心一教会寄宿。在新订规约中，除注重礼仪、服装整洁、按时作息等项外，增加危害团体或越轨行动受罚一项（参见《出席第十一届世界运动会中华代表团报告》前编，第44～45页）。增加此项规定，似因奥运会闭幕前一些运动员不服从领导命令而制定，但并非礼仪、行为方面的不妥当，而是针对一些问题的处理方式产生的分歧（参见温敬铭：《一次可纪念的宴会》，《体育史料》第二辑，人民体育出版社1980年版，第31页）。

② 陆翔千：《柏林亚林匹克村随笔》，《体育季刊》1936年第3期。

③ 参见刘长春：《世运日记》，《时报》1936年8月23日。

④ 储安平：《世运花絮录》，《中央日报》1936年8月18日。

除了训练学习外，奥运赛场外中国选手与外国选手亦有很好交流。中国田径选手程金冠与此届奥运会上夺得四块金牌的美国选手欧文斯结下了短暂的友谊，两人不仅谈论中国国情、体育技能，欧文斯还指出程金冠技术上存在的问题并予以纠正。① 除了通过体育交流进行交往的方式，当时还流行另一种方法，就是通过交换物品以作留念。匈牙利剑术冠军某女士，即用戒指换杨秀琼的衣服，据杨秀琼记载，中国的绣花旗袍因“手工绣花，式样不同”而深受欢迎，成为外国选手纷纷前来交换的对象。② 由此可见，中国选手不仅用交换物品的方式与外国选手结下友谊，亦通过做工精美的旗袍向外国选手宣传中国形象。

2.国术队的精彩表演

国术表演走出东亚而登上世界舞台，对中国和世界而言均属第一次，故而备受关注。除进行国术选手选拔训练及几场国术表演外，新组成的国术队特依据各选手之长项，精心编排表演项目，并请交通大学罗逸民博士翻译成德文，③尽力做好相关准备事宜。

国术表演队刚抵柏林便展开了忙碌的表演行程。从抵达第二天到奥运会开幕前，国术队马不停蹄地出席各种表演活动。④ 虽说忙碌，但期间所获得的好评，为之后的表演开了一个好头。⑤ 1936 年 8 月 11 日，中国国术表演队正式在露天剧场进行表演，除各国重要官员外，前往参观者达 3 万余人，代表团在表演开始前，会场内播报了中国国术的历史及特点，并将译成各国语言的《中国拳术

---

① 两人间的友谊亦有照片为证，照片及相关描述参见袁成亮：《程金冠与 1936 年柏林奥运会》，《百年潮》2007 年第 2 期。

② 参见杨秀琼：《欧游琐记》五，《天文台》1936 年第 6 期。

③ 参见《参加世运国术表演全部项目公布》，《申报》1936 年 6 月 26 日。

④ 7 月 24 日，国术队应邀赴汉堡参加万国音乐会作表演，翌日由金石生、刘玉华等人分别表演拳术及刀枪剑叉等项十余分钟；7 月 26 日，代表中国参加汉堡万国体育团体游行大会；7 月 27 日，返回柏林参加留德学生举办的欢迎会，席间国术队表演太极操、太极球、拳术器械等项；7 月 28 日晚，驻德大使馆等团体举行盛大欢宴，其间作国术表演；7 月 30 日，应德国军营邀请，在千余名德国军人前表演各种拳术，并且翟涟源表演了踢毽这一中国传统运动；7 月 31 日晚，应国际运动学员营之邀，前往营地进行表演。参见《出席第十一届世界运动会中华代表团报告》前编，第 29～30 页；《出席第十一届世界运动会中华代表团报告》后编，第 46 页。

⑤ 如 28 日晚的表演，受到在场中外人士四百余人赞誉，特别是一些德国太太尤为入迷。参见储安平：《世运花絮录》，《中央日报》1936 年 8 月 18 日）；30 日、31 日的表演令在场观看的德国军人、各国运动学员叹为观止，对中国传统运动开始有新的认识（参见《出席第十一届世界运动会中华代表团报告》前编，第 30 页。

之概要》[①]分发给在场观众，以便更加系统地了解中国国术。随后身着武术服装的队员入场表演，首先为集体太极操表演，其次为各队员单拳、对拳表演，最后为器械表演，共分 21 节，历时 1 小时。表演完毕，博得在场观众热烈赞誉，鼓掌欢呼之声，历时颇久。相较于赛场上中国参赛队员成绩的不理想，赴德"表演"的国术队可谓大获成功。

图 3-11　中国国术队在剧场表演

（图片来源：李青编：《世界运动大会图画特刊》，良友图书印刷公司 1936 年版，第 43 页）

经过各集会中的精彩表演，国术表演队在欧洲名声大振，一些不服气的外国拳手前来挑战，国术队队员用自身实力令对方心悦诚服。[②] 德国各大城市亦纷纷邀请国术队前往当地表演[③]，获得巨大成功。

图 3-12　国术表演队女运动员练习情况（左图左起：傅淑云、刘玉华、翟涟源）

（图片来源：《出席第十一届世界运动会中华代表团报告》前编，第 46 页）

① 该文由国术队教练郝铭编撰，从拳术起源、表演动作、运动方法、体用功能几个方面，对中国国术进行简要介绍。参见郝铭：《中国拳术之概要》，《大公报》1936 年 8 月 13 日。

② 参见郑光路：《中国武术走向世界的序曲——国术表演队一九三六年赴"奥运会"》，《体育文化导刊》2004 年第 7 期。

③ 国术队于 8 月 20 日赴法兰克福，25 日晚在该市大剧场登台表演；26 日赴威斯巴登表演；31 日赴慕尼黑表演。参见《出席第十一届世界运动会中华代表团报告》前编，第 46 页。

除通过国术表演进行交流、展示外，国术队还通过印刷刊物的方式进行宣传。鉴于国术表演在各集会中颇受欢迎的情况，国术队特印制三种太极操刊物，每逢表演即分别赠予外国观众，便于他们对中国传统体育有更详细、系统的了解。同时，国术队亦通过赠送武术用品的方式宣传中国国术。8 月 18 日戴季陶设公宴招待全体选手及留欧学生，席间国术队除作表演外，亦将剩余的太极操刊物留存于中国驻德大使馆，以便日后转赠各国图书馆及外宾；同时，将国术队携带的一组新式武术器械留在大使馆内展览，国术影片亦留存此处放映，并将太极球赠予德国体育馆陈列。[①] 8 月 31 日在慕尼黑体育会表演完毕后，国术队以一对古剑、百余本太极操图册作为答谢。[②] 将与武术相关的物品分赠外人，除了是一种表示友谊的途径外，更多的是在国术队归国之后，使西方人能够通过阅读文本、参观展览器械、观看影片的方式继续了解中国国术，使国术在西方交流与展示的维度得以延伸。

纵观国术队的奥运之旅，作为能够代表中国传统体育精华的运动，以“表演项目”之名，在奥运赛场及部分德国城市进行展示，通过队员们的精彩表演，将中国传统体育传播到更多地方，让世界对中国武术、中国传统文化有了更真切的认识，甚至产生进一步了解的欲望。

3.足球队奥运赛后的友谊赛

中国足球队虽在此届奥运会上败于英国队，但这支第一次在欧洲展露身手的亚洲球队，因中英之战中的精彩表现而颇受好评，故而欧洲各国于赛后纷纷致电，邀请前往与当地球队作友谊赛。鉴于通过比赛可以借机观摩其他国家球队情况、学习更多技能、增加赛场经验，因此不待奥运会闭幕，足球队便于 8 月 11 日离团前往法兰克福，开始了中国足球队在欧洲的友谊赛征程。

从 8 月 13 日到 9 月 1 日，中国足球队先后前往德、奥、瑞、法、荷、英六国[③]，共战九场，以一胜一平六负的战绩结束了半月余的欧洲之行。具体战况见表 3-2。

---

① 参见《我参加世运国术表演荣誉》，《申报》1936 年 9 月 10 日。

② 参见《出席第十一届世界运动会中华代表团报告》前编，第 46 页。

③ 按沈嗣良的说法，苏联亦邀请中国足球队前往，只因归期太急而不得已谢绝，参见《世界运动会我国失败原因》，《大公报》1936 年 9 月 7 日。

表 3-2　　中国足球队欧洲六国战绩

| 日　期 | 对阵球队 | 战　况 |
| --- | --- | --- |
| 8 月 13 日 | 法兰克福选队 | 3∶8　负 |
| 8 月 15 日 | 奥地利 RAPID 队(奥职业亚军,一说业余冠军) | 2∶4　负 |
| 8 月 16 日 | 奥地利 ADMIRA 队(奥职业冠军) | 0∶11　负 |
| 8 月 18 日 | 日内瓦选队 | 3∶2　胜 |
| 8 月 22 日 | 巴黎红星职业队 | 2∶2　平 |
| 8 月 23 日 | 法国勒阿弗尔选队 | 0∶6　负 |
| 8 月 27 日 | 荷兰阿雅克业余队 | 3∶5　负 |
| 8 月 31 日 | 英国柯林斯队(英业余冠军) | 2∶3　负 |
| 9 月 1 日 | 英国凯休尔斯队(英职业冠军) | 2∶5　负 |

资料来源:《出席第十一届世界运动会中华代表团报告》前编,第 45～46 页;璨如:《世运代表团之派遣》,周家骐主编:《上海足球》,业余周报社 1945 年版,第 89 页;李惠堂:《球圃菜根集》,前锋体育书报社 1948 年版;孙锦顺:《一九三六年中国足球代表队出征奥运会的经过》,《文史资料精选》第十三册,第 532～533 页。①

这样的成绩,与足球队未抵柏林前在南洋一带的煊赫战绩相比,自是不可同日而语。其中缘由,与欧洲各国球队实力更高一筹不无关系,无论是素称“足球王国”的英国,还是盛产职业球员的奥地利,均可称得上是劲敌。② 由表 3-2 可知,除几场比分较为悬殊的比赛③外,中国足球队的战绩还是可圈可点的,特别是中国足球队的技术与合作,如李惠堂于日内瓦一役中上演的帽子戏法,孙锦顺于巴黎一战中的凌空抽射,尤值得称道。④ 甚至在与巴黎红星队一战后,有对方欲以最优条件邀请李惠堂为其队效力的事情发生,足见中国足球队表演的

① 四份资料在比赛场次、对阵球队名称及性质、比分均有出入,笔者参照当时报刊报道,综合认为应为上述表格中的内容。

② 参见璨如:《世运代表团之派遣》,周家骐主编:《上海足球》,业余周报社 1945 年版,第 89 页。

③ 比赛结果较悬殊的原因,除对方实力强劲外,中国足球队的非技术性失误亦不可忽视。如对阵法国勒阿弗尔选队时,李惠堂因患腹泻而缺席(参见《出席第十一届世界运动会中华代表团报告》前编,第 46 页);对阵奥地利 ADMIRA 队一役,除前一日对阵 RAPID 队后有点精疲力尽外,最主要的是中场休息时,“队友中有两人由吵嘴而打起架来,影响到全队人马无心恋战”,全队因失去有效合作而惨败。参见李惠堂:《小珍闻·十一比零》,《球圃菜根集》,前锋体育书报社 1948 年版,第 68 页。

④ 当时认为,球场上连续立三功为帽子戏法。参见李惠堂:《小珍闻·帽子戏法》,《球圃菜根集》,第 69～70 页;孙锦顺:《一九三六年中国足球代表队出征奥运会的经过》,《文史资料精选》第十三册,第 532 页。

精彩及技术的精湛。[①]

在展示自己球艺的同时，中国足球队亦不忘通过赛场内外的交流，学习对方的先进技术，审视自身的不足之处。通过与奥地利两支球队的较量，中国足球队发现奥地利的球队"多用三角法短传进袭"[②]，稳定性较强。而欧洲足球奇特的战术，以及英国职业足球的训练方法，实在令人赞叹与折服。[③] 在与英国柯林斯队赛后的宴会上，对方教练亚力逊（George Allison）在称赞中国足球队球艺的同时，认为中国足球队"体力速度都差一点，否则英国业余队必败下风了"[④]，寥寥数语，令听者颇受启发。

如果说奥运会前的南洋"热身赛"可以"显示我国足球之在远东，实为霸王无疑也"[⑤]，那么，中国足球队在欧洲六国的几场友谊赛，虽然败多胜少，但仍通过赛场上的精彩表现，将中国足球推向了世界舞台，进一步扩大了影响力。

综上所述，虽然中华代表团在奥运赛场上的表现令人失望，但期间选手们所做的种种努力[⑥]则是不容忽视的事实。若说奥运赛场上的展示不足以做到交流与展示，而奥运赛场外运动员们则通过生活中的点点滴滴，交流比赛经验，展示东方文明。除此之外，能够代表中国体育"传统"与"现代"的国术与足球，凭借着在欧洲各地表演、比赛中的表现，着实令西方人赞许不已，同时亦促使他们开始对中国、中国人的形象做一番重新审视。

## 二、体育考察团欧洲之行

赴德参加奥运会的中华代表团，除参加奥运会比赛及表演的运动员外，体育考察团亦是其重要的组成部分。对于派遣体育考察团一事，完颜绍元在其《王正廷的外交生涯》中提出，这个"由 CC 系控制的教育部横插一杠"的产物，实为借"考察"之名行公费出国旅游之便。[⑦] 那么，体育考察团的此次考察行动，真的是以公费出游，还是有另一番状况？

---

① 参见李惠堂：《内围消息・巴黎的拉》，《球圃菜根集》，第 51 页。

② 《出席第十一届世界运动会中华代表团报告》前编，第 45 页。

③ 参见《蔡文礼谈：欧洲足球战术》，《电声》1936 年第 41 期。

④ 李惠堂：《内围消息・最大的慰藉》，《球圃菜根集》，第 50 页。

⑤ 李惠堂：《回首二十年・二十年来的足球生活》，《球圃菜根集》，第 163 页。

⑥ 除为了比赛努力训练外，一些运动员为国家形象而努力克服自身问题，如开幕会上作为中国代表团掌旗人的李惠堂，因身体状况不佳而险些倒下，但因"国体攸关"而坚持到最后。参见李惠堂：《场边拾趣・世运掌旗人》，《球圃菜根集》，第 139 页。

⑦ 参见完颜绍元：《王正廷的外交生涯》，团结出版社 2008 年版，第 262 页。

其实，在决定参加第11届奥运会之后，鉴于德国在奥运会开幕之前召开世界休闲娱乐讨论会及国际运动学员营两个国际性会议，全国体协会便向教育部提出建议，组织一个体育考察团参加上述两个会议，并借此机会考察欧洲各国体育发展的状况，作为今后国内体育发展的参考。经教育部批准，随即通令各省市教育厅、局，按照下列标准遴选考察团团员：

(1)国内外大学毕业或体育专科学校毕业，服务体育界二年以上，现仍继续服务者。

(2)具上项资格而熟谙英、德、法三国言语之一者。

(3)年龄在二十五岁以上四十岁以下，身心健全，无沙眼及不良嗜好者。①

最终选定郝更生为考察团总领队，袁敦礼为正指导，吴澂、高梓为副指导，团员33人，分别为教育部保送的11人，全国体协会录取的津贴人员15人，以及全国体协会核准的自费人员7人。② 从选拔标准来看，除对各团员的年龄③、身体状况及工作经历提出要求外，亦要求团员在语言上要过关，对照《体育考察团团员履历表》(见附录1表3)可知，考察团团员多留学于美国或毕业于国内国立、教会大学，所习多为英语，德语、法语熟谙者较少，虽然一些考察团成员参加了旅途中组织的德文会话班，但所学多为基础内容，不足以解决考察中存在的一些问题。④ 其实，撇开上述问题不谈，教育部能够基于中国体育的持久发展，对考察团团员的年龄、从事工作及未来发展方向做出规定，足见其对体育考察团团员选拔之审慎。

人员选定后，为了便于做好各项工作，考察团内分设文书、会计、庶务三组处理相关事宜。⑤ 至于考察团团员的服装，制服与代表团运动员的服装相同，而参加国际运动学员营团员的运动服，统一为白色背心、短裤、运动鞋及缀有国旗

---

① 《中华赴欧体育考察团之派遣》，教育年鉴编纂委员会编：《第二次中国教育年鉴》第12编，商务印书馆1948年版，第1291页。

② 各团员状况详见本书附录1表3。对于考察团人数问题的讨论，详见本书第二章第一部分。

③ 许民辉时年46岁，超过所要求的年龄标准，详见附录1表3。

④ 以参加世界休闲会议为例，会议上的演讲虽有翻译员翻译，但因避免浪费时间而简化了翻译。而当时德国用德语、法语较多，这样的状况实令参加会议的体育考察团团员颇感不便。参见《出席第十一届世界运动会中华代表团报告》后编，第45页。

⑤ 推定袁敦礼、谢文秋、吴邦伟为文书组干事，高梓、杜隆元、钱一勤为会计组干事，吴澂、邵汝干、杜宇飞、江良规为庶务组干事。参见《中华赴欧体育考察团之派遣》，教育年鉴编纂委员会编：《第二次中国教育年鉴》第12编，第1291页。

的蓝或白色毛绒外套，由庶务组全权购办。[1] 作为中华代表团的重要组成部分，体育考察团不仅要注意通过团员的外在形象重塑“新”中国的形象，还要注重此次考察最主要的任务——交流、考察，因此在将塑造外在形象相关的事宜安排妥当之后开始逐步筹备抵欧后的考察工作。针对德国在奥运期间召开的两个国际性会议，体育考察团初步拟定由男团员参加国际运动学员营，女团员赴汉堡参加世界休闲娱乐讨论会，并于会议结束后前往欧洲五国进行考察。[2] 鉴于参加国际运动学员营时各国需要进行表演，因此特设音乐演奏、民间游戏表演两组分别准备，并酌量购置相关用品以备使用。[3] 其实，此番组团出国考察体育，最终目的即为今后中国体育发展吸取值得借鉴的经验，因此，只有明了现行体育的实施状况及存在问题，才能有针对性地进行考察工作。鉴于各团员来自全国不同地区，且工作侧重点各不相同，体育考察团决议陆续进行国内体育实施状况分区报告[4]，以及中国女子体育的发展状况报告[5]。此外，为了深入、细致地考察国外体育实施状况，制订一个翔实的考察计划便成为考察团不可或缺的重要工作，在体育考察团第七次会议上，全体成员通过了考察团考察方针大纲[6]，并依据大纲内容将全体团员分为行政组、学校组、社会组、其他组四部。[7] 至此，体育考察团的准备工作基本完成。

准备工作完成后，体育考察团的交流、展示之旅即将展开。以奥运会召开为界限，考察工作可分为两个阶段，即参加国际会议与欧洲七国考察。

---

① 参见《中华体育考察团会议记录》第二次，《出席第十一届世界运动会中华代表团报告》后编，第88页。

② 参见《中华体育考察团会议记录》第一次，《出席第十一届世界运动会中华代表团报告》后编，第87页。

③ 音乐演奏组为彭文余（召集人）、黄丽明、谢文秋、江振德，民间游戏表演组为李友珍（召集人）、王怀琪、张汇兰、钱一勤。参见《中华体育考察团会议记录》第一次，《出席第十一届世界运动会中华代表团报告》后编，第87页。

④ 报告分别为：7月13日，袁敦礼报告华北区；7月14日，余永祚报告华中区；7月15日，吴澂报告华东区；7月16日，许民辉报告华南区，其中福建省状况由吴德懋报告；7月17日，栾仙渠报告华西区。参见《中华体育考察团会议记录》第四—八次，《出席第十一届世界运动会中华代表团报告》后编，第89～91页。

⑤ 7月15日，杜宇飞报告中国女子体育师范学校概况；7月19日，张汇兰报告国内女子体育情形。分别参见《中华体育考察团会议记录》第六次，《出席第十一届世界运动会中华代表团报告》后编，第89页；《中华体育考察团会议记录》第十一次，《出席第十一届世界运动会中华代表团报告》后编，第92页。

⑥ 大纲分行政、学校体育、社会体育、其他（如青年训练、体育研究、健康教育等）四部分。参见《中华体育考察团会议记录》第七次，《出席第十一届世界运动会中华代表团报告》后编，第90页。

⑦ 参见《中华体育考察团会议记录》第九次，《出席第十一届世界运动会中华代表团报告》后编，第91页。

（一）参加国际会议

由于世界休闲娱乐讨论会及国际运动学员营于7月23日召开，因此考察团在抵达柏林后旋即分赴上述两个会议。同时，因国际运动学员营要求每国参加人数以30人为限[①]，故体育考察团选派袁敦礼、吴澂等26名男团员参加运动学员营，王正廷、沈嗣良及剩余团员共11人[②]赴汉堡参加世界休闲娱乐讨论会。

世界休闲娱乐讨论会始创于美国，于1932年洛杉矶奥运会举办之时召开。此次为第2届，为期7天，有40余国参加。会议期间，考察团团员除参与各项讨论、报告外，考察团总领队郝更生还应邀作报告，略举中国的民众休闲活动、社会教育设施等内容[③]，在考察世界休闲娱乐发展状况的同时，亦将中国的相关情形予以介绍，令与会各国对中国有了更细致的了解。同时，会议期间各国亦派出一些团体进行体育、娱乐表演，由于体育考察团并未准备相关表演，不得不邀请国术队代表中国参加表演，国术队的精彩表现博得了观看者的不少掌声，使同行的考察团团员颇感欣慰。同时，通过观看各国的游行演出，考察团团员发现，这犹如中国“迎神赛会”的表演，并非如中国的“迷信表现”，而是“无事无物不含有历史性及物质进步之象征”，如德国各地的特产、纺织机的演变、交通工具的进步，这样的表演，不仅可以进行商业宣传，而且可以增进人民对国家物产、科学常识的认识，这种寓教于乐的形式，实应得到政府的大力倡导。[④] 而德国青年团令人称奇的体育运动表演，更是让团员们认识到，中国的国民体育如“不从工商界求出路，则终无达到目的之一日也”[⑤]。如果说1936年柏林奥运会是希特勒精心筹划的产物，而于同时期举行的世界休闲娱乐讨论会亦难免带有类似色彩，故而德国在会议期间的种种表现需要我们重新审视，但是中国体育考察团将视线聚焦于德国，与当时良好的中德关系，以及中国对德国的崇拜心理不无关系。

作为此届奥运会附设的另一个会议，国际运动学员营旨在提供一个各国相互交流、切磋体育技能的平台以便观摩考察，从7月24日开幕到8月16日闭幕，大会为期24天，共有29国参加。其间体育考察团团员除出席第一周举办的体育会

---

① 参见《出席第十一届世界运动会中华代表团报告》后编，第50页。

② 剩余团员不包括黄丽明、谢文秋（参见《出席第十一届世界运动会中华代表团报告》后编，第44、50页）。至于参加两个会议的人数，《出席第十一届世界运动会中华代表团报告》记述存在前后不符问题，笔者比照《出席第十一届世界运动会中华代表团报告》中其他记述，认为应为上述人数。

③ 《中华赴欧体育考察团之派遣》，教育年鉴编纂委员会编：《第二次中国教育年鉴》第12编，第1292页。

④ 参见《出席第十一届世界运动会中华代表团报告》后编，第46页。

⑤ 《出席第十一届世界运动会中华代表团报告》后编，第46页。

议外，亦参加大会所设各项活动，如排球友谊赛、越林赛跑、国际乐队等。同时，乘各国体育专家会聚一堂之便，体育考察团特约数位专家做演讲①。此外应与会各国要进行一次体育表演的规定，中国体育考察团在参观其他国家表演之余，20 名团员于 8 月 4 日上午表演了中国特有的体育运动——中国民间游戏及武术②。

图 3-13　王守方表演扯铃
（图片来源：《出席第十一届世界运动会中华代表团报告》后编，第 59 页）

通过参加讨论会、邀请专家演讲及参观各国的体育表演，体育考察团团员对当时体育发展的前沿信息，以及各国体育状况有了切实了解，为今后中国体育发展提供了值得借鉴的经验。除考察学习之外，体育考察团团员亦将会前准备的民间游戏、音乐演奏在营地中进行展示，体育表演中的民间游戏及武术均在广义“国术”的范畴内，将中国国术在世界性体育会议中展示，既是对当时国内推广国术的一种响应，亦是将中国传统体育推向世界的一次尝试。这种不同于西方体育的表演形式，不仅博得了在场观看的西方专业体育人士的欣赏，亦得以被拍摄成影片留作纪念。③ 同时，体育考察团部分团员应邀参加了国际管弦乐队④，在篝火晚会上进行了两次表演。

① 共邀请德国、美国、匈牙利三国六位专家分别就所在各国体育发展情形或奥林匹克大会状况进行演讲。参见《出席第十一届世界运动会中华代表团报告》后编，第 60～63 页。

② 民间游戏有：团体游戏抢龙尾、抢虎子、斗鸡，江振德和王守方之扯铃，吴邦伟之踢毽；武术有：王怀琪之节拳、江振德之七节软鞭、郝铭之太极拳、郑怀贤之飞叉。参见《出席第十一届世界运动会中华代表团报告》后编，第 59 页。

③ 《出席第十一届世界运动会中华代表团报告》后编，第 59 页。

④ 有彭文馀之笛、赵文藻之箫、余永祚之胡琴、江振德之康奈德小喇叭（即短号）。参见《出席第十一届世界运动会中华代表团报告》后编，第 60 页。

图 3-14 国际弦乐队

（图片来源：《出席第十一届世界运动会中华代表团报告》后编，第 60 页）

在之后的各国歌唱表演中，与会的体育考察团成员合唱了国旗歌、运动会歌及苏武牧羊等曲。[①] 由此可见，不论是加入乐队后使用的乐器，还是体育考察团选唱的歌曲，均含有中国元素。虽然没有资料表明与会各国对中国音乐的看法，但可以肯定的是，借此次交流的机会，有更多的外国人接触、认识了中国乐器和中国歌曲，使他们在欣赏中国音乐的同时，又增加了一个认识中国的角度。

（二）欧洲七国[②]考察

8 月 16 日柏林奥运会与国际运动学员营同时落幕后，体育考察团全体团员及五名代表团职员[③]于第二日晚即赴丹麦，开始历时 40 余日的欧洲七国考察。考查状况见表 3-3。

① 参见《出席第十一届世界运动会中华代表团报告》后编，第 60 页。

② 考察国家最终由五个改为七个，相关报告中并未说明其中缘由。根据赛后全国体协会统计奥运会经费尚余一万余元（参见《第七次常务董事会议纪录》，《体育季刊》1937 年第 2 期），笔者认为或与经费尚为充足有关。

③ 分别是江良规、陆翔千、宋君复、舒鸿、宋如海。参见《出席第十一届世界运动会中华代表团报告》后编，第 3 页。

表 3-3　　体育考察团欧洲七国考察内容

| 时　间 | 考察国家 | 考察内容 |
|---|---|---|
| 8.18～8.19 | 丹麦 | 体育行政、师资训练、学校体育、社会体育 |
| 8.20～8.22 | 瑞典 | 体育行政、学校体育、师资训练、社会体育 |
| 8.23～8.24 | 德国 | 体育行政、师资训练、学校体育、青年训练及劳动服务实施概况 |
| 8.25 | 捷克 | 教育行政、师资训练、学校体育、社会体育 |
| 8.26～8.27 | 奥地利 | 体育行政、学校体育、社会体育 |
| 8.28～8.29 | 匈牙利 | 体育行政、师资训练、学校体育、社会体育、青年训练、体育背景 |
| 9.1～9.3 | 意大利 | 庞贝古城体育遗迹、罗马古代体育遗迹、墨索里尼体育场、"巴里拉"青年训练 |

根据体育考察团大事记及考察报告整理，资料来源：《出席第十一届世界运动会中华代表团报告》后编，第 3～44、68～69 页。

由表 3-3 内容可知，考察团基本上按照之前拟定的考察方针大纲进行考察，从每个国家当时的体育实施状况出发，如考察丹麦的体育实施状况，体育行政从行政系统、经费两方面进行考察，师资训练从师范学校、国立体育学院、女校等不同类别的学校入手考察，学校体育则以参观小学为主，社会体育以民众游泳池、游乐场、学校的社会活动为考察对象，在其余几国的考察工作亦大致如此。不过在意大利的考察则多为参观古罗马的体育遗迹，而对现代体育状况的考察则较少，这主要因为在其他国家考察时都有所到国家派出相关人员陪同考察，而意大利宣传部却未能给予考察团切实引导。① 综合考察所得，考察团最终总结出可资中国借鉴的内容，具体如下：

(1)体育行政组织健全，行政力量强大。

(2)经费充足，一切设施之进行，不受束缚。

(3)全体督学，均有体育之智能，督促有方，辅导得宜，能发生巨大之行政力量。

(4)学校体育设备充足，教学易收成效。

(5)体育场场地设备完善，游泳池普遍，兼之管理完美，故民众乐于运

① 参见《出席第十一届世界运动会中华代表团报告》后编，第 36 页。

动，易收普及之效。

(6)对于体育学理，均能切实研究，与时代俱进。

(7)小学教师均有教授体育之智能，对于儿童体育训练尤为认真。[①]

虽然体育考察团在各国的考察时间并不长，考察内容亦较为有限，但仍能把握住每个国家体育发展的精髓，如意大利的"巴里拉"青年训练、捷克的"苏壳儿"[②]。而通过分析考察团在各国考察之重点，或可知考察团选择以上七国为考察对象的原因。考察团在丹、瑞较关注其体育学说及体操状况，在捷克则重点考察其闻名于世的社会体育训练，在奥、匈则发现当地以体育训练代替军事训练的现状，在德、意则翔实考察其青年训练。由此可见，考察团考察的国家大致可以分为两类：一类是运用体育以求强健民众身体，另一类则是利用体育达到规训民众的目的。

图 3-15　考察团参观瑞典龙特体育学校时聆听讲演
（图片来源：《出席第十一届世界运动会中华代表团报告》后编，第 12 页）

选择第一类国家进行考察，意在学习先进的体育实施方法。瑞典能够顺应体育学说的进步，改进原本机械的体操方式，在考察团团员看来，这种"与时俱进"的态度很值得效仿。[③] 当然，在学习先进内容的同时，考察团能够进一步总结出其中对中国体育发展具有启示意义的内容，丹麦注重体操而忽视田径、球

① 《中华赴欧体育考察团之派遣》，教育年鉴编纂委员会编：《第二次中国教育年鉴》第 12 编，第 1292 页。

② "苏壳儿"即社会体育训练。

③ 参见《出席第十一届世界运动会中华代表团报告》后编，第 17 页。

类运动的开展，令考察团成员意识到，这种片面发展并不符合未来体育“全面化”的发展趋势，中国应避免此种状况。[①] 而在考察过瑞典体操后，考察团成员深深感受到：

> 瑞典体操在能研究改进而能常保其国粹，且为他国所采用，吾国虽有国术，而不能以科学之方法，研究改进，反为他国所据为己有，眩〔炫〕耀于世，令人感慨！然即此可见高深之研究，为进步之必由途径。照吾国现在体育训练机关，仅泥于世有之学术，从而学习之，贩卖之，将永无适合国家民族需要之超然系统！最高体育研究班之设，实刻不容缓也！[②]

同时，捷克“苏壳儿”施行之成功，令体育考察团成员对多年来中国社会体育发展成效并不显著进行了一番检讨：

> 民众无普遍之自觉，缺乏完善有力之组织，加以体育训练在一般之目光中，视若特殊阶级，与一切不发生关系，虽体育界力求出路，终不易获得同情与协助……以一邑之民众体育，委之于无设备，少经费，尤乏力量之公共体育场，其不能发生作用，可以断言，况即此区区之体育场，各地未必能普遍设立耶？[③]

因此，考察团成员认为，未来中国国民体育的推行需以“苏壳儿”为榜样，从巩固组织着手，不能仅注重技术而忽略其推广。

而选择第二类国家，则更多地从中国现状出发，试图为国家发展寻求出路。在体育考察团成员看来，作为一战中的战败国，德国、奥地利、匈牙利、意大利四国在当时所处境地，类似于今日之中国，它们快速崛起的经验十分值得中国借鉴。体育考察团成员发现，这些国家在发展现代体育的过程中，因受一战后条约束缚而不得有军事性行为，故而均呈现出“以体育代军事”的趋势，如奥地利在运动场附近设有掷手榴弹练习场[④]，尤其是德国的青年训练，着实令考察团团员感慨不已：

> 以时间论，德国之青年运动，实后于意国及苏俄，然就成绩言，则有过之而无不及。大战之后，国家在凡尔赛条约下挣扎之苦状，有甚于现今之我国，但曾几何时，竟又一跃而恢复其国际地位，强邻视之亦竟莫可奈何，

---

① 参见《出席第十一届世界运动会中华代表团报告》后编，第 9 页。

② 《出席第十一届世界运动会中华代表团报告》后编，第 17 页。

③ 《出席第十一届世界运动会中华代表团报告》后编，第 29 页。

④ 参见《出席第十一届世界运动会中华代表团报告》后编，第 31～32 页。

> 且未来之发展，更未可逆料，此全国上下一致努力于青年训练为其复兴之主要原因之一，殆为不可否认之事实也；国人对此可以借镜矣。[1]

虽然这一认识略显偏颇，但对于当时急待崛起的中国而言，则是一个值得效仿的榜样。

然而，一些考察之余的感想则已经远远超出考察体育的范畴。在考察完匈牙利的体育背景后，考察报告以这样一段话作为结尾：

> 在匈京布达伯司脱〔Budapest，布达佩斯〕有一所谓自由区者，中树一旗杆，终年升半旗，其前有草地一方，用红绿色之花草植成匈国地图，红色表示已失之土地，绿色表示现在之领域，再前分列石刻像四具，表示东南西北四境之实地，而此种石刻及旗杆基础，均用不甚坚实之质料制成，盖一朝失地收复，毁之甚易，益有敌人不能永保之深意存焉。……吾国失地无如此之多，条约束缚无如此之严，则虽不必有类于匈京之设置，宁能无此远大之意识，一贯之精神，以早作准备乎？[2]

因此，考察团成员认为，匈牙利建筑如此象征性景观，时刻激励其民众参与到运动之中，进而为国家建设做出贡献。对于急待复兴的中华民族而言，这种方式应该得到国民政府的提倡。

其实，选择哪些国家作为考察对象，早在出国前，有过游欧经历的济武就曾建议，以德国、丹麦、瑞典、芬兰、波兰、意大利、捷克为考察对象，并将其游欧时所结识的各国体育界名流、知晓的机关与住址全都告知了考察团正指导袁敦礼。[3] 然而，从考察团的最终选择来看，仅部分接受了济武的意见，更多地则是从中国体育发展及国家、民族复兴这两点进行考虑。郑志林、赵善性认为，通过这次史无前例的大型考察活动，获得了大量国际体育信息，扩大了体育视野，并且在考察过程中通过比较找出差距，提出改进意见。[4] 然而，通过以上论述可以发现，体育考察团虽然以考察欧陆各国体育为主，但是贯穿其中的国家富强、民族复兴的理念，是我们审视这次考察活动时不容忽视的方面。

---

① 《出席第十一届世界运动会中华代表团报告》后编，第20页。

② 《出席第十一届世界运动会中华代表团报告》后编，第36页。

③ 参见济武：《敬告我国参预第十一届世运诸公》，《体育季刊》1936年第2期。

④ 参见郑志林、赵善性：《中华体育考察团赴欧考察评述》，《体育文化导刊》1992年第4期。

图 3-16 布达佩斯自由区终年升半旗情形
（图片来源：《出席第十一届世界运动会中华代表团报告》后编，第 35 页）

9 月 4 日，体育考察团同其余代表团团员会合，带着考察成果，踏上了归国之途。至于这些成果能实现多少，诚如体育考察团领队郝更生所言，“尚在不可知之列”[①]。而之后历史的发展，也并没有为这些成果提供一个施展的舞台。虽然说体育考察团在考察过程中有过游览之举，但远非“借考察之名，行出国游览之便”那般简单，而是获得了许多有助于中国体育发展的方法及经验。因此，在我们梳理清晰此次考察行动的同时，其在近代中国体育史上的地位及贡献，则是不容忽视的事实。

① 《出席第十一届世界运动会中华代表团报告》后编，第 3 页。

# 第四章　国内外舆论对中华代表团表现的评价

## 一、国内舆论的认知

1936 年 8 月 16 日，第 11 届奥运会在柏林落下帷幕，中华代表团最终铩羽而归。面对这样的结果，国人表现出各种情绪：悲痛、愤慨、无奈……各种评论亦相继出现。尤其是当时的漫画家，以幽默、调侃的方式，用画笔勾绘出他们对中国参加奥运会的看法。[①] 其中最著名的要算业余漫画家黄任之的《中国世运选手争光归国图》，画面上方是一艘巨大的远洋客轮，码头上是欢迎奥运选手归来的人群，站在船头的运动员们高举着一个巨大的鸭蛋，已下船的运动员则举着一个大桃，鸭蛋和桃上都画着一张笑开的嘴巴和奥运五环标志，表示运动员捧回的不是胜利的奖杯，而是零分。[②]

除漫画家们的描绘外，当时更多的评论则是通过各类报刊发表。因此，本节内容主要论述柏林奥运会结束后国内舆论对中国此次奥运参与的意义、失败原因及补救措施的探讨，借此审视当时国内舆论对中国体育发展过程中存在的问题，以及未来发展方向的认知。

---

① 例如，那迭云：《从奥林匹克归来》，《实报半月刊》1936 年第 1 期；张书元：《奥林匹克式的摩登》，《实报半月刊》1937 年第 15 期。

② 参见毕克官：《中国漫画史话》，百花文艺出版社 2005 年版，第 245 页。

图 4-1　中国世运选手争光归国
（图片来源：《上海漫画》1936 年第 5 期）

（一）重新审视参加奥运会的意义

前面章节提到，无论是决定参加之时，还是中华代表团即将踏上奥运之旅前夕，全国体协会均宣称，以中国运动员的实力而言，并没有取得成绩的希望，因此此次中华代表团的重要使命在于“借广见识，而资淬励”[①]，并希望能够在延续第 10 届奥运会上的展示之余，通过国术表演使“国际间了解我国新旧体育精神焕发之气象，而消弭往日目为病夫之谬误观念”[②]。然而，在奥运会结束后，国内舆论却对中华代表团此行的意义产生了不同的看法。

自奥运会开赛以来，国内媒体便予以密切关注，而中国运动员在赛场上的

① 《出席第十一届世界运动会中华代表团报告》前编，第 1 页。
② 《出席第十一届世界运动会中华代表团报告》前编，第 1 页。

接连失利，亦使各报刊在失望、愤慨之余，开始重新审视中国参加此届奥运会的意义。云心于奥运会前几日，即用诙谐、调侃的语言戏说中国运动员在奥运赛场上的种种表现，特别是对于部分尚未进行的比赛，如8月6日的中英足球赛，作者希望因对方失误而使中国队取胜，表达了作者希望中国能够取得成绩的侥幸心理。① 然而，更多的"赛场演义"则透露出作者对奥运赛场上中国表现失利的讽刺，如"世界运动会某当局，已订制银盾一面，赠中国选手。上刻有'Olympic'字样，'O'字特大，美丽绝伦"②。除了用反讽的方式进行表述外，更多的评论则是用最直白的话语进行表述。有评论认为，举行奥运会"本为各国运动选手技术上分个高低强弱，倘与赛者先有不较胜负的存心，则长途跋涉去参加这种大会，实亦缺乏意义"③。亦有人提出，中国向来特别注意国际面子，而日本报纸上批评中国选手违背运动道德的评论，以及上海《立报》上的一幅讽刺画，则表明中国"不但争不到国际的面子，倒先丢了国际的面子了"④。还有人称，中华代表团"竟负了全国五万万同胞的希望，为祖国难堪于柏林会场中。……二十五万元白银之流出，不知代表团，归来以何告国人?"⑤更有甚者，认为代表团"在这样有政治作用的大会上如此泄气，造成了体育国耻"⑥。

其实，在诸多批评中国参加奥运会的声音中，最系统、全面的评论，要算邱椿的《我国参加世运的动机之检讨》一文。作者于开篇即提出：

> 一个民穷财尽的国家，不惜费二十余万的巨款，资送一百五十几个自知必归落选的选手，去参加奥林匹克大会，以证明其失败的真实性，并暴露其弱点于全世界，这种变态的心理与动机，颇有检讨的价值。⑦

接着，作者针对当时流传的各种"动机"分别予以检讨：

> 有人说，我国参加世运的动机在"观摩"，而不在得"锦标"。……我以为这种高调只是胜利者对失败者的一种客套话，或是失败者自我安慰的一种解嘲语。……还有人说，我国参加世运的动机有表现中华民族的"礼让精神"。……礼让是强者对弱者或能力大抵相等者在竞争场中应表现之美

① 参见云心：《奥林匹克新闻》，《益世报》1936年8月5日。
② 云心：《奥林匹克新闻》，《益世报》1936年8月5日。
③ 《"落选"！"淘汰"！中国在世运会中的教训》，《益世报》1936年8月7日。
④ 观客：《世运二题》，《益世报》1936年8月13日。
⑤ 《世运会我国选手队全军覆没》，《勤奋体育月报》1936年第11期。
⑥ 李伟华：《体育国耻及雪耻方案》，《益世报》1936年8月14日。
⑦ 邱椿：《我国参加世运的动机之检讨》，《益世报》1936年8月17日。

> 德。我们有什么可以让予他人呢？以一个能力太差而毫无可让的弱者来谈礼让精神，这未免太滑稽了！……有人说我国参加世运的动机在增进国际同情与合作。但参加世运本是各国的自由，若有特殊原因，即使完全不参加，亦无碍于国际同情与合作。此次未曾参加世运的国家不少，苏俄便是一例。我们又何必要参加呢？即使要参加，只须派一两个球队去凑热闹罢了，又何必要派一百五十个选手呢？若说借参加世运会以博得国际对我国的同情，那更是自欺欺人的话。欧美人素来轻视华族，素来目华族为东亚病夫，此次我国选手表演如此奇劣，更足加强他们对华人的轻视心。[①]

总之，在邱椿看来，中国此次派遣庞大代表团参加奥运会，不论基于何种动机，实在是一个既暴露自身弱点又劳民伤财的举动。

面对种种抨击的言论，一些人提出了不同的看法。担任中国足球队队长的李惠堂认为，主张不派队参加的论调，“似乎也近于坐井观天的一种浅见”[②]，并提出中国参加此届奥运会的目的在于领教外人的优点，且“给予外人对我们有一优良的印象”[③]。时任驻德大使的程天放亦认为：“吾国此次遣派选手，无形中有一种宣传的效果，使欧土人士一洗从前对于中国之谬见，而一识今日之新中国。”[④]王正廷、郝更生等人则重申，此次参与旨在引起全国人士对体育的注意，使之相互策励，以图今后的努力与进步。[⑤] 除了中华代表团成员的表述外，国内亦有类似的声音发出，蒋建白、徐致一等人认为，代表团各成员身体力行，取得的经验、成果则有助于今后中国体育的发展。[⑥] 时任中央大学体育系主任的吴蕴瑞认为，对于数十年来不甚注意对外宣传的中国而言，此次参加奥运会“足以解除世界对吾国体育之误解，对于吾国之国际地位，可说有裨无损”[⑦]。还有论者从参加下届奥运会的角度，来审视参加此届奥运会的意义：

> 此次我国选手，在世界运动家，集中于一场，万目睽睽之下，而眼见各项运动，远不如人，其所受激刺，当然甚深。回国以后，如何而湔洗此次失

① 邱椿：《我国参加世运的动机之检讨》，《益世报》1936年8月17日。

② 李惠堂：《世运会失败后与将来》，《勤奋体育月报》1936年第11期。

③ 李惠堂：《世运会失败后与将来》，《勤奋体育月报》1936年第11期。

④ 《世运闭幕之次日，程大使欢宴代表团》，《中央日报》1936年9月11日。

⑤ 参见《总领队王正廷氏等谈参加世运会感想》，《申报》1936年10月4日；《郝更生昨日返京，谈参加世运感想》，《中央日报》1936年10月5日。

⑥ 参见《我世运代表团抵沪》，《申报》1936年10月4日；《中华体育会昨欢迎世运代表团》，《申报》1936年10月4日。

⑦ 吴蕴瑞：《世运会与吾国国民体育》，《中央日报》1936年8月20日。

败之奇耻大辱，自必覃竭精思，于体育上为展进一筹而努力。此种湔洗耻辱之精神，在日耳曼民族复兴之地带归，转以淬励我伏处在国内之青年，朝夕训练，不稍宽解，则开第十二届世运会时，我国青年鼓勇参加，安知不获取锦标而归？①

除上述针对代表团整体进行的探讨外，亦有人单独从女子体育发展的角度进行审视。此次代表中国参赛的两名女运动员，因为没有取得分数而受到不少指责，但有论者认为，她们不应受到责备，因为“我国女子的先天的体格方面已经吃亏，加上提倡不积极，方法不完善，组织不健全，所以在效果方面跟不上别的国家”②。进而指出，她们参加此届奥运会有两层意义：一是使我国的女子能够到外国开开眼界，获得较深的认识；二是消除了外国人对于我国人的误解。特别是第二点，让欧洲各国不再以为中国女性仍旧缠小脚、弱不禁风，而是“中国也有雄纠纠的新女性”③。

其实，通过上述两种论述可以发现，看似对立的两种看法，实则并不冲突。部分论者之所以认为中国参加第11届奥运会没有意义，除了因为中华代表团花费了大量金钱而一分未得之外，更主要的还在于他们站在民族存亡的立场来思考这个问题。有论者认为：“与其白费精力，白费钱财，去到国际舞台上去买丑，不如以此精力钱财从事争取中国民族的独立自由。”④这要比争少数选手的“荣誉”要更伟大、迫切，并于文章最后重申参加此届奥运会的教训：“不要做无益的努力吧，怎样争取整个民族的解放，才是正经啊！”⑤亦有论者对此表示认同：“在民族存亡的紧急关头，我们所要干的‘当务之急’似乎真多着，这些国家的装饰品似乎还用不到急急的来考究。”⑥诸如此类的言论在当时并不少见，究其原因，与当时中国所处的环境息息相关。自1931年九一八事变爆发以来，日本开始大举入侵东北地区，并于1932年扶植成立“满洲国”，随后入侵华北地区，《塘沽协定》等协定的陆续签订，“冀东防共自制治委员会”的成立，以及一·二八的事变的爆发，均昭示着中华民族的危机日益加深。因此，在这样的环境下，一些人认为眼下最紧要的是中华民族的生存，而非体育技能交流、国家

---

① 瀚：《慰劳世运会回国选手》，《新闻杂志》1936年第12期。
② 琳玲：《我国女子体育是否进步》，《玲珑》1936年第45期。
③ 琳玲：《我国女子体育是否进步》，《玲珑》1936年第45期。
④ 《我国参加世运会的教训》，《工读半月刊》1936年第9期。
⑤ 《我国参加世运会的教训》，《工读半月刊》1936年第9期。
⑥ 方克文：《世运会给我的感想》，《申报》1936年8月14日。

形象塑造等事项。

然而，认为此次奥运参与有意义的评论，则是从中国体育的发展及国家形象的宣传两个方面进行论述，虽然一些言论如王正廷等政府官员的谈话或多或少带着些“官腔”，不乏些许应承的色彩，却也并非空谈。朱亮在为郭希汾编著的《中国体育史》作序时说，“一国之盛衰，恒以国民之精神体魄为衡。我国右文左武，相沿千载，积弱既形”[①]，遂提倡体育以求改变。政府逐渐提倡发展体育，且经过多年的开展，亦取得了一些成效，然而“吾国今日之国际地位，政治上固不待言，体育上亦岌岌可危”[②]，学校体育、社会体育施行中的不足，大部分运动项目近乎闭门造车式的发展，使一些专业体育人士发现，派出运动员参加奥运会并组织一支考察团，是一次很好的考察学习世界先进体育技能、发展方式的机会，对于中国参加下届奥运会，以及今后中国体育的发展有利无弊。加之在此过程中的形象展示，则有利于改变世界对中国的认识。因此，从长久发展的角度看，此次奥运之行具有积极意义。

综上所述，对于中国参加1936年奥运会一事，批评也好，赞扬也罢，均是从当时中国身处的危机环境出发而作的探讨。所不同的，只是立意于当下还是长远而已。因此，我们在审视这些言论之时，不能断然以今日的眼光，将其简单定义为偏激或空谈，而应该置于当时大背景之下进行分析，才能对这些言论有更加清晰的认识。

(二)分析失败原因

中国运动员的实力远逊于世界水平，这是参加奥运会前国内各界心知肚明的事，而中华代表团在奥运赛场上一分未得的惨痛经历，则促使国内展开了失败原因的大讨论。

1.运动员自身问题

作为比赛的直接参与者，运动员成为重要的检讨对象。时人认为，运动员在赛场上没有取得分数，最直接的原因即是训练不足。邵汝干在总结失败原因时提到：“我国运动选手，大都为运动会而运动，临时抱佛脚，努力的苦练，会毕后则不再习练运动，未能养成运动为生活习惯。”[③]刘长春在篮球队接二连三地失败后分析道：“在平训练之际，每若使一运动员更进一层，到登峰造极之境，以

① 朱亮：《中国体育史·序一》，商务印书馆1919年版，第1页。

② 刘雪松：《我对于吾国参加世界运动会之前瞻》，《勤奋体育月报》1934年第1期。

③ 邵汝干：《世运大会给予我们的教训》，《勤奋体育月报》1936年第12期。

加量训练，不是出毛病，再不就是请假休息，所以每每为此不敢加重分量。”[①]而依照金陵女子大学体育系凌琬瑜的个人经历，中国运动员“不是为运动而运动，而是为锦标名声而运动，所得的结果，不是真确的而是‘运气’。天时地利好也许会打破纪录，否则又是名落孙山了”[②]。同时，凌氏认为，没有长期的训练，运动员就不能积累足够的经验，以致当赛场环境发生变化时，变得心慌意乱、手足无措。[③]

其实，凌氏所说的“心慌意乱、手足无措”，在时人看来是导致失败的另一个重要因素，即运动员心理素质差。这一点在篮球队队员身上体现得最为明显，首先即表现为情绪不稳定。中日篮球赛时，“上场各队员因操胜心切，并因指导员（董守义）因病未来，失了依赖与信仰，以致将全局的战况弄得呆板无力，失了轻松自然的常态；平日的技术也未能运用，不但攻守无方，并且开首就失去许多机会；终致全队失了重心，中锋领不起反攻能力，愈打愈糟”[④]，以致罚球不中，犯规过多，不能利用有利时机。[⑤] 其次表现为合作能力太差。江良规在论及中日篮球赛中国队惨败的原因时指出：

> ……昨日（八月七日）之表演，几无丝毫合作可言，各自为战，篮球之需要合作，较任何运动为甚，奈以乌合之众，与正式有训练之球队相颉颃，岂有不败之理，可是以个人技术论，中国队高出多多，其败也，在于合作不佳，训练不得其法耳。[⑥]

然而，在潘光旦看来，中国篮球队队员于当日合作不佳的原因，除了队员心理素质差之外，“中国人的个人主义”亦是一个重要因素，潘氏引用江良规通信中“卖弄花巧”一条作证，并解释道：

> 此种卖弄花巧的行为显而易见是出于替个人争面子或出风头之一念；它的目的是在使观众于注意一般的竞赛之中，特别的注意到他的个人的行动；其为一种私意的流露，不问可知。[⑦]

除此之外，在时人眼中，中国运动员体力不足，是此次赛场上失败的最大教

---

① 转引自潘光旦：《参加世运失败的教训》，《华年》1936年第35期。
② 凌琬瑜：《中国运动成绩失败的检讨》，《勤奋体育月报》1937年第4期。
③ 参见凌琬瑜：《中国运动成绩失败的检讨》，《勤奋体育月报》1937年第4期。
④ 刘长春总结，转引自潘光旦：《参加世运失败的教训》，《华年》1936年第35期。
⑤ 参见江良规：《世运中日篮球战吾国队失败原因》，《申报》1936年8月27日。
⑥ 江良规：《世运中日篮球战吾国队失败原因》，《申报》1936年8月27日。
⑦ 潘光旦：《参加世运失败的教训》，《华年》1936年第35期。

训。虽然中国的足球引起了西方人士的注意，但球场上的中国队往往前半场是胜利的，后半场则反胜为败，原因在于“我们体力不足，没有持久的功夫，所以到了后半场，真如俗话所谓‘只有招架之功，而无还手之力’”[①]。朱元松亦表达了相同的观点：“我们查这次运动员失败的最大原因，并非技术幼稚，更非知识道德怎样欠缺，而全在乎体力不绝，后劲不足。”[②]除了在体力上存在问题，时人认为，中国人的体格亦存在问题。其实，在众多惨败的比赛中，时人最不能忍受的就是中国篮球队败于日本篮球队，不仅是因为在双方之前的交锋中中国队未尝败北，还在于中国输给了所谓的“日本矮子”。然而，凌琬瑜指出：

> 你到球场上去便会使你明白他们不是从前所谓的“日本矮子”了，他们平均比中国人高，比中国人重，比中国人强。尤奈中国选手苦力争扎而所得到的仍只有失败。[③]

邵汝干亦认为，相较于欧美选手，中国选手则相形见绌，“肢体矮弱，肌肉消瘦，元气不足，姿势未佳，无耐劳能力，精神不奋”[④]，不要说比赛，中国选手在体格上即已远不如人。

值得一提的是，一些言论不仅论及中国运动员的体力、体格不如人，而且推及整个国民的身体。中华体育协进会董事褚民谊认为，此次中国参加世运会失败“不是选手个人失败，而是整个民族体力太弱的原故”[⑤]。随团赴德的冯有真，在解说中华代表团全军覆没时指出，中国选手失败的最大原因在于“无强健之体力”，并认为此“关系民族健康甚大”。[⑥] 刘雪松认为，中国千百年来“重文轻武”的风尚，致使国民弱不禁风，“人谓健体健国；又曰民乃国之本。是则孱弱之父母，焉有强健之国民？更何由而强国”[⑦]。中国运动员在赛场上的表现，即此“先天积弱”所致。而当时的一些广告亦以奥运惨败实由中国人的体弱导致为素材进行商品宣传：

> 优胜劣败乃天演原则，国人虽号东亚病夫，独讲精神文明，向视欧美为夷狄之邦，今日病夫与夷狄竞赛决斗，病夫惨败为当然之事。此次教训，已

---

① 戴季陶：《参加世运会情形及个人观察所得》，《中央日报》1936年10月13日。
② 朱元松：《世运会给予我们民族的教训》（下），《东南日报》1936年8月31日。
③ 凌琬瑜：《中国运动成绩失败的检讨》，《勤奋体育月报》1937年第4期。
④ 邵汝干：《世运大会给予我们的教训》，《勤奋体育月报》1936年第12期。
⑤ 《体协董事褚民谊谈对此次世运会感想》，《立报》1936年9月5日。
⑥ 参见《冯有真君作如是说》，《时报》1936年8月12日。
⑦ 刘雪松：《世运会后感言》，《体育研究与通讯》1936年第4期。

证明我全民体质之十分贫弱，为今之计，宜提倡全民体育，重视全民健康，一般号病夫者，尤应猛省。①

对于身体与国家的关系，黄金麟认为，近代以来，国人的身体逐渐成为众所瞩目的焦点，其强壮与否不再是私人领域一己之事，更关乎民族国家的力量、威望甚至是存亡。② 对于中国运动员赛场失利一事，不论是时评还是广告，均从运动员一个点，投射到全体国民一个面，进而推及整个国家、民族的生死存亡。这样的论述，不仅体现了当时民众头脑中的民族危机意识，亦可见在近代中国，身体与国家之间存在密不可分的关联。

2.代表团领导层的责任

除了运动员自身存在的问题外，时人认为代表团领导层亦要为此次失败承担责任。首先指出的即为代表团出国过晚，致使“各选手经长途之舟车劳顿，体力未能恢复，到德后水土不服，影响健康，故不能与各国争衡”③。与代表团同行的国民政府代表戴季陶亦承认，“如果能够早一点到达柏林，多少可以把团员航程中的疲劳恢复过一点来，增加比赛中一些力量”④。针对这种说法，作为代表团总干事的沈嗣良并不以为然，且以“因为选手中晕船的极少，比我国到德还晚的，也有许多”⑤进行反驳。话虽如此，纵观当时情况，比中国晚到的国家，多距德国较近，而像中国这样距德国路途较远的国家，亦提前一月、半月抵达柏林，对于运动员适应气候环境、恢复体力均有好处。⑥ 当然，中华代表团抵德太迟，或与手中经费不似一些国家经费“雄伟”有关，但是抵德太迟对运动员赛场发挥产生不良影响，确是事实。

其次是运动员的选拔问题。前面章节提到，在选拔工作结束之后，国内舆论对选拔工作即表现出种种不满。奥运赛场上的陆续失利，使国内舆论在奥运会尚未闭幕之时，即已开始指出选拔中存在的不公允问题。“竞走每国只能参

---

① 《世运场万邦争霸，吾国惨败之原因》，《申报》1936 年 8 月 11 日。类似内容可参见《我国健儿参加世运的希望》，《时报》1936 年 8 月 12 日。

② 参见黄金麟：《历史、身体、国家——近代中国的身体形成(1895～1937)》，第 27～88 页。

③ 《我国全军覆没，原因实为到德太迟》，《申报》1936 年 8 月 12 日。

④ 戴季陶：《参加世运会情形及个人观察所得》，《中央日报》1936 年 10 月 13 日。

⑤ 《世界运动会我国失败原因》，《大公报》1936 年 9 月 7 日。

⑥ 参见刘雪松：《世运会后感言》，《体育研究与通讯》1936 年第 4 期。经查，日本代表团先中华代表团三周到奥运村(参见陆翔千：《柏林亚林匹克村随笔》，《体育季刊》1936 年第 3 期)，而印度、南非选手亦比中国选手先抵达柏林(参见《印度选手抵柏林》，《申报》1936 年 7 月 15 日；《南非选手抵柏林，欢迎极为热烈》，《申报》1936 年 7 月 16 日)。

加三人……郑成山真是多去。”[①]“拳斗选手，仅就三十二军中挑出数人，训练数月者充之，而不使社会间有修养者有参加之机会。”[②]而选拔过程中的“黑幕”，更是为论者所诟病：“窃按我国选手之挑选，滥竽充数者颇多，如欲与选拔当局有裙带关系者，不忧无人选之望。”[③]“我国代表队事前在国内选拔，不以人材〔才〕为主，泰半以裙带关系、技术幼稚之球员入选。”[④]除了上述的人为因素外，中国体育的一些弊端亦使得选拔存在问题，如选拔范围过于狭窄，“我国选手，大都是学生或在教育及机关人员充任”[⑤]，然而“以视彼欧美日本各国之选手，不限于学生，凡巡捕、军人、殖民地人民、公司职员、店伙、工人，如有特长技能，均有入选出场之希望”[⑥]。当然，这与中国体育普及程度不高有直接关系，这一点将于下文展开论述。

此外，在一些人看来，指导失当亦是代表团领导层难以推卸的责任。作为中国篮球队一员的沈聿恭认为，篮球队惨败，教练董守义要负相当责任：

> 董先生在清华训练的时候，教训的都是新规则，好像罚球中了，不必再到中线去跳球，跑两步要算犯规，并且打的多是十秒钟的新规则。想不到这一次他们还采用的是一九三四年以前的老规则，所以一到那边，我们所学的，都非所用，赶紧改变方法，都因为手脚不顺，而格格不入了。[⑦]

除不了解大会规则外，训练“方法陈旧、教法不良”[⑧]，加之中日篮球赛当日教练生病住院，无法亲临现场，而助理教练李清安亦不敢更改教练事先布置的战术，致使“战法呆滞，不能随机应变，反为敌所任意布排，而无法应付”[⑨]。谢似颜更是以自己为陈宝球矫正推铅球方法一事，说明指导者所做工作不得其法，而更严重的是，指导者将“最浅近的方法还要作为秘密不肯说出来”[⑩]。如此下去，运动员的技术如何改善，又如何取得成绩？

---

① 《五万公尺竞走我大失所望》，《时报》1936年8月7日。

② 唐豪：《世运中国选手失败观点》，附于吕耀华《世运会后的我感》（《国术声》1936年新版第4期）一文后。

③ 鲍振青：《改造中国体育界》，《民国日报》（广州）1936年9月6日。

④ 刘忠诚：《我国篮球队惨败感言》，《时报》1936年8月15日。

⑤ 邵汝干：《世运大会给予我们的教训》，《勤奋体育月报》1936年第12期。

⑥ 鲍振青：《改造中国体育界》，《民国日报》（广州）1936年9月6日。

⑦ 《沈聿恭谈世运篮球我国失败情形》，《申报》1936年10月6日。

⑧ 江良规：《世运中日篮球战吾国队失败原因》，《申报》1936年8月27日。

⑨ 《蔡文礼谈足篮球失败经过》，《申报》1936年10月24日。

⑩ 谢似颜：《我国参加本届世运会失败后的教训》，《体育月刊》1936年第11期。

3.社会公众的压力

在将失败原因归咎于运动员及代表团领导人员的同时，一些人认为，作为关注比赛的社会民众也要负一定责任。尤其在中日篮球比赛之时，柏林侨胞及各地留德学生均齐集会场助兴，政府代表戴季陶、驻德大使程天放等人亦到场观看，此外还有部分侨胞组织大规模啦啦队，为中国队呐喊助威。然而，在白肇杰看来，这样的场面是导致篮球队惨败的原因之一：

> 你看在比赛以前侨胞的鼓励和刺激，言词是多么利害？再加上驻德大使的训令——让他们必须打胜这一仗才成——谁受的了？然而谁又敢担保不输？心头早已经慢慢的存在着的是要胜，要赢，输了可不得了，见不得人，这一套，再遇上见面眼红的对手，那〔哪〕个能不紧张到百度以上，神智能不错乱，然而我们能怨得选手们的不尽职吗？[①]

如果说赛场边有组织的加油助威是一种较理性的行为，相较而言，社会大众平日里的表现则有些过头，“一个人打破某项纪录，平地一声雷，登时便会全国闻名，比科学时代状元的荣禄还来得突然！”针对这一问题，该论者指出，这些人的动机也许是好的，可以鼓励运动员上进和非运动员努力，但是如果方法不当，则容易导致运动员自视太高。[②] 凌琬瑜也认为，观众们的行为并不是赞奖，而是“捧”，致使“她们目中无人，不求更优良的成绩”。[③]

除此之外，一些人认为，国内普遍奉行的“锦标主义”亦是造成失败的原因之一。虽然国内举行各种运动会，并且积极鼓励运动员进行训练，但大多关注的是夺得锦标，“对于运动员本身的健康，是否增进，品性是否因运动而训练优良，则置诸脑后了！”[④]致使一些运动员养成了“天之骄子”“持才傲物”的劣根性。

游鉴明在其著作中将“过度吹捧”“不合法鼓励”等来自社会的因素，作为女运动员不求进步、行为不检点的原因进行引证、分析。[⑤] 与此相似，在 1936 年奥运会结束后，国内一些评论亦认为这些社会因素是导致运动员训练不努力、比赛发挥失常的原因之一。之所以会产生这种普遍现象，或许与近代以来新式体育进入中国、民众对体育的不正确认识不无关系，《益世报》的社论曾言：“在我

---

① 白肇杰：《世运会我篮球失败的感想》，《体育月刊》1936 年第 9 期。

② 参见水皮：《致我世运选手》，《益世报》1936 年 8 月 21 日。

③ 参见凌琬瑜：《中国运动成绩失败的检讨》，《勤奋体育月报》1937 年第 4 期。

④ 江良规：《参加世运会随感录》，《勤奋体育月报》1936 年第 11 期。

⑤ 参见游鉴明：《运动场内外：近代华东地区的女子体育(1895～1937)》，第 336～343 页。

们看来，比赛运动虽然是一种游戏，亦可说是一种小技。”[①]方克文亦指出：

> 我们之看田径，我们之看球类比赛，那还又是上回力球场，上戏院差不多，只是为欣赏而去，而“玩”体育者，他们除了想造成几个“体育明星”，如“球大王”“美人鱼”之外，此外好像也并不为了什么。[②]

即使是普通家长，也认为运动是一种顽皮的玩耍，并拿“规规矩矩”“文质彬彬”等话来教训自己的子女，稍或运动，辄加责骂，或甚鞭笞。[③]“小技”“欣赏”“玩耍”，诸如此类词语，足可见当时民众心中的“体育”为何。在诸如此类认识的误导下，无怪乎社会大众会做出种种不正确的举动。

4.政府的责任

国内舆论在分析失败原因时认为，其中最大的责任应该由政府来承担，并主要表现为体育普及不够。《大公报》社论认为，之所以取得如此成绩，责任不在选手，而在于“多年教育界提倡体育之未尽最善之努力”[④]，进而指出中国体育不振的几点原因：

> 其一，国家过去未定根本政策，亦未认真努力，此为总原因。其二，全国小学大抵设备简陋，一般小学生不得有尽量游戏运动之机会，入中学才习运动，已失之迟。其三，社会对体育兴味不普及，其理解亦不足，其于选手或不甚爱惜，或陷于捧角之恶习，反以害之，一言蔽之，鼓励与锻炼之方法不适也。[⑤]

对于上述第一条原因，吴蕴瑞深表赞同，“最近数年教育部虽设一体育督学，而权力毫无，不易有所建树”[⑥]。江良规亦指出，在中国，提倡体育的“不是政府，是体育界中的私人团体及少数热心体育的人士”[⑦]。而国内体育指导的垄断问题[⑧]，更凸显体育政策推行中存在问题。此外，在体育教育施行方面，昌伯认为，不论在边疆还是内地，向来疏忽体育教育，“以为儿童终日玩弄嬉戏，再用不着

---

① 《“落选”！“淘汰”！中国在世运会中的教训》，《益世报》1936年8月7日。

② 方克文：《世运会给我的感想》，《申报》1936年8月14日。

③ 参见陈柏熙：《世运后一些贡献给家长们的小意见》，《公童公学校刊》1937年第7期。

④ 《今后之中国体育》，《大公报》1936年8月12日。

⑤ 《今后之中国体育》，《大公报》1936年8月12日。

⑥ 吴蕴瑞：《世运会我国失败之前后责任问题》，《教与学》1937年第7期。

⑦ 江良规：《参加世运会随感录》，《勤奋体育月报》1936年第11期。

⑧ 参见鲍振青：《改造中国体育界》，《民国日报》（广州）1936年9月6日。

正式去训练”①。刘雪松亦认为，如果在小学时期没有持之以恒的训练，即使进入中学后强迫训练，亦并非全材。②

若说政府在体育教育方面还有所行动的话，那么，在时人眼中，政府在全社会提倡体育方面则做得实在不够好。除了上文提到民众对体育的错误认识外，国内的“运动空气”根本不浓厚。对于这点，古松指出：

> 体育几成为学生之专利品，和一般民众好像没有关系，于是运动一事，遂形成某一特殊阶级之玩艺，无法普及于全社会，多数农工民众，差不多全都屏于运动之外，我们试想运动范围既是这样狭小，如何能够产生出良好的成绩呢？③

邵汝干进而指出，即使是学校学生，亦未能个个练习运动。④ 相较于欧美社会体育开展之普遍⑤、运动人才之辈出，中华代表团中竟有连着出席两次奥运会的选手，且仍旧成绩平平，可见中国体育之普及、运动人才之鲜出了。⑥

综上所述，中国选手为何会在奥运赛场上惨败，时人大致从运动员、代表团领导层、社会大众及政府这几个角度进行分析。当然，还有一些人从卫生、遗传等角度予以深度分析。⑦ 其实，一些论述的着眼点，无论是身体与中华民族，还是卫生与中华民族，甚至是遗传与中华民族，均与民族存亡相关，希望能够透过相关方面的改进，使中华民族的生存更加有保障。除此之外，亦有论者从思想、精神层面予以提醒：运动员们平日不努力训练，而仅凭运气和天生能力比赛，事后仍不能正确地总结失败经验，如果一直持有这种“彻头彻尾的机会主义者的生活态度”，则总有被生命所舍弃的一天，进而指出，“个人如此，民族亦不能例外”。⑧ 诸如此类的观点，在当时并不鲜见。

（三）提出补救措施

如上所述，第 11 届奥运会中国选手失败的原因即已明晰，那么，今后应

---

① 昌伯：《从世运会得到的教训》，《康藏前锋》1936 年第 12 期。

② 参见刘雪松：《世运会后感言》，《体育研究与通讯》1936 年第 4 期。

③ 古松：《世运闭幕感言》，《震亚月报》1936 年第 2 期。

④ 参见邵汝干：《世运大会给予我们的教训》，《勤奋体育月报》1936 年第 12 期。

⑤ 《时报》曾刊登一副题为《英国绅士勃朗四百公尺决赛第二，我国绅士如何？》的照片（参见《时报》1936 年 8 月 10 日），暗含欧美社会体育开展普遍，而中国恰好相反之意。

⑥ 参见凌琬瑜：《中国运动成绩失败的检讨》，《勤奋体育月报》1937 年第 4 期。

⑦ 参见计济霖：《由国人参加世运后之憬悟而说及卫生与运动之关系》，《医药评论》1936 年第 143 期；潘光旦：《参加世运失败的教训》，《华年》1936 年第 35 期；等等。

⑧ 参见《世运中国选手的惨败》，《华年》1936 年第 31 期。

该如何解决这些问题？按中央社19日海通电，全国体协会在奥运会结束后召开会议，“决议向政府建议青年各项运动及体育之培植，作十五年计划”①。然而，之后有记者就“十五年计划”一事采访沈嗣良时，沈氏却澄清此为误传，其只是与袁敦礼、马约翰等人相约各写一些意见供政府参考。② 姑且不论“十五年计划”的提法存在与否，此消息一出，立即有人予以回应，认为下届奥运会四年后即开，十五年太过长久。③ 进而有论者提出了“四年计划”④，详述相关补救措施。除了这些计划外，时人也提出了其他建议，大致可以归纳为以下几个方面。

1.体育界应进行改变

在时人的笔下和眼中，作为体育运动的直接参与者，运动员除了要下功夫努力训练外，体育风纪亦需要整顿。著名田径指导教练薛学海认为，虽然中国教练“颓堕委〔萎〕靡”，水平不高，但仍能予以一定指导，然而大多数运动员依仗着自己取得的成绩，不听从教练指导，致使错误得不到及时纠正。通过此次失败教训，薛氏认为，运动员应该改变这种不正确的态度。⑤ 鲍振青指出，一些运动员即使在比赛之际也要“跳舞场，妓馆，酒吧间，求赏心快事者”，这种骄纵、堕落的风气，是运动员们亟应改过之处。⑥ 此外，吴蕴瑞指出，以后运动员不仅要悉心研究运动方法，接受教练指导，而且应讲求运动卫生。⑦ 当时所说的运动卫生，主要表现为要合理适度的运动，“不能违反身体健康一定之限度”⑧。针对这一问题，业余漫画家田无灾以此为题材，创作出名为《从奥林匹克失败归国后的运动员》的漫画，画中的运动员不分昼夜、不分晴雨天地努力训练，并用“补肾丹”“大力丸”等药品为身体补充能量，希望能够快速提高成绩，可是最终得到的却是自己卧病在床、各专家前去会诊的结果。作者用这组极具讽刺的漫画，告诫从奥运归来后的运动员，不要为了追求成绩而忽视了训练过程中合理适度这一要求，否则最终换来的将是得不偿失。

---

① 《德以奥林匹克勋章赠王正廷、沈嗣良，王谈我国今后体育计划》，《中央日报》1936年8月20日。

② 参见《沈嗣良昨在青年会演讲，吾国参加世运的经过》，《申报》1936年9月17日。

③ 参见《希特勒授我国世运领袖名誉章》，《时报》1936年8月20日。

④ 薛学海：《亚林匹克危言（五）》，《时报》1936年8月20日；《亚林匹克危言（六）》，《时报》1936年8月22日。

⑤ 参见薛学海：《亚林匹克危言（五）》，《时报》1936年8月20日。

⑥ 参见鲍振青：《改造中国体育界》，《民国日报》（广州）1936年9月6日。

⑦ 参见吴蕴瑞：《世运会我国失败之前后责任问题》，《教与学》1937年第7期。

⑧ 计济霖：《由国人参加世运后之憬悟而说及卫生与运动之关系》，《医药评论》1936年第143期。

图 4-2　从奥林匹克失败归国后的运动员
（图片来源：《实报半月刊》1936 年第 24 期）

除了要从生理、心理上进行改变外，一些人指出，运动员还应学会巧妙地选择运动项目。薛学海认为，要选择能够发挥自己特长的体育项目，田径、足球、篮球为基本项目，网球、游泳次之，“择定一二门类，以为专精之业”[①]。而潘光旦认为，应该选择适合中国人体质的运动，而不宜事事追随西人。[②]

对于运动指导员，吴蕴瑞认为，他们应根据科学原则，对指导方法进行深入研究，以弥补技术上的不足。[③] 而鲍振青则认为，如有意增进运动员的技能，应聘请外国体育专家为指导员；至于最根本的办法，则应将“现在包办各种竞技，及恃体育为啖饭之饭桶指导员等”一律更换，重新聘请人员，采用科学训练法进

① 薛学海：《亚林匹克危言（六）》，《时报》1936 年 8 月 22 日。

② 参见潘光旦：《参加世运失败的教训》，《华年》1936 年第 35 期。

③ 参见吴蕴瑞：《世运会我国失败之前后责任问题》，《教与学》1937 年第 7 期。

行指导。同时，运动指导员应改变以往“放纵与不严格之风”，为运动员树立一个好的示范榜样。[①] 至于如何选择指导员，曾留学德国的李仲三指出，为了铲除党派习气，最好实行考试制，并应注意以下几点：(1)学理方面，要有指导的理论及方法公布；(2)技术方面，要能做所指导之项目、各种姿势；(3)经验方面，要有参加数次运动大会之经验。[②]

而作为“发展体育事业之中坚分子”，体育教师也应该有所改变。吴蕴瑞指出，各级学校的体育教师应该进行教导，若觉技能欠缺、知识不足，应从事进修或在课外与同仁切磋，以期教学相长，同时尤宜注意品格修养。[③] 谢似颜也认为，体育教师应该自爱，这样有利于改变体育界的不良风气，社会观念也会随之改变。[④]

此外，吴蕴瑞对体育界的领导们也有寄语。吴氏指出，中国体育发展中的掣肘为缺乏充足经费，以及尚未建立强有力的体育行政组织，因此体育界的领导应该做到督促政府在短期内指拨款项或确定预算，用于发展体育事业，并建议当局从速建立强有力的体育行政组织，尽快改善现行制度，如此便可积极推动中国体育事业发展。[⑤]

2.社会各界应予以协助

关于此项补救方法，相关言论并不多，仅有吴蕴瑞一人提出建议。吴氏认为：

> 普及教育运动之倡导，宜全国上下合力进行，若专赖政府与体育人员，则收效不易宏大。民众之提携也、报界之宣传也、舆论之鼓吹也须同时并进，始能唤起全国注意，深入社会民间。故为父母者宜督促其子女努力练习，养成活泼健康之少年；为学校校长者，应设法扩充体育设备，增加体育经费，并鼓励学生自动参加，免为身体羸弱之书蠹；新闻界应以公正之态度，鼓励运动空气。其它如地方行政长官以及热心教育人士，皆应从旁赞助，协同提倡。[⑥]

如此一来，不仅使体育得到快速发展，就是对于社会各界改变过去不正确的体

① 参见鲍振青：《改造中国体育界》，《民国日报》(广州)1936 年 9 月 6 日。
② 参见《世运会我国失败原因及今后我国体育之改革》续，《大公报》1936 年 10 月 20 日。
③ 参见吴蕴瑞：《世运会我国失败之前后责任问题》，《教与学》1937 年第 7 期。
④ 参见谢似颜：《我国参加本届世运会失败后的教训》，《体育月刊》1936 年第 11 期。
⑤ 参见吴蕴瑞：《世运会我国失败之前后责任问题》，《教与学》1937 年第 7 期。
⑥ 吴蕴瑞：《世运会我国失败之前后责任问题》，《教与学》1937 年第 7 期。

育观，也有一定积极意义。

3.政府应予以重视

在众多补救措施的建议中，认为政府应予以重视的是最多的。不论是考察欧洲七国体育的考察团团员，还是借镜外国成功经验的各界评论人士，均认为政府是推动体育发展的最重要力量。[①] 最基本的，便是效仿德、意等国，有确定且充足的体育经费，健全体育行政组织。时人认为，为了政府更有效地推动体育发展，有必要对现行体育行政组织进行改善，具体而言，应明晰中央与地方的详细职权，并注重对民间组织体育社团的奖励，如此施行，体育行政便从纵横两方面，均可得到联系的合作。[②] 亦有论者认为，教育部亟应添设司科，以便计划全国体育，而各省市教育厅局所应设立体育督学，切实视察体育。[③]

在体育教育方面，首要任务便是从儿童抓起。章育才认为，假如从青年期开始进行锻炼，甚至作临时应急的设施，希望从速成的训练中养成选手来应付竞赛，那么，即使在技术方面或可奏效，但在体力方面始终是不足的。因此，应该从儿童时期便积极锻炼其体格，使其整个生长的过程，都是合于健康的条件，为将来发展奠定基础。[④] 吴逸民从现实状况出发，同样认为体育训练非得由儿童入手不可。[⑤] 进而，有论者提出，政府应当重视小学体育，为之提供完整的体育设备。[⑥] 亦有人称，应该效仿苏联，将体育自小学时期即作为必修课。[⑦] 更有甚者，认为在小学体育教育中应详订各学年作业要项，并须订定体育标准，凡不能达到标准者，不得升级或毕业，并在此基础上进一步开展中学、大学的体育教育，而且要更加严格地施行。[⑧] 然而，有论者却表达了不同的意见，认为虽然各级学校应以提倡体育为当务之急，却应以中学为基础，大学为中心，而并未提及小学体育教育。[⑨]

除此之外，时人认为，培养师资亦是发展体育教育不可或缺的一环。吴蕴

---

① 参见《侯洛荀世运归来之谈片》，《大公报》1936年10月10日；《世界运动会我国失败原因》，《大公报》1936年9月7日；吴蕴瑞：《世运会我国失败之前后责任问题》，《教与学》1937年第7期；等等。

② 参见邵汝干：《世运大会给予我们的教训》，《勤奋体育月报》1936年第12期。

③ 参见吴蕴瑞：《世运会我国失败之前后责任问题》，《教与学》1937年第7期。

④ 参见章育才：《本届世运会后吾人应有之感悟》，《福建教育》1936年第9期。

⑤ 参见吴逸民：《我们的选手何在？要在世运场上角逐，只有儿童才有希望》，《实报半月刊》1937年第12期。

⑥ 参见刘雪松：《世运会后感言》，《体育研究与通讯》1936年第4期。

⑦ 参见《今后之中国体育》，《大公报》1936年8月12日。

⑧ 参见邵汝干：《世运大会给予我们的教训》，《勤奋体育月报》1936年第12期。

⑨ 参见薛学海：《亚林匹克危言（六）》，《时报》1936年8月22日。

瑞指出，除由政府速令各大学尽量扩充原有体育科系外，应另筹经费添设各级体育师资训练机关，以供需求。[①] 而薛学海则认为，师资培训应以运动经验为重，体育学术为轻。[②] 其实，在当时有关培养师资的建议中，国民党元老戴季陶的提议最具特点，戴氏指出，中国的师资教育应该确定切实的计划，从速进行，并且有一些特殊要求。首先，要有军事化的管理和很严格的纪律；其次，要有体育卫生专家的指导。[③] 以上两点建议，是戴氏在考察德国体育发展状况时取得的经验，而其中的军事化管理，恰与新生活运动提倡的"军事化"相吻合，这不得不说是将新生活运动贯彻于体育教育中的一种尝试。

最后，时人指出，政府应当注意普及社会体育。其必由之蹊径，便是普设运动场所，"于市镇乡村，多辟简易之公共运动场所，使人人有活动之机会"[④]。或应将现有的民众体育场予以恢复、整顿，[⑤]并且应多举行运动会及体育表演，使体育场成为推行体育事业的中心及为民众教育设施的中心机关。[⑥] 除建议政府普设运动场所外，亦有人从提高民众参与度这方面提出建议。政府应制订各项运动的平均标准，标准不宜太高，以便人人可以参与其中。[⑦] 或召开全民均可参加的运动会，"由政府设立运动奖励办法，凡技术优秀杰出者，必给予名誉或物质之奖赏"，如此才可增进社会大众对体育产生兴趣，才能扩大选拔优秀运动员的范围。[⑧] 总之，在时人看来，普及体育运动不仅仅是为了造就更多出类拔萃的体育人才，以便于下届奥运会选拔运动员之时，走出以往选择范围狭窄的困境，可以有更多的选择对象，最根本地，还是为国家、民族服务。"苟全国少年皆能达到普通之技术标准，可以胜任劳动及服务国防。"[⑨]如达到这层目标，便是推行国民体育的成功。

如同重新审视参赛意义及分析失败原因一样，在时人提出的各项补救措施之中，字里行间所关注的，仍旧与国家、民族紧密相连。"用运动会方法来提倡体育，是过去的了，以后非由政府力量强迫民众作基本的体育活动不可，这是整

---

① 参见吴蕴瑞：《世运会我国失败之前后责任问题》，《教与学》1937 年第 7 期。
② 参见薛学海：《亚林匹克危言(五)》，《时报》1936 年 8 月 20 日。
③ 参见戴季陶：《参加世运会情形及个人观察所得》，《中央日报》1936 年 10 月 13 日。
④ 刘雪松：《世运会后感言》，《体育研究与通讯》1936 年第 4 期。
⑤ 参见薛学海：《亚林匹克危言(六)》，《时报》1936 年 8 月 22 日。
⑥ 参见邵汝干：《世运大会给予我们的教训》，《勤奋体育月报》1936 年第 12 期。
⑦ 参见《今后之中国体育》《大公报》1936 年 8 月 12 日。
⑧ 参见古松：《世运闭幕感言》，《震亚月报》1936 年第 2 期。
⑨ 《今后之中国体育》，《大公报》1936 年 8 月 12 日。

个的民族问题，而不是世运动会得分的问题了。”[①]沈嗣良的这番话一针见血地指出，体育在中国的发展已经不仅仅是为了在赛场上取得成绩，而是成为关乎整个中华民族发展的问题。

纵观奥运会后的国内舆论，我们可以对当时中国体育发展中存在的问题，以及解决问题的措施有所了解。其实，这些问题及补救方法，并非中国参加奥运会后的新观点，类似的论述在之前即有，如体育行政不完备一项，“吾国社会之体育机关，颇不发达，虽有中国青年会及各处公共体育场竭力提倡，无如限于经费而不能完全设备”[②]。若说北京国民政府时期没有强有力的政府推动体育发展，那么南京国民政府成立后，虽说体育发展状况较此前有所好转，但政府对于体育发展的倡导多流于表面，具体实施状况远不如宣传所言。而社会人士提供的建议，也并未见到政府予以采纳。例如，张伯苓曾指出，改进中国体育有“治标”“治本”二法，其中“治本”之法即为自中小学起施行强制性体育教育，养成青年体育爱好。[③] 然而在1936年奥运会结束之后，类似的言论仍然层出不穷。这样的状况，让我们不得不怀疑，即使没有日本侵华战争的全面展开，以及第二次世界大战的爆发，中国在参加第12届奥运会时这些问题能否得到更正，而中国体育又是否能够有所转变。

总之，无论是重新审视参赛意义，还是分析失败原因，抑或是提出补救措施，当时的国内舆论均为将来中国能够更好地交流体育、展示中国的体育精神提出建议，同时这些内容也丰富了今人对近代中国体育的认识。

## 二、国外舆论的重新审视

面对中国派出庞大代表团参加柏林奥运会，外国人如何评价中国的表现？而赛前国内对此行“展示”的展望，是否能够让外国人对中国、中国人有新的认识？这些问题是本节所要论述的内容。

### （一）对中华代表团奥运赛场上表现的评价

上节内容提到，奥运赛后国内对中华代表团奥运赛场上的表现发表了各种评论，那么，外国人对中国运动员的表现又有着怎样的认识呢？其实，国外报刊

① 《世界运动会我国失败原因》，《大公报》1936年9月7日。

② 贾丰臻：《国民体育不振之故》，《教育杂志》1918年第12期。

③ 参见张伯苓：《体育丛书·序言》，蒋槐青编：《刘长春短跑成功史》，勤奋书局1933年版，第1页。

对中国参加第11届奥运会予以了一定关注①,只是多为陈述性报道,并未进行评论,因此仅能通过民国时期报刊的转述为主要资料进行分析论述。

在前南满铁路体育部部长冈部平太②看来,中国田径选手失败早在意料之中,而篮球不敌日本,则实在出人意料。足球一项,虽运气不佳首轮即遇强敌,但各队员的脚法的确极其灵活巧妙,着实令英国队头痛不已,而中国球员"奔驰之力量太弱",阵线配置又有传统缺陷,这些问题早在远东运动会及其他比赛中即已存在。③ 但是,亲临现场观看中英之战的英国足球联合会秘书路斯氏则认为,英国足球队参加奥运会虽已有十六年历史,且本届奥运会以2∶0战胜中国队,却并未获得极大光荣。④ 原因在于,中国队队员身手敏捷,在双方争相顶球之时常能占先,且深知如何利用短传之类的技能,这些均令英国队不得不严阵以待。然而,路斯氏指出,中国队擅长的短传技能,亦为中国队自身带来麻烦,下半场中国队队员因"施用紊乱之短传太多,致无法抵抗对方迅速之截球"⑤,且中国队队员虽勇于捕球,却略显操之过急,反而不能奏效。

那么,通过此次奥运会的失败,中国体育应该在哪些方面进行反省,冈部氏与路斯氏提出了各自的看法。在读过8月12日《大公报》社论之后,冈部氏对其中列举的三点原因深表赞同,并增加了自己的两点看法。首先,中国"各报社之提倡鼓励,尚不足也"⑥。冈部氏指出,日本体育界之所以有今日盛况,大阪《朝日新闻》《每日新闻》两大报纸功不可没。其次,"中国选手本身及统制之团体,缺乏对于奥林匹克真正之努力"⑦。不仅运动员选拔过于仓促,且经过二十余日的海程颠簸,在奥运会开幕前几日才抵达柏林,并未留给运动员充足时间进行休整,表现不佳亦属自然之事。同时,冈部氏认为,日本人的体格不仅不如欧美人,即使与中国青年相比较,亦有差距,但是日本运动员力求克服自身体格上的缺陷,用较欧美数倍以上的研究、努力,才在柏林奥运会上取得优异成绩。字里行间,虽然透露着贬低中国、抬高日本的意思,但日本运动员在此届奥运会

---

① 参见日本报刊《朝日新闻》(1936年5月22日)中关于中国参赛的报道。

② 此人曾任南满铁路体育部部长,并代表"满洲田径竞技革新联盟"到东京,鼓吹用政治手段解决"满洲国"参加远东运动会问题。参见[日]池井优:《揭开争办奥运会的内幕——奥林匹克中的政治角逐》,今日中国出版社1993年版,第23页。

③ 参见[日]冈部平太:《今后之中国体育》,《大公报》1936年8月14日。

④ 参见《世界运动会我足球失败原因》,《大公报》1936年9月11日。

⑤ 《世界运动会我足球失败原因》,《大公报》1936年9月11日。

⑥ [日]冈部平太:《今后之中国体育》,《大公报》1936年8月14日。

⑦ [日]冈部平太:《今后之中国体育》,《大公报》1936年8月14日。

上获得优异成绩，则是不争的事实。而路斯氏认为，中英足球赛除暴露出中国足球队技能使用不当外，下半场中国队队员呈现出的疲乏状态，则是导致中国队失败的主要原因。①

虽然外国人对中国提出的建议并不算多，却十分值得借鉴。中国运动员体力不足的问题，在国内舆论中已有较为充分的讨论，而外国人也指出这个问题，足见该问题的严重程度，亟须努力改善。而冈部氏建议所反映出的问题，与其说是中国运动员不刻苦训练，倒不如说是训练方法不合理。除此之外，冈部氏借鉴奥运会在日本开展的成功经验，指出媒体宣传对体育发展的重要性。虽然中国报纸的体育专栏及专业体育杂志也大量报道奥运动态，但是在取材数量、视觉效果、报道技术等方面远不如同时期的日本报刊。② 同时，中国报刊有时并不能以客观、公正的态度进行报道，而这不利于中国体育发展。由此观之，外国人提出的建议还是值得中国体育界参考借鉴的。

（二）对中国形象的重新审视

在前近代时期，中国在外国人眼中一直保持着良好的形象。德国著名数学家、哲学家莱布尼茨认为，中国具有“人类最高水平的文化”，仿佛中国可称为“东方的欧洲”。③ 然而近代以来，随着中国国力日益衰弱，中国及中国人的形象不断受到贬低。英国著名漫画杂志 *Punch* 于 1858 年 4 月刊登了一幅名为《没有开化的中国佬》的漫画，画中身着官服的中国官员手撑阳伞，趾高气扬地走在前面，后面则跟着一名为他捧着辫子的仆人。这个形象，恰好印证了美国汉学家卫三畏所称“时人普遍接受的‘打伞民族’‘长辫子的天朝人’的印象”④。

同时，当时游历过中国的外国人，分别出于不同目的，将中国人塑造成病态、不清洁的形象⑤，并“常常在外表形象与内在的品行价值之间找出某种联系，

---

① 参见《世界运动会我足球失败原因》，《大公报》1936 年 9 月 11 日。

② 关于日本报刊对于战前日本参加奥运会报道的状况，参见[日]浜田幸绘：《戦前日本のオリンピック--コミュニケーションの政治経済学的視点から》，《コミュニケーション科学》2010 年第 32 期。

③ 参见[德]罗梅君：《德国人如何看待中国和中国人、如何看待德国人在中国的作用（1890～1945）》，李济民译，张寄谦主编：《中德关系史研究论集》，北京大学出版社 2011 年版，第 280 页。

④ [美]卫三畏：《中国总论·序言》，第 14～15 页，转引自[英]约·罗伯茨编著：《十九世纪西方人眼中的中国》，蒋重跃、刘林海译，中华书局 2006 年版，第 143 页。

⑤ 参见[英]杜哥德·唐宁：《番鬼在中国》第 2 卷，第 238～239 页；[英]马戛尔尼：《出使中国》，第 225 页。分别转引自[英]约·罗伯茨编著：《十九世纪西方人眼中的中国》，第 60、65 页。

并且从对外貌的认识中推导出对性格的判断来”①。然而，其中有一部分人认为，这些被普遍接受的印象是一种误解，作为清末在华外国人中首屈一指的“中国通”，丁韪良认为，这种误解要归因于对中国人理解不够深刻。② 虽然在当时以否定为主基调的“中国观”中存在不一样的观点，但是在当时的时代潮流中并未得到充分重视。③ 由此可以推断，那些“不合时宜”的中国观，在西方普通民众中的宣传应该十分有限，且这种观念的更新速度亦较为缓慢。故而，这种被误解的印象，存在于 20 世纪 30 年代西方民众的头脑中，仍有极大可能。

其实，在这些误解中，令中国人印象最深的，莫过于“东亚病夫”这个称谓。有人曾指出，“东亚病夫”这一称谓最早并非由外国人提出，其初始含义也不是用于讽刺中国人在生理上的不健康，而是指中国人精神思想上的麻木、愚昧等国民特性。④ 亦有人认为，“病夫”更多的是西人用以形容中国改革无方的困境，敦促中国加快政治社会改造。然而，随着 20 世纪“国民改造论”的兴起，梁启超等知识分子援引“病夫”意象，强调国人身体改造的必要性，由此“东亚病夫”渐渐成为国人身体羸弱的代名词。随着民族主义意识日益高涨，其产生的原始背景及意义逐渐被遗忘，而“外来性质”一层却开始被强调，最终形成国人熟知的“西方人均嘲笑中国人为病夫”的集体记忆。⑤

受此大环境影响，中华代表团在论及此行目的时即提到：“俾国际间了解我国新旧体育精神焕发之气象，而消弭往日目为病夫之谬误观念。”⑥远赴德国的代表团团员亦抱定用自己的实际行动改变这种错误印象的信念。中国运动员实力不强的事实，则促使当时的全国体协会在筹备比赛相关事宜的同时，对其他有可能展示中国形象的方面也进行了准备。

前面章节提到，全国体协会规定男女一律着西式藏青法兰绒大褂，头戴国货草帽，男团员上着白衬衫、佩戴黑领带，下穿白裤黑皮鞋；女团员着白色旗袍、

---

① ［德］罗梅君：《德国人如何看待中国和中国人、如何看待德国人在中国的作用（1890～1945）》，第 289 页。

② 参见［美］丁韪良：《中国人》，第 228～229 页，转引自［英］约·罗伯茨编著：《十九世纪西方人眼中的中国》，第 147 页。

③ 参见［德］罗梅君：《德国人如何看待中国和中国人、如何看待德国人在中国的作用（1890～1945）》，第 284 页。

④ 参见周英杰：《被误读的“东亚病夫”》，《四川文学》2008 年第 10 期。

⑤ 参见杨瑞松：《想象的民族耻辱：近代中国思想文化史上的“东亚病夫”》，《政治大学历史学报》2005 年第 23 期。

⑥ 《出席第十一届世界运动会中华代表团报告》前编，第 1 页。

棕色平跟皮鞋。这些与以往外国人头脑中不一样的中国人穿着，令团员们在刚出柏林车站时即受到一些德国人的围观。对此，一位前来欢迎代表团的留学生解释道："在德国人印象中，中国男人脑后都拖有'猪尾巴'小发辫，中国女人都是'三寸金莲'尖尖脚。"[①]后来中国足球队前往英国比赛时，在火车站等待的人们，多是来看这些中国人是不是18世纪时"戴红帽子、穿长袍"的怪人。而队员们事先准备好整洁、笔挺的西服，将会讲英语的人排在前后，如此精心安排下展示出来的形象，使前来观看的英国人颇感意外。[②] 由此可见，代表团成员的"新"形象，对他们头脑中原有的"中国形象"产生了一定冲击。

值得一提的是，在各团员的穿着方面，全国体协会还是别有一番用心的。草帽、西装、衬衫、领带、皮鞋，这些都是西式服装，穿着这样的服装参加奥运会，符合当时以西方为主导的认同机制。然而，别出心裁的是，女团员的服装为白色旗袍，这一不同于任何一个参赛国家人员穿着的服装，不仅有利于推广中国传统文化，也吸引了更多外国人的目光[③]，给他们留下了深刻的印象，有助于改变以往的"中国印象"。

除此之外，外国媒体的镜头亦对准了中国运动员，特别是女运动员。有"美人鱼"之称的游泳选手杨秀琼，不仅在国内备受媒体追捧，即使出国参加奥运会也是外国媒体关注的对象，她的照片不仅刊登在德国《慕尼黑画报》和法国《世界映镜》画报上，而且《世界映镜》封面还特以"奥运美人，中国女游泳家杨秀琼"[④]做标题。此外，德国人为体育考察团杜宇飞、陈咏声二人拍摄了一张照片，照片中两位身着西式大褂和旗袍的女团员，面带微笑地谈论着，自然大方，德国人对此照片注以"The Friendly Smiling of Face China"[⑤]的说明。同时，媒体的镜头也记录下中国运动员和外国运动员的合影，如前文所述中国田径运动员程金冠与美国田径健将欧文斯的合影，以及《时报》《慕尼黑杂志》上刊登的杨秀琼

① 郑光路：《中国武术走向世界的序曲——国术表演队一九三六年赴"奥运会"》，《体育文化导刊》2004年第7期。

② 参见孙锦顺：《一九三六年中国足球代表队出征奥运会的经过》，《文史资料精选》第十三册，第533页。

③ 例如，在体育考察团团员出席世界休闲娱乐讨论会时，当地民众对女团员穿着的旗袍投以惊异、好奇的目光（参见《出席第十一届世界运动会中华代表团报告》后编，第44～45页），而前文所述外国女运动员用物品与杨秀琼交换旗袍一事，亦可见旗袍在展示中国形象中的作用。

④ 游鉴明：《运动场内外：近代华东地区的女子体育（1895～1937）》，第235～236页；游鉴明：《近代中国女子的运动图像——一九三七年前的历史照片和漫画》，第154页。

⑤ 《我国体育女考察团团员杜宇飞、陈咏声等在柏林》，《时报》1936年8月15日。

与外国女运动员的合影。[1] 这些影像资料不仅见证了中外运动员间的交流与友谊，而且扩大了中国“新”形象在国外的宣传。

图 4-3　杨秀琼(右)与美国跳水选手卜音顿·希尔合影
(图片来源:《时报》1936 年 8 月 22 日)

图 4-4　中国体育考察团女团员杜宇飞、陈咏声等人在柏林
(图片来源:《时报》1936 年 8 月 15 日)

① 参见《一个是意大利女选手，一个是美国女选手，还有一个你看是谁?》，《时报》1936 年 8 月 12 日；游鉴明:《近代中国女子的运动图像——一九三七年前的历史照片和漫画》，第 154 页。

除了通过代表团团员的外在形象改变外国人的认知外，代表团成员在赛场上的表现亦是外国人对中国形象予以重新认识的重要途径。之所以说是代表团成员而不是运动员，是因为代表团中的一名职员——舒鸿，在此届奥运会篮球决赛场上的表现受到了外界的一致好评。美国队和加拿大队决赛前，双方运动员对这位中国裁判的执法能力深表怀疑，而两位对舒氏有所了解的教练却对其较为信任。在整场比赛中，舒鸿面对瞬息万变的战况，沉着冷静，机智果断，依法裁决，使这场比赛在友好热烈的气氛中圆满结束。赛后双方对舒鸿的裁判深表满意，篮球运动的创始人奈史密斯亦同舒鸿握手，并给予了高度评价。① 作为奥运会历史上第一场篮球决赛的裁判，舒鸿用实际行动证明了中国人的能力，在代表团载得“鸭蛋”归的同时，为国内带回一条振奋人心的消息。

如前所述，国术队在德国的精彩表现，不仅博得了当地观众的掌声与欢呼，也得到了各国媒体的盛赞。② 此外，我们还可以读到诸如柏林市市长亲自“检验”郑怀贤飞叉是否有“秘密”、郑怀贤技惊希特勒一类的趣闻。③ 虽然没有其他资料证明这些趣闻的真实性，但国术队队员们用自己的高超技艺和精彩表现，将中国武术真实地展现在外国人面前，并且用自己强健的体魄和饱满的精神，告诉前来观看的观众，中华民族并不是一个孱弱的民族。

此外，中国足球队在奥运赛场内外的表现，亦使外国人对中国有了新的认识。8 月 6 日中英之战前，因外国人的错误观念，一些人对中国队的能力持怀疑态度，并带有些许不友善。④ 然而，中国足球队在中英之战中的精彩表现使西方人的态度发生变化，最直接的表现就是一些欧洲国家邀请中国足球队前往进行友谊赛，虽然战绩一般，但通过一些外国人的评论，则可以发现他们对中国的认识开始有所转变。在中国足球队击败日内瓦选队，以及与巴黎红星队打成平局后，当时各报“以大标题发表，并极力称扬吾人之良好运动精神，及科学化之表演，并称中国在世界运动场上占一席位”⑤。而法国政府体育公娱部在中国足球

---

① 参见沈昆南：《体坛忆旧——记我国最早的奥运会篮球裁判舒鸿先生》，《体育文史》1985 年第 3 期。

② 参见郑光路：《中国武术走向世界的序曲——国术表演队一九三六年赴“奥运会”》，《体育文化导刊》2004 年第 7 期。

③ 参见郑光路：《中国武术走向世界的序曲——国术表演队一九三六年赴“奥运会”》，《体育文化导刊》2004 年第 7 期；《郑怀贤技惊希特勒》，《党史博采》1998 年第 3 期。

④ 按当时中国足球队队员叶北华回忆，赛前训练时，捷克队教练走来用手势比划了一串动作，意思是中国人只会抱小孩、抽大烟，拖着一条长辫子，踢足球是不行的，并与中国队队员打赌，中国队会输给英国队 6 个球。参见叶北华：《第十一届奥运会亲历记》，董守义：《奥运会与中国》，文史资料出版社 1985 年版，第 99 页。

⑤ 李惠堂：《中国足球员对祖国的贡献》，《球圃菜根集》，第 161 页。

队与巴黎红星队比赛结束后，将该部纪念章赠给中国足球队，表彰中国运动员的精彩表现。

图 4-5　法国政府体育公娱部赠给中国足球队的纪念章
（图片来源：李惠堂：《最宝贵之两金章》，《球圃菜根集》，第 4 页）

而在英国与柯林斯队比赛后的宴会上，英国足球联合会秘书路斯氏讲道，未到过中国的英国人一向以为中国人不懂踢球，就算懂得也不会踢得很好，因此在英国，常称呼那些踢得最差的球员为"中国选手"[①]，今见中国队队员的球技，方如梦初醒，以后再不会将这个词用作讽刺之意。因此，队长李惠堂认为，中国足球队在欧洲的友谊赛虽未取得惊人佳绩，但是有路斯氏这样足球界权威的称赞，"也可算是无上的慰藉和光荣了"[②]。

经过代表团各成员的努力，外国人主要是西方人对中国及中国人的形象予以重新审视。从"病态""不清洁"到精神饱满、整洁，从"长辫子""长袍""三寸金莲"到短发、西装、皮鞋，外国人之前的印象，经此次中华代表团成员的展示，发生了一些变化。沈嗣良在回国后的演讲中提到："在以前德国民众脑筋里，可说是没有中国的印象，即使有，也是不好的印象，曾有一个德国人对吾说：'现在方知贵国人民，并非懦弱和病态的民族'。"[③]代表团在出发前对展示中国形象相关事项的准备并不充足，经过海程中的短暂整理后，虽说并不完备，但在一定程度

① 即"China man"（中国佬），他处直译为"中国人"。参见孙锦顺：《一九三六年中国足球代表队出征奥运会的经过》，《文史资料精选》第十三册，第 533 页。

② 李惠堂：《场地拾趣·中国选手》，《球圃菜根集》，第 138 页。

③ 《沈嗣良昨在青年会演讲，吾国参加世运的经过》，《申报》1936 年 9 月 17 日。

上还是发挥了些作用，或多或少地让西方人对这个遥远的东方国家产生了一些不同以往的“新”看法。当然我们不能对这种转变用太过严苛的眼光看待，毕竟即使在之后中国与各国交往不断增加、获得信息的可能性越来越多的情况下，西方民众对中国的陌生与异样感也依然存在。[①]

① 1983年，柏林自由大学东亚研究所汉学教授罗梅君在柏林的两所中学对16～18岁的学生进行过一次关于中国形象的测试，结果证实了这一点。参见[德]罗梅君：《德国人如何看待中国和中国人、如何看待德国人在中国的作用(1890～1945)》，第311页。

# 结 语

今天，每当我们谈及中国参加奥运会，最直观的感受就是“拿金牌”。的确，金牌至上、举国体制、“国内练兵，一致对外”，在20世纪80年代后成为中国体育的奋斗目标。[1] 可以说，这是中国身处20世纪后期国际环境中产生的反应。那么，中国在接触此项体育盛事之初的反应为何？具体而言，当时拟定的目标是什么？通过什么样的方式实现？最终效果又如何？本书以中国参加1936年奥运会为研究对象，试图回答上述问题。

总体而言，当时的国内外环境均对中国参加1936年第11届奥运会有利。国内政治、经济发展稳定，新式体育发展逐步步入正轨，并取得了一些进步；同时，20世纪30年代中德两国关系较为紧密，德国在许多方面对中国产生影响，且恰逢此届奥运会在德国召开，前往参加不仅有利于中国体育的发展，而且也关乎中德关系的发展。1934年远东运动会解散以及中国体育落后于世界的事实，也令中国体育界产生迫切感，要求参加此届奥运会。此外，1932年洛杉矶奥运会上的经历，令国人认识到参加这样的体育盛会，还可以带来展示中国“新”形象的好处，并且可以借此争取加入西方的认同机制；而1932年奥运会上“未完成之展示”，以及最适合用来展示中国新风貌的足球、国术两项运动在世界上的展示并不充分，也使国人有着迫切的展示愿望。这些因素共同推动了中国参加第11届奥运会。因此，相较于1932年的“被迫”出征，从参赛动机这一层面讲，1936年出征更显积极主动。

经过多方经费筹集，选手训练、出国参赛有了物质保障。在充满非议的选手选拔、训练工作以及对代表团成员外在形象、思想理念简单的“包装”后，庞大的中华代表团踏上奥运之旅。虽然中华代表团在此届奥运会上并未取得优异

① 参见徐国琦：《现代奥林匹克运动与中国的国际化》，《二十一世纪》2009年第111期。

成绩，而奥运赛场外运动员的言行、国术队队员的精彩表演，以及足球队与欧洲六国球队友谊赛中的表现，或多或少地弥补了奥运赛场上“交流”与“展示”不足带来的遗憾。同时，作为民国时期首次派出的体育考察团，其在参加会议及赴欧考察的过程中，不仅带回了许多值得借鉴的体育发展经验，沿途言行也展示了中国“新”形象。

然而，面对赛场上失败的结果，热切关注此事的国内舆论开始重新反思：中国参加此届奥运会的意义为何？中华代表团失败的原因在哪里？今后应该怎样做……透过这些言论，我们可以看到当时体育发展中存在的弊病以及高涨的民族主义情绪。同时，通过代表团成员不同程度的表现，出国前的预设目标——展示，有了一定成效，使西方人对中国的形象有了初步改观，中国新形象得到初步构建。

其实，作为中国参加 1936 年奥运会的目标，奥运之旅中的“交流”与“展示”不仅达到了预期，而且衍生出一些计划之外的产物。就“交流”而言，赛前预定的目标为交流体育技能。在整个过程中，不论是对于运动员个体还是体育考察团整体，不但通过不同的途径学习、考察西方先进的体育技能、发展模式，为今后个人体育技能、国家体育发展做出贡献，而且将中国传统文化中的一些精髓展现于世界各国前，一定程度上促进了各国间体育文化的交流。当然，在当时以西方为主导的体育世界里，中国并没有太多的经验可以与其他国家进行交流，故而这个“交流”过程多表现为“西学东渐”。然而，在考察的过程中，代表团成员收获了一些超出体育范畴的“果实”，如第三章所述体育考察团团员在参加世界休闲娱乐讨论会以及考察欧洲七国体育时，总结出了一些可供国家建设借鉴的内容；又如陆翔千巡礼奥运村后，对德国人办事严密、管理周详等方面的赞叹与佩服，并感慨这些实为“吾人所万不能及者”①。这些内容，已经远非“交流体育”所能涵盖。

而赛前预定的“展示”目标，主要表现为通过奥运会重塑中国“新”形象，间或带有引起国内民众注意、增强民族自信心和认同感的意涵。而重塑“新”形象的方式，主要通过“东亚病夫”这一在中国人头脑中具有普遍意义的代码进行动员。杨瑞松指出，这一中国人所创造想象的“他者的诅咒”，对头脑中印有此烙印的国人而言，必须以身体技能所得荣耀，尤其在现代国际体育竞技场上的表

---

① 陆翔千：《柏林亚林匹克村随笔》，《体育季刊》1936 年第 3 期。

现，证明其已被解咒。[1] 因此，国内各界人士及中华代表团成员都希望借参加此届奥运会的机会为自己正名：不只证明“东亚病夫”是错误的，更是为了展示“新”形象，一个符合以西方为主导的认同机制的形象。但是，这个“新”形象却呈现出“中体西用”的态势，即外在形象、礼仪规范趋向西方的形式，而精神理念则仍为中国思想，出征前蒋介石对代表团成员的训话以及各界代表的寄语，即体现这种状况。虽然奥运赛场上中国运动员的表现不足以做到正名，而走出赛场的运动员，或通过生活状态，或通过表演活动，或通过考察学习，用实际行动冲击着西人以往的“中国观”，促使他们重新建构“新的中国观”。然而，国内舆论在奥运会后做出的种种评论，则已经远远超出预定展示的范围。这些言论，通过揭开奥运会上中国惨败的这块疮疤，并联系到当时日本步步入侵中国的事实，试图唤醒国民加强身体锻炼、保卫中华民族的意识。

除了试图达到唤醒国民的目的外，国内舆论也对中国体育的发展提出了诸多建议。虽然一些建议有些不切实际，但大部分还是较有参考价值的。然而，翻阅民国时期的体育报刊，不难发现，在各种级别的运动会结束后，都会有人就其中暴露出来的问题提出建议，且所提意见多是一提再提。那么，这些老生常谈的话语，为何没有引起体育界的关注，反而让错误一再重演？除了这时期各种政治事件和经济问题造成体育宣传与实际行动背道而驰外，抑或与当时中国体育界内部不合有关。其实，透过运动员选拔过程中出现的某些问题，即可发现体育界内存在不合的迹象。奥运赛后，有人指出，代表团中的选手大部分是有派别的，如董（守义）派、沈（嗣良）派、马（约翰）派等，每逢有人请客，“董请则沈派绝迹，沈请则董派不到”[2]。虽说并没有相关资料证明这条报道的真实性，但作为体育界内部人士的侯洛荀，于奥运归来后指出，在这样一个特殊时期，“体育界同仁正宜同心协力，以社会、国家民族为前提，埋头苦干，勇往直前，庶免落伍之讥”，并在听闻“津体育界之合作信息，此实为多年来鲜有之觉悟”后甚感欣慰。[3] 天津一地的体育界即已存在内部不合的状况，更何况在全国范围内。由这些只言片语或可推测出，当时体育界并非如诸多报告、报道中所显示的那般平静。当然，对于这个问题，尚需继续发掘相关史料进行探讨。

同时，透过参与此届奥运会的过程，我们也能看到国民政府争取让中国加

① 参见杨瑞松：《想象的民族耻辱：近代中国思想文化史上的“东亚病夫”》，《政治大学历史学报》2005 年第 23 期。

② 《世运会中我国代表丑态辱没团体贻笑外人等五篇》，《电声》1936 年第 41 期。

③ 参见《侯洛荀世运归来之谈片》，《大公报》1936 年 10 月 10 日。

入西方认同机制所做的努力。这一点在国民政府对中华代表团出征柏林的拨款力度上即可看出。有论者称："赴柏林参赛，整个奥运代表团需法币22万元。而国民政府表示，财政困难，无法支付。中华体育协进会集体出动，分别向国民政府中央各院部、各省市地方政府寻求支持。经过一番'化缘'，共筹集资金17万，但仍缺5万元。协进会决定，足球队自己筹集资金，提前两个月到东南亚各国进行表演赛，以门票收入作为参加奥运会的费用。"[①]姑且不论相关史实论述的正确与否，国民政府真如该论者所说，对此届奥运会如此忽视吗？通过梳理相关史实，发现情况并非如此。在中央政治委员会第十一次会议上，蒋介石曾提议：第11届奥运会规模较前届扩大，"兹拟特派政府代表一人，推戴传贤同志担任，以示政府注重国民体育之至意"[②]，并于当次会议议决通过。由此可见，从政治层面上看，国民政府是予以支持的；从经济层面讲，国民政府支出17万元作经费，对比当时中国参加其他国际性运动会的经费，可说是非常可观的。

民国时期，中国参加的国际性运动会主要有远东运动会与奥林匹克运动会。以距离柏林奥运会最近的第10届远东运动会为例，此次赴菲律宾参加大会的经费，经全国体协会预算，约需9万元。当时的计划是：除呈请教育部拨款一部分外，并恳请蒋介石、张学良及各省政府主席等予以捐助，后恐未能达到预算之数，又向上海各界热心人士纷纷发函，希望能够筹到充足的经费。[③] 之后，财政部以"国库艰难"为由，拨款四万五千元[④]，各地行政长官捐助一万七千一百五十元，上海各界也相继捐助四千元，共计六万六千余元，较预算仍旧不足，无奈远东运动会代表团只能向菲律宾侨胞劝募，筹得菲币四千一百二十五元，合当时国币七千元。[⑤] 由此可见，对于中国参与第10届远东运动会，国民政府仅拨付预算的一半，以致体育协进会要东拼西凑，险些不能支撑。

近代中国曾经三次出席奥运会，1936年柏林奥运会的经费问题第二章已有论述，那么其余两届的经费状况又如何？如第一章所述，国民政府基于国内状况，并未打算派选手参加第10届奥运会，因日本宣传要派于希渭、刘长春两人代表"满洲国"出席奥运会，最终全国体协会讨论决定派于、刘两位代表中国出

---

① 威子：《第一支走向世界的中国足球队》，《传承》2010年第6期。

② 《国民政府文官处致行政院公函(1936年4月4日)》，《中华民国史档案资料汇编》第五辑第一编，第1007～1008页。

③ 参见《参加第十届远东运动会报告》，《体育季刊》1935年第1期。

④ 参见《出席远东运动会全部经费九万余元》，《中央日报》1934年1月22日；《行政院昨通过参加远东经费四万五千元》，《大公报》1934年2月21日。

⑤ 参见《参加第十届远东运动会报告》，《体育季刊》1935年第1期。

席，但国民政府并未予以拨付经费，总领队沈嗣良的约5000元旅费由全国体协会担负[1]，刘长春则依靠张学良捐助的8000余元始踏上征程[2]。至于参加1948年伦敦奥运会的经费，全国体协会鉴于经费是参加奥运会的重点及难点，于是经过1947年11月2日理监事联席会议，决定组织“中国参加第十四届世界运动会经费筹募委员会”，聘请王正廷、孔祥熙、吴铁城、朱家骅等7人为委员，并于1948年2月18日召开会议，讨论代表团的经费预算，“六十人飞机来回旅费，与往来船费，及治装、训练、膳宿、杂支各项费用，合计须十二万美金”。至于筹集方式，“一向政府请求补助，二向社会热心体育人士劝募，三向海外热心体育侨胞劝募”[3]，可谓筹划周详。结果国民政府仅补助二万五千美元折发英镑，其余不足之数，均由各筹募委员、总干事及足篮球队分别设法向国内人士及海外侨胞筹募，无怪有“虽云集腋成裘，众擎易举，然亦颇费周章耳”[4]这样的感慨。到伦敦后，代表团可用的外汇所剩无几，如筹不到款，中华代表团将没有回国的路费，打电报回国，教育部的答复是“政府不能追加预算，请代表团自行解决”[5]。无奈王正廷向孔祥熙告急，孔从纽约汇来三千美元，并向同去的随员顾乾麟借了五百美元，向王景春借了一百五十英镑，又靠着足球队赛后踢球的门票收入和英国友人捐助[6]，拼拼凑凑，代表团始得以回国。

由上可见，近代中国参与国际性运动会，经费的来源大致可分为政府拨款和社会各界的捐助两部分，社会捐助可多可少，具有很大弹性，因此政府拨款是当时参加国际性运动会最主要也是最基本的经费来源。而在中国参加此届奥运会时，国民政府拨款国币17万元，占总预算的85%，相较于参加其他几次国际性运动会，不是不给予拨款，就是较少予以拨付，无怪给人留下政府腐败、政府不重视的印象。通过这样的对比可以发现，此时期的国民政府并不似以往学者所论述的对参加国际体育活动漠视，相反，呈现于面前的是政府大力支持派遣代表团参与的事实。

---

① 参见《刘长春出席世界会之酝酿》，《体育周报》1932年第23期。

② 参见刘长春：《我国首次参加奥运会始末》，《体育史料》第二辑，人民体育出版社1980年版，第15页。但董守义称，张学良捐助刘长春及其教练宋君复共1600美元，参见董守义：《奥林匹克旧事》，《体育史料》第二辑，人民体育出版社1980年版，第5～6页。

③ 参见《参加世运预算需十二万美元》，《大公报》1948年2月19日。

④ 《第十四届世界运动会中华代表团手册》，张研、孙燕京主编：《民国史料丛刊》第1127册，大象出版社2009年版，第447页。

⑤ 董守义：《奥林匹克旧事》，第13页。

⑥ 参见董守义：《奥林匹克旧事》，第13页；李润波：《中国参加第十四届奥运会真实写照》，《北京档案》2008年第1期。

总括而言，中国参加 1936 年第 11 届奥运会，不仅是通过交流体育技能推动中国体育国际化的一种探索，亦是国民政府试图重新塑造国家形象的一种尝试。徐国琦认为，在 1932 年奥运会后，大多数中国人接受了中国运动员竞技水平低的事实，并不期望他们能得奖，而是将目光聚焦于中国的外交收益：一次彰显民族自豪感、增强民族认同的机会。而体育不仅可以使中国人增强民族自豪感，同时可以扩大中国的国际影响力。① 从本书所述内容来看，虽然中国运动员的实力不足以取得好成绩，但是对于普通国民而言，并没有放弃争取获得成绩的期望。其实，放弃这种期望，转而寻求更高层次收益的，是中国上层的精英人士。而对于"交流"与"展示"筹备、实施过程中存在的诸多问题，我们也不必对其太过苛责，毕竟这尚为一次探索与尝试。

① Xu Guoqi（徐国琦），*Olympic Dreams：China and Sports，1895-2008*，pp.36，45.

# 附录1　1936年柏林奥运会中华代表团职员、运动员及考察团团员履历表

表1　　　　　　　　　　中华代表团职员履历表①

| 姓名 | 性别 | 年龄 | 代表团内职务 | 时任职务 |
|---|---|---|---|---|
| 王正廷 | 男 | 55 | 总领队 | 中央委员兼国民政府委员，中华民国驻美大使，中华全国体育协进会董事 |
| 沈嗣良 | 男 | 41 | 总干事兼代表 | 圣约翰大学副校长兼教务主任，中华全国体育协进会董事兼名誉总干事 |
| 郝更生 | 男 | 36 | 代表兼体育考察团总领队 | 教育部体育督学，中华全国体育协进会董事 |
| 柯　德 | 男 | 35 | 德国顾问 | 德国驻华大使馆专员 |
| 宋如海 | 男 | 45 | 驻德代表 | 汉口青年会总干事 |
| 黄维立 | 男 | 26 | 驻德代表助理 | 驻德大使馆职员 |
| 周家骐 | 男 | 35 | 干事 | 中华全国体育协进会干事 |
| 施肇康 | 男 | 32 | 干事兼会计 | 中华全国体育协进会职员，圣约翰大学注册处副主任 |
| 余衡之 | 男 | 43 | 助理干事 | 国立暨南大学体育主任 |
| 黄元恺 | 男 | 33 | 翻译员 | 医师 |
| 梅馥香 | 女 | 23 | 翻译员 | 北平德国领事馆秘书 |

① 资料来源：《出席第十一届世界运动会中华代表团报告》前编，第53～54页。

续表

| 姓名 | 性别 | 年龄 | 代表团内职务 | 时任职务 |
|---|---|---|---|---|
| 施正信 | 男 | 28 | 驻德医生 | 英国伦敦大学研究医学 |
| 马约翰 | 男 | 47 | 总教练兼田径队教练 | 国立清华大学体育主任，中华全国体育协进会董事 |
| 容启兆 | 男 | 39 | 足球队主任 | 上海光华大学化学系主任 |
| 颜成坤 | 男 | | 足球队教练 | 香港华人体育协进会委员长，香港中国公共汽车公司经理 |
| 黄家骏 | 男 | 36 | 足球队管理 | 罗文锦律师楼文案 |
| 董守义 | 男 | 40 | 篮球队教练 | 国立北平师范大学体育教授，中华全国体育协进会董事 |
| 李清安 | 男 | 33 | 篮球队管理 | 天津美国总领事馆职员 |
| 宋君复 | 男 | 39 | 田径队管理 | 国立山东大学体育部主任 |
| 沈昆南 | 男 | 35 | 田径队助理 | 国立暨南大学体育指导 |
| 叶　良 | 男 | 33 | 举重队管理 | 上海市国术馆总务主任 |
| 郝　铭 | 男 | 41 | 国术队管理 | 天津培才小学校长，南开大学国术教员 |
| 顾舜华 | 男 | 38 | 国术队助理 | 国立上海交通大学体育部干事 |
| 舒　鸿 | 男 | 41 | 助练员 | 国立浙江大学体育主任 |
| 陆翔千 | 男 | 34 | 助练员 | 上海光华大学体育教员及附中体育主任 |
| 江良规 | 男 | 25 | 助练员 | 上海东亚体专科学科本科主任 |
| 袁敦礼 | 男 | 42 | 体育考察团正指导 | 国立北平师范大学体育系主任，中华全国体育协进会董事 |
| 吴　澂 | 男 | 41 | 体育考察团副指导 | 国立中央大学体育教授 |
| 高　梓 | 女 | 34 | 体育考察团副指导 | 国立中央大学教授，中华全国体育协进会董事 |

表 2　　中华代表团运动员履历表①

| 姓名 | 性别 | 年龄 | 籍贯 | 职业 | 身高（公尺） | 体重（公斤） | 运动项目 |
|---|---|---|---|---|---|---|---|
| 包家平 | 男 | 28 | 广东潮安 | 政 | 1.78 | 58 | 足球 |
| 黄纪良 | 男 | 25 | 广东惠阳 | 学 | 1.70 | 68 | 足球 |
| 李天生 | 男 | 30 | 广东鹤山 | 警 | 1.68 | 59 | 足球 |
| 谭江柏 | 男 | 25 | 广东新会 | 警 | 1.78 | 74 | 足球 |
| 麦绍汉 | 男 | 24 | 广东三水 | 军 | 1.70 | 63 | 足球 |
| 蔡文礼 | 男 | 32 | 福建金门 | 商 | 1.82 | 70 | 足球 |
| 黄美顺 | 男 | 30 | 广东东莞 | 商 | 1.73 | 73 | 足球 |
| 徐亚辉 | 男 | 24 | 福建厦门 | 军 | 1.71 | 64 | 足球 |
| 陈镇和 | 男 | 26 | 福建 | 学 | 1.65 | 67 | 足球 |
| 李国威 | 男 | 25 | 广东三水 | 军 | 1.67 | 64 | 足球 |
| 梁荣照 | 男 | 25 | 广东连县 | 商 | 1.68 | 66 | 足球 |
| 梁树棠 | 男 | 24 | 广东中山 | 学 | 1.68 | 67 | 足球 |
| 郑季良 | 男 | 24 | 广东 | 学 | 1.65 | 55 | 足球 |
| 杨水益 | 男 | 25 | 广东东莞 | 警 | 1.63 | 61 | 足球 |
| 李惠堂 | 男 | 32 | 广东五华 | 商 | 1.80 | 75 | 足球 |
| 卓石金 | 男 | 23 | 广东惠州 | 学 | 1.64 | 63 | 足球 |
| 冯景祥 | 男 | 29 | 广东恩平 | 警 | 1.70 | 61 | 足球 |
| 张显源 | 男 | 25 | 福建 | 学 | 1.67 | 67 | 足球 |
| 孙锦顺 | 男 | 30 | 广东 | 商 | 1.68 | 79 | 足球 |
| 叶北华 | 男 | 29 | 广东惠阳 | 警 | 1.63 | 64 | 足球 |
| 曹桂成 | 男 | 29 | 广东番禺 | 商 | 1.60 | 69 | 足球 |
| 贾幼良 | 男 | 24 | 江苏南汇 | 商 | 1.66 | 68 | 足球 |
| 王玉增 | 男 | 26 | 河北新城 | 军 | 1.85 | 69 | 篮球 |
| 王南珍 | 男 | 23 | 江苏宜兴 | 学 | 1.77 | 75 | 篮球 |
| 牟作云 | 男 | 24 | 河北武清 | 学 | 1.82 | 74 | 篮球 |
| 王鸿斌 | 男 | 23 | 天津 | 商 | 1.75 | 66 | 篮球 |

① 资料来源:《出席第十一届世界运动会中华代表团报告》前编,第 54～58 页。

续表

| 姓名 | 性别 | 年龄 | 籍贯 | 职业 | 身高（公尺） | 体重（公斤） | 运动项目 |
|---|---|---|---|---|---|---|---|
| 李绍唐 | 男 | 23 | 天　津 | 学 | 1.75 | 70 | 篮球 |
| 刘云章 | 男 | 25 | 河北安国 | 学 | 1.77 | 66 | 篮球 |
| 沈聿恭 | 男 | 23 | 广东番禺 | 商 | 1.69 | 66 | 篮球 |
| 刘宝成 | 男 | 21 | 天　津 | 学 | 1.89 | 79 | 篮球 |
| 冯念华 | 男 | 23 | 广　东 | 商 | 1.86 | 62 | 篮球 |
| 蔡演雄 | 男 | 23 | 广　东 | 学 | 1.80 | 63 | 篮球 |
| 王士选 | 男 | 25 | 吉林永吉 | 军 | 1.75 | 72 | 篮球 |
| 尹贵仁 | 男 | 24 | 广东东莞 | 学 | 1.69 | 64 | 篮球 |
| 于敬孝 | 男 | 28 | 天　津 | 学 | 1.80 | 71 | 篮球 |
| 徐兆熊 | 男 | 23 | 上　海 | 商 | 1.68 | 66 | 篮球 |
| 傅金城 | 男 | 25 | 福建厦门 | 商 | 1.65 | 61 | 田径 |
| 贾连仁 | 男 | 24 | 山　东 | 学 | 1.70 | 66 | 田径 |
| 陈宝球 | 男 | 25 | 广　东 | 商 | 1.82 | 88 | 田径 |
| 吴必显 | 男 | 23 | 江苏吴县 | 党 | 1.77 | 66 | 田径 |
| 王士林 | 男 | 22 | 吉林永吉 | 学 | 1.73 | 64 | 田径 |
| 黄英杰 | 男 | 24 | 广东台山 | 学 | 1.72 | 62 | 田径 |
| 刘长春 | 男 | 27 | 辽宁大连 | 政 | 1.63 | 64 | 田径 |
| 戴淑国 | 男 | 24 | 福建南安 | 学 | 1.63 | 55 | 田径 |
| 李　森 | 女 | 19 | 湖南衡阳 | 学 | 1.58 | 55 | 田径 |
| 程金冠 | 男 | 23 | 上　海 | 学 | 1.62 | 57 | 田径 |
| 王正林 | 男 | 24 | 江苏吴县 | 学 | 1.65 | 59 | 田径 |
| 林绍洲 | 男 | 27 | 福建厦门 | 政 | 1.80 | 72 | 田径 |
| 冷培根 | 男 | 23 | 山　东 | 学 | 1.81 | 74 | 田径 |
| 郭　洁 | 男 | 24 | 辽　宁 | 学 | 1.80 | 72 | 田径 |
| 符保卢 | 男 | 23 | 辽　宁 | 商 | 1.70 | 64 | 田径 |
| 周长星 | 男 | 21 | 江苏无锡 | 学 | 1.77 | 70 | 田径 |
| 司徒光 | 男 | 26 | 广　东 | 学 | 1.75 | 54 | 田径 |
| 张嘉夔 | 男 | 21 | 江苏无锡 | 学 | 1.82 | 64 | 田径 |

续表

| 姓名 | 性别 | 年龄 | 籍贯 | 职业 | 身高（公尺） | 体重（公斤） | 运动项目 |
|---|---|---|---|---|---|---|---|
| 郝春德 | 男 | 27 | 广　东 | 学 | 1.72 | 66 | 田径 |
| 蔡正义 | 男 | 23 | 浙江绍兴 | 商 | 1.75 | 66 | 竞走 |
| 周余愚 | 男 | 26 | 浙江鄞县 | 商 | 1.71 | 61 | 竞走 |
| 张造九 | 男 | 23 | 江苏川沙 | 商 | 1.63 | 59 | 竞走 |
| 郑成山 | 男 | 22 | 安徽祁门 | 学 | 1.55 | 59 | 竞走 |
| 陈振兴 | 男 | 26 | 福建厦门 | 军 | 1.70 | 68 | 游泳 |
| 杨秀琼 | 女 | 17 | 广东东莞 | 学 | 1.57 | 52 | 游泳 |
| 黄社基 | 男 | 23 | 广　东 | 学 | 1.70 | 60 | 举重 |
| 沈　良 | 男 | 22 | 华　侨 | 学 | 1.64 | 61 | 举重 |
| 翁康廷 | 男 | 23 | 浙江慈溪 | 商 | 1.71 | 71 | 举重 |
| 何浩华 | 男 | 20 | 广　东 | 商 | 1.73 | 72 | 自由车 |
| 李梦华 | 男 | 24 | 河北高阳 | 军 | 1.80 | 90 | 拳击 |
| 王润兰 | 男 | 23 | 河北饶阳 | 军 | 1.80 | 80 | 拳击 |
| 靳贵第 | 男 | 21 | 河北灵寿 | 军 | 1.78 | 79 | 拳击 |
| 靳　桂 | 男 | 22 | 河北曲阳 | 军 | 1.77 | 71 | 拳击 |
| 张文广 | 男 | 22 | 河南通许 | 学 | 1.50 | 77 | 国术表演 |
| 温敬铭 | 男 | 28 | 河北蠡县 | 学 | 1.86 | 72 | 国术表演 |
| 郑怀贤 | 男 | 35 | 河　北 | 学 | 1.79 | 66 | 国术表演 |
| 金石生 | 男 | 22 | 河南闵乡 | 学 | 1.81 | 56 | 国术表演 |
| 张尔鼎 | 男 | 26 | 山东蓬莱 | 学 | 1.75 | 85 | 国术表演 |
| 寇运兴 | 男 | 33 | 河南许昌 | 军 | 1.75 | 76 | 国术表演 |
| 翟涟源 | 女 | 22 | 江苏泰兴 | 学 | 1.56 | 53 | 国术表演 |
| 傅淑云 | 女 | 21 | 天　津 | 学 | 1.60 | 54 | 国术表演 |
| 刘玉华 | 女 | 20 | 河南开封 | 学 | 1.55 | 54 | 国术表演 |

表 3　　体育考察团团员履历表[①]

1.教育部保送人员

| 姓名 | 性别 | 年龄 | 学历 | 经历 | 时任职务 | 保送机关 |
| --- | --- | --- | --- | --- | --- | --- |
| 赵文藻 | 男 | 32 | 国立北平师范大学体育系毕业 | 北平市立一中体育教员，北平私立志成中学体育主任，北平西北公学体育主任，河北省体育委员会委员 | 河北省教育厅体育督学 | 河北省政府 |
| 郭颂棠 | 男 | 37 | 岭南大学毕业 | 广东大学体育专任讲师，国立中山大学体育专任讲师，国立中山大学体育主任 | 国立中山大学体育主任 | 国立中山大学 |
| 胡安善 | 男 | 30 | 东北大学体育专修科毕业 | 东北大学体育主任 | 东北大学体育主任 | 东北四省体育协进会 |
| 崔亚兰 | 女 | 29 | 金陵女子文理学院体育系毕业 | 金陵女子文理学院体育教员，教育部暑期体育补习班讲师，第五届全运会裁判兼女子排球管理，江苏教育厅第一届暑期讲习班讲师、垒球裁判等职 | 金陵女子文理学院体育教师 | 南京市社会局 |
| 余永祚 | 男 | 30 | 国立北平师范大学体育系毕业 | 山西大学体育主任，国立北平师范大学体育系讲师，财政部税务学校体育主任，江西教育厅体育指导员，江西省立体育场专员，党政军体育促进会干事书记长 | 江西省教育厅体育场场长 | 江西省教育厅 |

① 资料来源：《出席第十一届世界运动会中华代表团报告》后编，第 95～96 页。

续表

| 姓名 | 性别 | 年龄 | 学历 | 经历 | 时任职务 | 保送机关 |
| --- | --- | --- | --- | --- | --- | --- |
| 吴邦伟 | 男 | 37 | 国立南京高等师范体育专修科毕业 | 东吴大学、集美师范、东南大学、圣约翰大学、光华大学、暨南大学等体育教员及主任，中华体育协进会干事，江苏省立镇江体育场场长，教育厅督学，江苏省体育促进会委员 | 江苏省立镇江体育场场长 | 江苏省教育厅 |
| 许民辉 | 男 | 46 | 美国春田大学体育硕士 | 东吴大学体育系主任，国立北平师范大学教授，广东省督学兼省立体育专科学校校长 | 广东教育厅体育督学 | 广东省教育厅 |
| 栾仙渠 | 男 | 33 | 上海东亚体育专科学校毕业 | 国立山东大学体育教授，成都师范大学体育主任，成都市公共体育场主任，华西协合大学体育指导员，重庆大学斋务主任兼四川省立第一师范学校体育主任，重庆大学体育主任 | 四川省立重庆大学体育主任 | 四川省立重庆大学 |
| 李　洲 | 男 | 52 | 国立北平师范大学毕业 | 历任大学、中学体育导师、训育主任 | 北平市社会局体育督学 | 北平市社会局 |
| 邵汝干 | 男 | 40 | 南京高等师范体育科毕业 | 南京体育师范学校校长，昆山县教育局局长，南京市社会局文艺股主任 | 上海市教育局体育督学，上海市体育场场长 | 上海市教育局 |
| 傅镜如 | 男 | 40 | 国立北京高等师范体育科毕业 | 天津市公共体育场场长 | 天津市社会局体育督学 | 天津市社会局 |

2.中华体育协进会录取津贴人员

| 姓名 | 性别 | 年龄 | 学历 | 经历 | 时任职务 | 保送机关 |
|---|---|---|---|---|---|---|
| 金兆均 | 男 | 38 | 国立中央大学毕业 | 国立中央大学体育讲师，航空学校体育教官 | 留学美国斯坦福大学 | 教育部 |
| 叶观棪 | 男 | 30 | 香港大学文学士 | 香港体育协进会总书记，香港西南中学、大同书院体育主任 | 香港青华书院体育主任，华人体协会总干事等 | 香港华人体育协进会 |
| 侯洛荀 | 男 | 35 | 南京高等师范体育科毕业 | 南开大学体育指导十二年 | 南开大学体育教员 | 天津体育协进会、南开大学 |
| 吴德懋 | 男 | 33 | 东南大学体育科毕业 | 集美学校体育主任，福建省政府参议兼教育督学，福建省党政军体育促进会主席委员 | 国立中央大学讲师 | 国立中央大学 |
| 夏　翔 | 男 | 33 | 东南大学 | 江苏省立常州中学体育主任七年，国立清华大学体育教员 | 国立清华大学体育教员 | 国立清华大学 |
| 李友珍 | 男 | 33 | 东吴大学体育系毕业 | 天津青年会、山东农学院、国立北平艺术专科学校体育主任 | 潞河中学体育主任 | 华北体育协进会 |
| 钱一勤 | 男 | 34 | 东吴大学体育系毕业 | 上海青年会体育部干事，税务专科学校体育主任 | 励志社体育部主任 | 南京励志社 |
| 彭文馀 | 男 | 33 | 东吴大学体育系毕业 | 东吴大学体育科助教，厦门大学体育主任半年，东北大学体育科讲师二年 | 光华大学体育主任 | 光华大学、交通大学 |
| 徐英超 | 男 | 35 | 国立北平师范大学毕业 | 国立浙江大学体育主任三年，国立北平师范大学体育讲师五年 | 国立北平师范大学讲师 | 国立北平师范大学 |
| 刘权达 | 男 | 30 | 岭南大学 | 广州各中等学校体育教育，爪哇吧城排篮球总会主任 | 广仁学校体育主任 | 爪哇吧城驻荷属总领事馆及广仁学校 |

**续表**

| 姓名 | 性别 | 年龄 | 学历 | 经历 | 时任职务 | 保送机关 |
| --- | --- | --- | --- | --- | --- | --- |
| 杜宇飞 | 女 | 32 | 金陵女子文理学院毕业 | 东亚体育专科学校、工部局女子中学、民昌女子中学及暨南大学女子部体育教员 | 中国女子体育师范学校校长 | 中国女子体育师范学校 |
| 陈咏声 | 女 | 31 | 中女青体育师范，美国伯纳女子大学 | 湖北省立女子师范学校、广东省立女子师范学校、北京女子高等师范学校、国立浙江大学体育教员，山东省立女子师范学校校长，杭州女青年会总干事 | 上海工部局女子中学体育主任 | 上海工部局女子中学 |
| 黄丽明 | 女 | 29 | 美国维尔斯莱大学硕士 | 金陵女子文理学院体育系主任 | 金陵女子文理学院体育系主任 | 金陵女子文理学院 |
| 张汇兰 | 女 | 35 | 美国威斯康辛大学毕业 | 上海女青年会体育师范学校教员，金陵女子大学、国立中央大学、河北省立女子师范学院体育主任 | 河北省立女子师范学院体育主任 | 河北省立女子师范学院 |
| 杜隆元 | 女 | 36 | 金陵女子文理学院毕业 | 江西省第一、第二女子师范学校体育教员，南京中华女子中学、河北省立女子师范学院体育教员 | 河北省立女子师范学院体育教员 | 河北省立女子师范学院 |

3.中华体育协进会核准自费人员

| 姓名 | 性别 | 年龄 | 学历 | 经历 | 时任职务 | 保送机关 |
| --- | --- | --- | --- | --- | --- | --- |
| 江振德 | 男 | 30 | 东吴大学毕业 | 南京励志社体育干事，东吴大学体育系助教 | 麦伦中学体育主任 | 麦伦中学 |
| 王怀琪 | 男 | 45 | 上海中国体育学校毕业 | 江苏省立第四师范学校体育主任，浙江省立第十师范学校、九中、十一中体育主任，山西督军署参谋处体育教员 | 澄衷中学体育主任 | 澄衷中学 |

续表

| 姓名 | 性别 | 年龄 | 学历 | 经历 | 时任职务 | 保送机关 |
|---|---|---|---|---|---|---|
| 王守方 | 男 | 30 | 东吴大学体育系毕业 | 东吴大学体育主任 | 东吴大学体育主任 | 东吴大学 |
| 谭鍪斌 | 男 | 33 | 上海交通大学，德国柏林大学 | 国立中山大学讲师，广州南武中学教务主任 | 第一集团军总司令部文书 | 第一集团军总司令部 |
| 陈咼德 | 男 | 31 | 复旦大学 | 复旦大学体育主任 | 复旦大学体育主任 | 复旦大学 |
| 黄蕴之 | 女 | 26 | 北平女子大学毕业 | 湖北教育厅科员，中学教员 | | 教育部郝（更生）督学 |
| 谢文秋 | 女 | 37 | 美国维尔斯莱大学 | 金陵女子文理学院、金陵大学、国立中央大学、国立浙江大学、北平女子文理学院教授 | | 教育部郝（更生）督学 |

# 附录2　《申报》辑足球代表队征战1936年柏林奥运会资料①

## 全国体协会积极筹备参加世运会

（1935年12月2日）

我国参加明年世界运动会事，已经中华全国体育协进会着手筹备。经费一项，该会曾再度向教育部及行政院呈请，现闻已蒙批准，将先拨三万元作筹备预选及训练之用。关于选拔代表办法，亦经几度计划。兹悉该会已委请容启兆于明日搭俄皇后轮赴港，与华南区筹商关于足球、游泳及篮球选拔事，闻容留港约十天，俟一切商洽定当即行返沪。又该会总干事沈嗣良定于六日赴北平，与华北区体育会磋商足篮球等选拔办法及筹备事，闻选拔办法预定如后。

足球将请广东、香港联合队及华北球队，另邀上海队及马来亚队，会集上海举行数场比赛，由选拔委员评定球艺。审取正式代表队时期，约在一月底。

篮球将邀华北区代表队，南京、上海球员或球队，来沪举行试赛，由选拔委员评定去取，决选正式代表云。选拔时间未定。

## 选拔世运选手问题，沈嗣良今北上与华北体育界会商

（1935年12月6日）

世界运动会，定明年在德国举行，我国正积极筹备，选拔代表，准备参加。除容启兆已于本月二日晨乘加拿大皇后号赴港，与华南当局商给足球、游泳之

① 1936年柏林奥运会是中国足球第一次走上世界舞台，对其艰苦历程及取得的荣誉，《申报》进行了详细记载。现按照时间顺序辑取出来，供学界研究人员及体育爱好者参考。

挑选及训练问题外，全国体育场总干事沈嗣良，市定今晚北上，与华北区体育会磋商一切。据沈氏语记者，谓关于足球方面，将请广东、香港、华北、马来亚、上海会师上海，作数度比赛，以资挑选。篮球则由华北区、南京与上海三队来沪比赛，但此只为体协会之意见，详细办法，须待会商后，方能作最后之决定。至将来之训练问题，亦颇重要，此次亦将征求意见，务期以完善之方法，良好之环境，使球员能充分发展。本人在平约勾留四五日云。又悉容启兆将于本月十九日返沪云。

## 接洽足球预选办法，容启兆由港返沪

(1935年12月17日)

出席第十一届世运吾国足篮球队，已拟定于明年正月在沪预选，中华全国体育协进会早已积极筹备，由沈嗣良氏赴华北接洽，结果圆满，现已返沪。同时容启兆氏亦于本月五日赴港，与颜成坤、黄家骏、李惠堂等磋商华南区方面足篮球各项事宜，容氏于日前事毕，十三日由港北返，十五日抵沪。闻此行结果，甚属圆满，特探志各情如次。

### 变更计划，注重足篮

据容氏谈，此决吾国出席世运，经行政院指拨经费十七万元。惟现以金价上涨，不敷尚多，原定计划将派遣足球、篮球、田径、国术、竞走、游泳等各项选手。现略将该项计划变更，先派足、篮球、田径三项选手赴德，其他游泳、竞走、举重各项，须视将来经费如何而定。此项原则决定后，本人即赴香港与港方接洽预选办法。

### 在港洽商，结果圆满

容氏抵港后，即与黄家骏、颜成坤、李惠堂诸氏晤谈，会商结果，颇为圆满。决定原则三项：①世运会原定每国足球队出席人数名额为十五人，惟吾国远赴柏林实力或有不济，拟增至十八人或廿人。②明年春间代表选出后，先赴南洋各地比赛，以资切磋球艺。③各区足球代表在赴德前在星洲集合。此外代表人选问题，因种种关系，不能立时解决。据一般观察，吾国足球人材〔才〕，当以沪港马粤四区实力最称坚强，港区人材〔才〕尤为荟萃之区，可望多选云。

## 出席世运会足球预选，港粤不能来沪

（1935 年 12 月 18 日）

容启兆博士由港返沪，向全国体育协进会报告在粤港两地接洽关于世运会足球预选事。经旬日之商议结果，粤港球员均因职业关系，不能照全国体育协进会之预定计划，于阴历新年时来沪参加预选比赛。协会总干沈嗣良得此报告，港粤既不能来沪，则预选赛势不克举行，因决定取消。发电通知华北体育联合会，并仍邀请华北队于原定日期来沪作埠际赛云。

## 参加世运选手将分区举行训练

（1935 年 12 月 24 日）

参加世运之足球选拔，将不举行比赛，只就已往成绩，审查选定，大致以香港、马来亚为基本队，再从广东、上海两队中，挑选数精锐补充之。关于足球、篮球、田径等选手之训练问题，因关系各人之职业问题，将实行分区训练办法，俟至出发前相当时期，再行结合举行总训练云。

## 华北参加世运预选，足球代表选定

（1936 年 1 月 20 日）

（天津十九日电）华北区参加世运足篮球预选，十九日第二次比赛。篮球在美兵营，足球在省体育场，分别举行。篮球津甲六十比五十胜平甲，平乙三十一比二十平胜津乙，两队二十日组混合队，约西人友谊，晚即选定代表，以个人技术为去取标准。足球一对一平津和，队员晚选定，正取门杨春英（平），后卫张学尧、郭才伟（平）、李清玉（津），前卫李凤楼、谭福祯、徐裴民（平）、孙思敬（津），锋姜璐、孙福来、孙永泉、赵启新（津）、吴祖芬、阎承宽、李宏忠（平），备取王宝书、金阿督、梁铭宗（津）、钟勇宜、徐护民（平）。

## 关于出席世运会，各专家之谈话

（1936 年 1 月 29 日）

此次吾国准备出席世运会各种运动人选问题，业经中华全国体育协进会董事会议决。记者复分访各专家征求意见，□①一并分志如下。

马约翰谈选拔标准

马约翰氏谈，此次参加世运预选，由全国体育协进会主持，将来代表选出后，是否集中训练，须视经济情形而定。此次出席世运，夺标自属无望，惟为观光琢磨，使吾国选手有他山攻错之益。故选拔标准除成绩外，对于代表之体格道德及体育修养，均须兼顾，庶将来世运后回国，仍能继续努力，创造优越纪录，使我国体育得能猛进，庶不负此次参加世运之本意。本人（马自称）与宋、董二氏，定出月一日率队北返。惟袁礼登氏则定明日（二十九日）先行返津云。

董守义谈篮球人材〔才〕

又据董守义、宋君复氏谈此次篮球选拔，觉得我国对于锋、中、卫三类人才，甚为平均，实力尚佳。至于正式代表，须待与本埠西人劲旅交战数次后，方能决定。此次选拔完全以人才为标准，决不以获胜团体为基本。盖某一团体无论如何坚强，必难免无弱点。反言之，失败团体中，未始无优秀人才。故此次先于各队中选拔优秀球员，然后加以相当训练，以冀增加合作工夫，则实力当设以获胜队为基本为住〔主〕，将来于世运中或不致一败涂地。

李惠堂谈足球选拔

据李惠堂氏谈，参加世运足球人选意见，为节省旅费及以免路途跋涉，鄙意预选赛毋须举行。盖此次选拔纯以人才为标准，据本人推测，各个技术于全运会时早为体育当局所认识，代表额定二十名，大约香港、广东可占大半，南洋侨胞不乏好手，亦可得三四人，其余当由华东、华北选出。全部代表产生后，本人意见最好集合香港训练，以增合作工夫，于出国时再来沪上比赛数场，然后沿途再约劲旅比赛，以资切磋。将来世运会时，倘初赛不即遇劲敌，或能多得几次出场机会。本人届时倘无特别事故，当能成行云。

## 参加世运足球预选员已定三十人

（1936年2月4日）

（香港三日电）李惠堂谈参加世运足球员，预选三十名，计华南区十七：黄纪良、李天生、谭江柏、梁荣照、黄美顺、李国威、曹桂成、冯景祥、李惠堂、叶北华、

---

① 报纸原文字体缺失，下同。

郑季良、包家平、卓石金、梁现赞、杨水益、麦兆〔绍〕汉、徐亚辉；华东六：陈镇和、李宁、贾幼良、梁树棠、张荣才、孙锦顺；华北：谭福祯；爪哇：张显元〔源〕、李玉信；马来亚：谢庆福、蔡文礼、梁礼安、林志泉。各员四月初集港〔练〕习，最后决选二十二人为代表，再赴沪练习，五月中出国。

## 世运足球预选拟在港举行选拔

（1936 年 2 月 11 日）

参加世运足球预选，共有选拔委员五人，除郝更生在京、颜承〔成〕坤在粤外，其余沈嗣良、马约翰、容启兆三委员，于上月下旬曾一度会商，决定推出候选球员三十人，定四月初旬在港举行预选比赛，淘汰八人。顷据沈嗣良语记者谓，此项办法，现尚非正式决定，因正在征求郝更生及颜兆〔成〕坤之意见之中，一俟郝、颜两氏同意后，即可照此方针进行，否则将另行筹商更妥善之办法云。

## 吾国出席世运会，足球候选员发表

（1936 年 2 月 19 日）

参加第十一届世界运动会中华足球代表，业由全国体育协进会聘定选拔委员会沈嗣良（召集人）、郝更生、颜成坤、马约翰、容启兆。经该委员会一再商议，规定选拔办法初选名单，及比费〔赛〕日程，正式公布如后。

根据全运会及最近比赛表演之各个成绩，初选球员三十名，于四月初在香港举行预选赛，以作最后之选拔。名单如下：

守门：包家平（香港）、黄纪良（广东）、张荣才（上海）

内卫：李天生（广东）、谭江柏（广东）、蔡文礼（马来亚）、麦绍汉（广东）、李宁（上海）

前卫：梁荣照（香港）、徐亚辉（广东）、黄美顺（香港）、李国威（香港）、梁礼安（马来亚）、梁彦赞（香港）、林志泉（马来亚）、梁树棠（上海）、谭福祯（北平）、陈镇和（上海）

前锋：李惠堂（香港）、谢庆福（马来亚）、冯景祥（广东）、曹桂成（香港）、郑季良（香港）、叶北华（广东）、孙锦顺（上海）、贾幼良（上海）、杨水益（广东）、张显源（爪哇）、卓石金（香港）、李玉信（爪哇）

除上述名单外，如有特殊人才发见，委员会得随时录选之。

获选球员名单中之因故不能赴德者，应正式通知本会，以便另选。（将由本

会制定表格分寄各球员征求同意)

上列名单中各球员赴港参加预选旅费，由本会津贴之。

全国体育协进会已聘请容启兆任该会代表，主持在港举办预选比赛事宜。预总赛及练习比赛日程表如左〔下〕：

| | |
|---|---|
| 四月四日至十二日 | 预选赛 |
| 十二日 | 决选赛 |
| 十三至二十日 | 正式队练习比赛 |
| 二十四日 | 到达上海 |
| 二十五、六日 | 在沪练习比赛 |
| 五月二、三日 | 在沪练习比赛 |
| 五月七日 | 起程出国 |

## 参加亚林比克足球队五月二日出国

(1936年2月29日)

(港讯)我国参加第十一届世界运动大会足球预选赛，已由全国体协会正式公布，决于四月间在港举行。查选拔委员沈嗣良、郝更生、马约翰、容启兆经一再商议，昨晨电知队长李惠堂。据李君语记者谓，关足球预选赛，体协会现已正式拟四月四日至十一为预选赛日期，十二日为决选日期，届时选拔委员容启兆与郝更生，将来港主持，俟正式队产生后，将在港举行练习，二十四日全队抵沪，在沪约外队练习数场。足球队原定于五月七日出国，惟体协会当局或恐因时间短促，故改提早于五月二日趁法邮出国。此次将绕道经西贡转征南洋，限期于五月十五日抵荷属爪哇然后转星洲、槟城、暹罗、仰光、加利吉打而赴德国，沿途所经各埠，将与当地劲旅周旋，借资练习。李君本人现正分头发函向所经各埠之体育会接洽，派队与我队比赛。据闻容启兆博士现已被体协会聘为代表，我国足球领队与教练两席，尚未正式决定谁人负责云。

## 港体育界为世运足球选手担忧，李惠堂等代表南华南竟遭惨败

(1936年3月8日)

(香港七日电)七日寻常杯，南华华以零比零和华塞斯，南华南以零比五惨败于香港会。港体育界对此颇惊异，因此场南华南好手李惠堂、冯景祥、曹桂

成、叶北华、郑季良、黄美顺、李天生等均尽出，竟遭惨败。将来世运队，亦以此数人为中坚，非勤加练习，恐无胜望。

## 参加世界足球预选，沪平选手月底赴港

（1936 年 3 月 9 日）

参加世运足球预选，定下月初在港举行。本市选手张荣才、李宁、孙锦顺、陈镇和、贾幼良、梁树棠等数人，将于本月底偕同选拔委员容启兆、郝更生等首途前往。闻委员马约翰亦将由华北率领该区选手谭福祯，于本月下旬来沪，会同上海选手赴港。

## 世运足球预选球员四月一日赴港

（1936 年 3 月 20 日）

我国参加世界运动会之足球预选，经选拔委员会，选定各区及马来亚一带之优秀球员三十名，定于四月初集中香港，举行预选比赛，俾甄别正式出席大会代表，由全国体育协进会，聘任容启兆博士，代表该会赴港，办理一切事宜。兹悉容氏决定四月一日乘渣华公司轮船偕同上海及华北两区之被选参加预赛球员一同出发云。

## 世运足球选委容启兆昨赴港

（1936 年 3 月 27 日）

世运足球预选，前经决定在香港举行。本埠及华北方面，选出七人，并定四月一日搭梯及沙滕号邮船南下。选拔委员容启兆博士代表全国体育协进会先期赴港接洽一切，容氏业于昨午十一时搭意邮维多利亚号启程。

据容氏谈参加世运预选之足球队员，共计三十人，由港方代向港足球总会注册，参加联赛。全队定四月十八日战港军联队，十九日战混合队，于此两赛中战察各个表演成绩，选取最后之二十二人为正式代表。本人此行，系先期往港布置及接洽一切。预定在港会合上海及华北选手，约耽搁三星期，即须偕最后选定之代表队返沪，该代表队抵沪时将于四月二十五、二十六及二十九三天，约本埠各劲旅交锋，与赛队伍尚在磋商中。为使全体选手多得练习机会起见，在

沪比赛完毕，即定五月二日搭琼辣鲍特轮出国。沿途经过南洋群岛一带，预计比赛约二十场，已接洽就绪者，计在西贯〔贡〕、新加坡、贝南、梅邓及兰贡各地，各比赛两场，在爪哇则须比赛九场，另一场则在加尔各德云云。维多利亚轮于十一时正启椗，明晨即可抵港。体协会总干事沈嗣良氏，昨亦赴埠欢送。据沈氏称，我国出席世运之田径、游泳、篮球、拳击、举重等选手及职员，须六月中旬方可放洋云。

## 参加世运篮球代表，本市选手赴平，足球选手定明日南下

（1936年3月31日）

出席第十一届世界奥令匹克运动会，本市被选之四篮球代表，已于昨日下午乘车北上，赴平参加集合训练。足球选手七人，亦定明日起程赴港，参加联赛。兹分志各情如下。

### 代表四人昨日赴平

我国世运篮球代表队，已于二月二日选定王玉憎〔增〕等十四人为正式代表，并定四月一日起在北平清华大学集合训练。本市被选之四代表王南珍、蔡演雄、尹贵仁、冯念华等，已于昨日下午搭四时沪平特快通车北上，明晨（一日）十时即可抵平报到。至南京被选之王玉增、王士选两代表，亦定昨晚在京会唔〔晤〕，同车赴平，王等昨日所搭者为三〇二号二等卧车，赴站送行者，除各代表之亲友外，尚有暨大何校长代表吕家伟等。

### 暨大校长赠荣誉衣

暨南体育主任余衡之君，并于前晚在陶乐斋饯行，席间除由该校何炳松校长亲致训辞外，并赠王、蔡、尹三代表荣誉衣各一件，以壮行色。记者昨晤王南珍君于车次，据称在平训练日程，已由董守义教练订定，每日于上午八时至九时由清华赵逢珠指导基本动作外，下午四时至六时由董守义担任正式训练，其余时间，已商准清大当局，自选课程，作为旁听生，以免荒废学业。至返沪期，现尚未定，因北平环境较佳，可多留时日，一俟出国日期决定后，再行返沪。至住宿地点，已定清大第二院云。

### 足球选手明日首途

世运足球最后预选，前经决定在港举行后，本埠及华北初选、被选选手张荣才、李宁、梁树棠、孙锦顺、陈镇和、贾幼良及谭福祯等七人，定明日搭查华轮芝

顺大利号启程。选委容启兆博士，已先于二十六日南下，接洽一切。该项预选赛，系由本市及华北各选手由港方代向港足球总会注册，参加联赛，再觇各个成绩，而选取最后之正式代表二十人。（连职员二人共廿二人）该赛秩序为四月十八日战港军联队，十九日战混合队。至华北谭福祯君，已于前日（二十八）抵沪，明晨与本市选手一同出发。马来亚各选手，原拟不参加预选赛，据港讯，除林志泉与梁来佛尚未决定外，蔡文礼、谢庆福两人，已决定赴港出席云。

## 世运足球预选，上海华北两区选手明日赴港

（1936年4月1日）

我国参加世运足球队，定四月四日起在港举行预选，从初选三十人中，挑选精锐廿人，组成中华队选拔竣事后，将于五月中来沪练习，然后再与其他选手一同放洋赴德。本埠及华北两区初选选手，张荣才、李宁、梁树棠、孙锦顺、陈镇和、贾幼良、谭福祯等七人，原定今日离沪赴港参加预选，现因事改于本月二日晨九时三刻乘大来公司麦金兰总统号轮启程南下，中华全国体育协进会并派周家骐随同前往照料一切。隶属优游麾下之陈镇和、张荣才、梁树棠三人，初拟于本月七日搭胡佛总统轮启程，以便参加四五两日对法商之西联足球赛，现因港方除十八日对港军联及十九日对混合队之两次正式赛外，尚有多场练习赛，均提先于四月十日前举行，故事实上已属不及，乃决定放弃此项主张，仍于明晨偕孙、李、谭、贾等一同首途云。

## 世运足球预选四日在港举行

（1936年4月2日）

参加世界运动会足球预选赛，定于本星期六（四日）起在香港举行，选拔委员除容启兆已先期赴港洽布置一切外，协会总干事兼选拔委员沈嗣良，因沪事公忙，不克分身南下，乃委周家骐代赴港主持一切，于今晨九时三刻乘麦金兰总统号轮船起程。上海预选球员孙锦顺、孙镇和、李宁、贾幼良、张荣才、果〔梁〕树棠及华北之谭福祯七人，亦于今日同轮往港应赛。

## 吾国出席世运足球队，南征爪哇秩序已订定

(1936年4月3日)

出席本年八月在柏林举行之第十一届世运会之吾国足球队，已由全国体协会选出候选人三十名，定本月初旬在香港预选，挑出二十二人(据周家骐谈只二十人，连职员二人，共二十二人云)在港举行练习赛两场，然后来沪再约比赛三场，于五月二日先期出发，沿途将约比赛二十场，在爪哇比赛秩序，业已接洽就绪。因预选日期迫近，上海及华北球员七人，于昨日由周家骐率领赴港参加。兹将详情探志如下。

### 爪哇比赛订定

关于中国足球队赴欧途中之比赛，刻向各方接洽中。兹悉在爪哇之秩序，已由李惠堂与泗水中华足球会订妥，中国队限于五月十五日抵爪哇，五月十九日在孟加锡比赛始，至六月九日止，共计十二场。兹将秩序录下。

五月十九日：在孟加锡对选队
二十一日：对泗水中华队
二十三日：对荷中学队
二十四日：对泗选队
二十七日：对垄川选队
三十日：对梭罗选队
六月一日：对井里汶选队
三日：对万隆意尼
四日：对隆选
六日：对隆巴城安青年
七日：对巴选
九日：对群力

### 从预选至出国

为预选事，全国体协会特派容启兆代表先期赴港主持一切，预选在四日起至十日止，将候选之三十球员输流出场比赛，然后挑选正式代表，再在港继续练习，预定秩序为十八日对港军联，十九日对混合队，二十四日全队由港抵沪，预定在沪再赛一场，日期已定二十五、二十六及二十九日。原定五月七日出国，因爪哇方面之契约定十五日起，故不得不提早起程，遂改定五月二日乘法国邮船

琴拉宝特 Jean Laborp 由沪出发，将绕道经西贡转征南洋，限期于五月十五日抵荷属爪哇，然后转星洲、槟城、暹罗、仰光、加尔克太而赴德国，沿途所经各埠，将与当地劲旅周旋，借资练习。至于出席世运之田径、篮球、游泳、拳击、举重等选手职员，约于六月二十日出发云。

### 沪选手昨出发

本埠球员六人及华北之谭福祯，于昨晨乘麦金兰轮离沪赴港，周家骐偕陈镇和、张荣才、梁树棠、谭福祯四人，八时许先渡浦登轮。李宁、孙锦顺、贾幼良等三选手，则于九时三刻自新关码头搭送客轮渡浦，到埠欢送者有郭振恒、张荣光、张子震、陈邵、胡伯荣、孙吉庄、李义臣、陈镇祥、贾季良、霍征鸿、周家骐夫人及各报社记者等数十人。该轮自十一时正自白莲泾码头起椗，约明晨即可抵港，选手一行则分居三二、三六、四一、四二号四室。

### 人选闻已内定

据有关系方面之某君谈，此次入选预赛之三十人，技术均无分轩轾，选技殊感困难。至于出席世运比赛，当然毫无希望可期，惟完成欧游之宿愿而已，万里长征，球员精神方面，亦必感觉万分苦痛云。又据另一方面消息，正式入选名单，早经拟定，上海入选者，恐只孙锦顺、陈镇和二人。华北之谭福祯，因某种关系，亦有入选希望云。此种传说，当然未可信以为真，整个中国队之选手，必个个为全国之最优秀份〔分〕子也。据王正廷氏谈，此次选拔，注重个人技术，并新进有希望之人材〔才〕云。

## 容启兆博士在港谈世运足球预选

（1936 年 4 月 7 日）

（香港通讯）中华全国体育协进会，参加世运足球选拔委员容启兆博士，奉命来港，主持一切，抵港经已数日。前日容氏在思豪酒店旅邸内，与港体协会主席颜成坤等，谈商进行事宜。昨日记者往访问容氏，询以前夕谈商经过，容氏绝对否认，外传参加世运足球正式代表经已内定。又星、沪两方好汉，均已有电到港，即将前来，约于四月四日前到齐，十二日可决定正式代表云。其他关于分配星、沪各方球员参加三华甲组作寻常杯赛事，亦有谈及。兹录如后，想亦关心我国参加世运足球消息者，所愿先知者也。

### 沿途征战发生问题

记者首询容氏，前夕谈商有何结果，能发表否。据称，是夕仅为私人谈话，因各方球员未到齐，故未有若何切实讨论。同时对于将来沿途征战地点，现亦发生问题，盖闻星洲足球总会，对我国征求星洲球员，颇不愿意。关于征星洲之拟议，现尚待解决也。又关于支配各方球员加入三华队寻常杯赛，亦感分配困难，因三华队现均有夺标之希望，拨入何人，当有问题，即或拨入，或未能收合作之效，故须俟各员到齐后，看各队需要何人，然后方能支配妥善也。

### 选委资格备极慎重

出席世运足球选拔委员，共有五人，为沈嗣良召集人，郝更生、马约翰及容、颜二氏。据容氏告记者，得接沪电，谓有选委偕同上海、华北各员，于今日乘轮首途来港，三日可到？选委为谁？是否三人到齐？因该电文简略，现未详悉，届时始知。至于选委资格，体协当局为极力避免委任与各方直接有关系者，如沪之乐秀荣、余衡之，港之黄家骏等君，皆足球界前辈，而未任选者，即以此故也。五选委中，余(容氏自称)与颜、沈三人外，马、郝对于足球向无关系。至于本港选委，相信或沈、郝二人之一。至于马氏，闻因北平清大不放春假，或不果来参加云。

### 各地选员纷纷来港

关于全国体协会前所拟定之预选球员来港参加预选消息，记者亦向容启兆博士访问。据答云，现在预选期近，各地预选员多准备来港，本人昨经接有华北、华东各球员来电及马华四将来信，报告行程，华北球员谭福祯等已抵沪滨，决定会同华东各球员，于明(一日)乘麦坚尼总统轮南下，约三日可抵港，各人原定乘渣华轮来，至五日方可抵步。本人鉴于四、五两日，适为星期六、日，港中有足球比赛，故去电各人赶及来港参加也。至于马华蔡文礼、谢福庆、梁礼安、林志泉四人，亦有信来报告，定乘金马号来港，赶程参加预选赛。至于爪哇之李玉信，至今未有消息，究不知其能否来港也，即不来亦无影响也。

### 足球队长尚未决定

至是记者又问曰："日前外传足球队长，已决定由李惠堂任之，此说是否属实。"容氏笑答曰："关于此点，本人敢谓队长实未决定，将来或由李氏任之，此则非本人之所敢预决。盖现在正式队伍尚未选出，何来队长，即李氏本人，现不过为一被选球员耳，且本人敢负责对贵记者言之，此次全国体协会选拔球员，实为绝对公开，并非如外间所传，谓为经已拟定者，请试一思之，协会所举出之选委五人，马约翰、沈嗣良、郝更生、颜成坤及本人，均为中立者，与各方球员绝无私情，则将来必以大公无私出之，可断言矣。"

### 选拔球员秉公办理

最后记者乃问容氏曰："星期日国际杯足球赛，先生在场参观否？"容氏答曰:“有。”问:“各球员表演佳乎?”答:“各个均极出色。”问:“右翼邓广森之表演,港中西报谓其为是日最佳之一人,容君感觉如何?”答:“是日表演确佳,关系选员问题,除榜上有名之三十名球员外,其他如确有进步者,亦有入选之希望乎。”答:“入选为当然之事,盖正式代表仅取二十二人,三十名中尚需淘汰十名、八名也,然无论如何,协会此次必根据选列第二条办法,而以大公无私出之。”

## 世运预选足球队二比二和英海军

(1936 年 4 月 10 日)

(中央社九日香港电)世运预选足球队,九日下午五时三刻在南华球场约战英海军,沪、平七将均上阵,港方以卓石金、黎兆荣、梁现赞、陈洪光助战,攻力极强,守则不足,谭福祯、李宁表演欠佳,上半时卓石金首开纪录,史宾士回敬一球,造成平手,下半时史乘十二码罚球挑进一只,良久,卒因卓石金再胜一球,始挽回成和局。

## 参加世运足球代表决定

(1936 年 4 月 15 日)

(十四日香港电)我国出席世运足球队代表人选,经容启兆、颜成坤、周家骐在港审慎选拔,十四日午开会,正式决定为包家平等廿二人,俟呈报全国体协会核准后发给凭审。并为检讨全队实力起见,定十九日在加路连山南华球场分两队与港联队对垒。廿二日乘龙田丸赴沪,在沪比赛三场,五月二日出国先赴南洋各地,约有二十场练习赛,七月九日在孟买与代表团会齐,趁轮赴德,参加世运。全队代表名单如次。

黄纪良　包家平

谭江柏　李天生　蔡文礼　麦绍汉

陈镇和　徐亚辉　梁树棠　李国威　黄美顺　梁荣照

郑季良　叶北华　李惠堂　张显源　贾幼良　杨水益　卓石金

冯景祥　孙锦顺　曹桂成

## 我国世运足球队李惠堂任队长

（1936 年 4 月 16 日）

（香港十五日电）参加世运足球代表队产生后，队务亟待主持，体协会代表容启兆十五日特函请颜成坤担任教练，黄家骏管理，李惠堂队长，俟呈体协会核准再正式委定。又全队定十六日在南华球场约英海陆军联队作首次练习比赛。

## 世运足球队在港昨大胜陆军队——四比零

（1936 年 4 月 17 日）

（香港十六日电）我国世运足球选手队，十六日下午五时一刻，在南华球场与英海陆军联队作练勇赛。开赛后冯景祥居中领先，四锋联进，排山倒海，习〔势〕不可当，联队手忙脚乱，被罚十二码球，孙锦顺主踢，一蹴成功，先开纪录。未几，孙得贾幼良之助，又攻进一只，二比〇完结上半时。再战后，联队曾一度反攻，无奈我军守卫森严，予敌痛击，孙奋臂一呼，杀入敌阵，"铁腿"起处，球应声入网，联队喘息未遑，我前锋五虎又一气攻入敌军腹地，由卓石金再胜一球，结果四比〇，世运选手队大胜。该队表演最佳者，为包家平、孙锦顺、蔡文礼、陈镇和、徐亚辉等数人。

## 蒋院长召集吾国足球队晋京聆训

（1936 年 4 月 20 日）

我国参加本届在德举行之世界运动会足球代表队，业已在香港选拔蒇事，全国精华罗致净尽，共计廿二人，名单已志前报。选拔委员容启兆博士，已于昨日中午，乘俄国皇后轮返沪，在新关码头登陆。据谈沈嗣良代表周家骐，因尚有其他任务，致未克同行，须于廿二日偕代表队一同来沪，参加在沪预定之三场友谊赛云。

兹闻行政院蒋院长，对于此次参加大会之选手，异常关怀，特通知全国体育协进会，定于本月三十日召集本届足球代表队赴京聆训，有所指示，并定是日在首都中央运动场举行表演一次，以餍首都人士之渴望。

又悉协进会当局，得容启兆返沪接洽后，悉足球代表队决于廿二日搭龙田丸来沪，乃与中西团体接洽定三场友谊比赛，俾资观摩。秩序业经排定如左〔下〕。

二十五日　对葡萄牙　下午三时在申园

二十六日　对西联队　下午三时在市运动场

二十九日　对华联队　下午三时在申园

三十日　　赴京作表演赛

世界足球代表队，自晋京领训后，即行回沪，整装待发，并订于下月二日离沪出发赴南洋一带，作二月余之游历比赛，借收他山之助。各地比赛，约有廿余场，已由协进会事先与西贡、新嘉〔加〕坡、爪哇等地足球队接洽妥当，拟定至七月九日在孟买，与我国全体代表团会合，直赴德京柏林参与正式比赛云。

## 吾国世运足球队冯景祥等昨起程来沪

(1936年4月22日)

(香港二十一日电)我国参加世运足球代表队包家平、谭江柏、李天生、梁荣照、陈镇和、李国威、黄美顺、贾幼良、叶北华、冯景祥、卓石金、杨水益等十二人，二十一日由周家骐率领乘德邮波利坦号赴沪，赶践原定之练习赛。李惠堂、孙锦顺、梁树棠、曹桂成、郑季良日内启程，黄纪良、麦绍汉、徐亚辉留港，蔡文礼返星，候同全队出发南洋比赛。

我国世运会足球代表队，定于今日由香港起程来沪，在沪预定比赛三场，秩序曾志前报。兹悉二十六日(星期日)在市中心区运动场对西联之比赛，特另设两元定座券一种，于今日下午三时起，在申园协进会办公处预先出售，并为便利观众购买起见，由四川路中国旅行社及静安寺路华东公司两处代行分售云。

## 世运足球选手首批今午抵沪

(1936年4月23日)

我国世运足球代表队二十二人，分批由港启程来沪集中，包家平、谭江柏、李天生、梁荣照、陈镇和、李国威、黄美顺、叶北华、贾幼良、冯景祥、卓石金、杨水益一部份〔分〕十二人，于前日(二十一)由周家骐率领乘德邮美最时公司波士顿号先行来沪。据悉该轮定今日中午十二时抵埠，停泊公和祥码头，本市各有关方面均将到埠欢迎，住宿已定在德邻公寓。其余李惠堂、孙锦顺、梁树棠、曹桂成、郑季良、张显源等，不日即将启程来沪。至于徐亚辉、黄纪良二人，因职务羁滞。麦绍汉亦因病留港。蔡文礼现已返星，须俟出国时会同赴南洋一带练习。代表队来沪后，定廿五日战葡萄牙（申园），二十六日战西联（市运动场），二十九日战华联（申园），三十日赴京听训，并在中央运动场作表演赛，当晚返沪；下月二日由容启兆、颜成坤二氏率领出国，赴南洋一带鏖战云。

## 吾国世运足球代表队李惠堂等昨日抵沪

（1936年4月24日）

我出席世运足球代表队一行包家平等十二人，由周家骐率领，先行在港搭波士顿轮来沪，该轮于昨日中午抵埠，船泊公和祥码头，体协会沈嗣良等均往欢迎，世运足球队队长李惠堂，亦于昨日下午由中航机飞抵沪上，全体队员均寓德邻公寓。此外曹桂成等则于前日在港搭轮来沪，探志各情如次。

### 昨午抵埠

世运足球代表队一行，由周家骐率领搭德轮波士顿号来沪，于昨日中午十二时许抵埠，船泊公和祥码等，队员略整行装毕，于十二时半下轮，抵埠欢迎者有体协会总干事沈嗣良氏、世运选委容启兆氏及各队员亲友等数十人。昨日来沪一行计为包家平、卓石金、谭江柏、李天生、梁荣照、陈镇和、李国威、叶北华、黄美顺、贾幼良、冯景祥、杨水益等十二人，除陈镇和、贾幼良分返私寓外，其他十人均下榻德邻公寓。

### 如期比赛

至队长李惠堂君，因职务关系，未能与全队同行，特于昨晨搭中航机北来，于下午五时许抵达龙华机场，下榻德邻公寓二百十号，其他代表曹桂成、梁树棠、张显元〔源〕、郑季良、孙锦顺等五人，亦已于二十二日在港搭招商海贞轮离港，日内即可抵沪。选委颜成坤氏，亦同轮来沪。球队管理黄家骏君则定全队出国时与队员黄纪良、徐亚辉、麦绍汉等在港登轮。此次代表队来沪预定比赛三场，决如期举行。

### 周家骐谈

据代表沈嗣良赴港主持选拔事宜之周家骐氏谈，此次选拔进行极为顺利，且因选委眼光均侧重各个技能，并不以已往盛名左右，一切均属公开，因此参加球员踢来颇为努力，如李天生、谭江柏、李国威等，成绩均猛晋，冯景祥尤为难得之中锋人材〔才〕，球艺极为纯熟。迨正式代表队公布后，外界舆论均表满意，以前盛传内定之说，亦不攻自破。至全队实力如何，可于十九日对港西联一战中见之，香港西联其实力远非沪西联可比，所有队员，均为出类拔萃者，吾代表队能于七十分钟内，造成七比一之局面，实非易易。吾代表队以中卫线最强，无暇〔懈〕可击，前锋锐利。此次预选，各球员均轮值至七八次之多，陈镇和则达九次云。

### 李惠堂谈

另据代表队队长李惠堂谈，本人原定在港搭海贞轮来沪，因接协进会来电催促，故于今晨（即昨晨）赴粤搭中航机抵此。此次首批代表来沪，原拟搭龙田丸首途，俾便赶到参加在沪三场比赛。嗣因港地各界发生误会，故中止搭乘，幸德轮波士顿迟开，故队员得赶搭该轮来沪，否则势难参加在沪之比赛。至此次在沪之比赛阵容，为使沪人赏鉴南方健儿起见，本市入选代表贾幼良将不出场。至前卫一职，由李国威或陈镇和出场，则当待商定，代表队出国时在南洋比赛，西贡、棉兰、爪哇三处业已接洽妥当，其余均在接洽中云。

### 三场裁判

体协会消息云，出席世运会足球代表队，冯景祥等一行十二人已于昨日到沪，卸征装于德邻公寓，其他数人，亦将随后赶来应战。兹悉比赛三场之裁判员，已经由裁判会派定如左〔下〕。

| 日期 | 对手 | 场地 | 裁判员 | 巡边员 |
|---|---|---|---|---|
| 明日 | 葡萄牙 | 申园 | 张荣 | 陈吉祥，张志仁 |
| 后日 | 西联 | 中心场 | 沈回春 | 陈吉祥，何春辉 |
| 廿九日 | 华联 | 申园 | 朱璆 | 黄仁彝，吕菖馥 |

## 吾国世运足球选手队今日出战葡萄牙

（1936年4月25日）

参加世运足球代表队一行李惠堂等十三人，于前日（二十三）抵沪下榻德邻公寓，各情业志各报。该队为谋增进全队合作纯熟计，决定在沪与葡萄牙、西联、华联三队，举行练习赛三次。今日首战葡萄牙，在申园球场，下午三时起开赛，（近日时晴时雨，倘今日大雨，当然不克举行，小雨则仍照常比赛）裁判张荣，巡边员陈吉祥、张志仁。至于代表队出场阵容，昨已由李队长与体协进会磋商决定，门券计分半元、一元两种，双方阵容如后。

**▲代表队阵容**

包家平

谭江柏　李天生

陈镇和(李国威)　黄美顺　梁荣照

叶北华　李惠堂　冯景祥　卓石金　杨水益(贾幼良)

(上列队员定二时半在德邻公寓集合出发)

**▲葡萄牙阵容**

M.苏柴

冈赛夫　雷米狄〔迪〕

A.维克脱　考斯塔　E.维克脱

V.苏柴　L.罗柴辽　柯拉沙　R.罗柴辽　法凡笑

(预备员)雪尔伐、H.苏柴

观上列代表队阵容，除李惠堂、包家平、陈镇和等诸君球艺，均为沪上人仕〔士〕所深知，无用赘述外，中锋冯景祥已有十余年未莅沪滨，冯君在港声誉甚佳，球艺方法，以镇静敏捷见长，传球接(球)，分配恰当，故任中锋之职，实最为适宜。此外谭江柏、李天生、叶北华等，均为出类拔萃之选。□葡萄牙方面，虽有柯拉沙、考斯塔、雷米狄〔迪〕诸猛将，然以全队人材〔才〕而言，实相差多多，预料今日代表队可操必胜云。

## 李惠堂谈世运足球前途

(1936年4月25日)

我国出席世运足球队队长李惠堂，于前日乘中航机自粤来沪后，即寄宿于北四川路德邻公寓。记者昨往访晤，谈及世运足球前途。据谈，出席世运之各国足球队，推测十之七、八均属高我一等，如南美数国及欧陆意、德、捷克等国，均曾喑呜叱咤于世界球坛。我国代表队参加意义，固难问鼎锦标，惟希能有所表演及获得相当学习机会耳。我队二十二人，何人能得充正式代表，目下尚难下断语，当于出国后，经南洋之二、三十战后，始能决定。惟前锋后补人材〔才〕觉太少，亦无可如何之事。日本足球，照二年前情形，实力有余，技术不足，现在定有相当进步矣。记者后以出席世运返国后是否仍继续足球生活，彼表示年事已长，决心脱离球场生活。然则此次在沪之各场比赛，将为万人钦折之李球王与球迷相见之最后机会矣。

## 李惠堂与冯景祥

（1936 年 4 月 25 日）

我国出席世运会足球选手队，已在香港选竣，试演三次，成绩都很满意，今日下午又将在申园演出，以全国选手的最强阵容，展开在我们的眼前。在最近一月来上海足球界萧寂静寞之后，球迷们又得刺激兴奋一下，今天申园的热闹情形是可想而知的了，无疑的，个个球迷都充满欢忭愉快的情绪。

全国球迷倾心崇拜的球大王李惠堂，这次他荣膺队长之职，当然是他应得的荣誉，这一回大概是他毕身最后的球场生活了，预料他从欧洲归国后，恐未必再献技球场。这是一个很好的机会，这样光荣的退隐是很值得纪念的，他在足球界的一身，的确是成功了，他多年来想去欧洲的美梦，现在也已现实了，自我的志愿已达，中国的足球也已到了另一阶段的期望了。

这次人选，确实很慎密而达得理想的满意。据周家骐谈，只有贾幼良比较免〔勉〕强，其实这正是给予一位可以造就者的最好的机会，贾幼良是最合乎理想的新进标准人材〔才〕的。

全队中新旧球员各占其半，近十年或已超出十年以上球场生活的有很多人，他们的技术至今不衰，真值得佩服。尤其是冯景祥，始终把握着他的黄金时代，这次在香港几次表演，给予选拔委员最荣誉的批评，球一到他的脚上，如吸力吸住的一般，决不放任乱冲，凭其敏锐的智力，造成其余前锋都有活动的机会，尤其李惠堂的射门立功，大都得力于冯。但他自己深知不精攻门术，所以从他〔他从〕不打门，在港几次预选比赛，他只打过两次门，都没有中。李惠堂的技术虽已退步了许多，因得冯景祥的有力援助，所以他能借其独到的射门术为全队得到最后的胜利。是以最强的前锋线，冯、李二人是不可缺少一位的。

冯君身体瘦长，彬彬有书生气概，平时谁都看不出他是一位足球健将，然而球艺的精练，作战的骁勇，真要令人惊叹不止。

整个中国队比较欠缺的是右内锋一职，大致非起用中锋张显元〔源〕不可，卓石金是新进名将，恐还不能把握得住。

这次足球队是近几年来全国精英团结的第一次，实力远在一九三四年第十次远东大会选手队之上。虽然大半仍是这几位选手，但技术上、联络上都有了显著的进步了。

## 足球选手队的体格

(1936年4月25日)

我国世〔出〕席世运之足球选手廿二人之年龄体格，外间人士，颇欲一知其详者。查全队年事最高者为李惠堂与蔡文礼，各为卅二岁，最年轻者为卓石金，仅廿三岁。最重者为孙锦顺，计一百七十五磅，最轻者为包家平，仅得一百二十磅半。最高者为蔡文礼，身长五尺十一寸半，最矮者为贾幼良，仅得五尺。全队平均计算年龄廿六岁半，体重一百四十四磅十四安士，高度五尺六寸。按：各国之足球队员普通年龄多在廿六岁至三十岁之间，体重由一百八十磅至二百磅，高度至低五尺十寸，跑步之速度，虽穿球鞋，然一百码之成绩，通常为十一秒左右。两相比较，我国颇有不逮之处。兹将各足球选手之年龄高度及体重探录如下。

| | 年龄 | 高度 | 体重 |
|---|---|---|---|
| 包家平 | 廿八 | 五尺十寸 | 一百二十磅半 |
| 黄纪良 | 廿五 | 五尺七寸 | 一百五十磅 |
| 李天生 | 三十 | 五尺六寸 | 一百三十磅 |
| 麦兆〔绍〕汉 | 廿四 | 五尺七寸 | 一百三十八磅 |
| 谭江柏 | 廿五 | 五尺十寸 | 一百六十三磅 |
| 蔡文礼 | 卅二 | 五尺十一寸半 | 一百六十一磅 |
| 梁荣照 | 廿五 | 五尺六寸 | 一百四十六磅 |
| 梁树棠 | 廿四 | 五尺六寸 | 一百四十八磅 |
| 徐亚辉 | 廿四 | 五尺七寸半 | 一百四十磅 |
| 黄美顺 | 三十 | 五尺八寸 | 一百五十八磅 |
| 陈镇和 | 廿六 | 五尺五寸 | 一百四十七磅 |
| 李国威 | 廿四 | 五尺六寸 | 一百四十磅 |
| 曹桂成 | 廿九 | 五尺三寸 | 一百三十五磅 |
| 贾幼良 | 廿四 | 五尺 | 一百四十九磅 |
| 孙锦顺 | 三十 | 五尺六寸 | 一百七十五磅 |

续表

| | 年龄 | 高度 | 体重 |
|---|---|---|---|
| 杨水益 | 廿五 | 五尺四寸 | 一百三十磅 |
| 冯景祥 | 廿九 | 五尺七寸 | 一百三十八磅 |
| 张显元〔源〕 | 廿五 | 五尺六寸 | 一百四十八磅 |
| 李惠堂 | 卅二 | 五尺十一寸 | 一百六十五磅 |
| 卓石金 | 廿三 | 五尺四寸半 | 一百四十磅 |
| 郑季良 | 廿四 | 五尺五寸 | 一百二十二磅 |
| 叶北华 | 廿九 | 五尺四寸 | 一百四十二磅 |

## 两路局加开三民路支线，世运选手足球赛专车

（1936年4月25日）

我国出席世运足球选手，将于明日（二十六日）下午三时，在上海市中心区体育场，与上海西侨足球联队比赛。兹据京沪、沪杭甬铁路管理局确讯，该路局为便利中西人士前往该体育场观赛起见，特于会期（即星期日）加开三民路支线世运选手足球赛专车，该专车停靠上北站宝山路车站，直驶三民路车站，下车步行数分钟即达体育场，车票可在上北站购取，往返甚便云。

## 今日二次比赛，中国队对西联

（1936年4月26日）

吾国世运足球代表队昨既以六比一大胜葡萄牙，今日继续与本埠西联队在市中心区体育场比赛。西联队人选，除葡萄牙外，其余精粹均在罗致中，观其实力，前锋较昨之葡队整齐强劲，但中卫、后卫，反见不如。是以今日之竞争情形，或不及昨日之葡萄牙，轧许、透纳之时代已过去。今日所留于球迷之印象，老弱而已，前锋五人，个个年青勇敢之善于作战者，但以中国队内卫之强固，当能堵防其锐利之进攻也。

中国队阵容，与昨日大同小异，以李国威任左前卫，而以陈镇和任右前卫，闻系试验性质，中坚仍为黄美顺，或与梁荣照各踢一半时间，前锋以曹桂成代杨水益，张显源代卓石金，张、曹二君以及其他选手，准今日上午九时抵沪，贾幼

良、梁树棠或亦有出场机会，两队人员如下。

中国队

包家平

谭江柏　李天生

李国威　黄美顺　陈镇和

叶北华　李惠堂　冯景祥　张显源　曹桂成

西联队

白赛仲

透纳　好克

杰克　轧许　雷米狄〔迪〕

小华特　波赛利　候活　鲍苏脱　福恩

预备员贾幼良，梁荣照，卓石金，杨水益，梁树棠，格林勃，西门司，劳勃斯托夫。裁判员沈回春，巡边员陈吉祥，何春辉，比赛仍于下午三时开始。

入场券分一元及半元两种，于今日一时起在场口出售，(二元定座券已于昨日售完，不再添售。协进会长期观览券，今日暂不适用)二元券由西司令台大门入座，一元券由三号，四号及东司令台大门三门口入座，半元券由九号，十号，二十七号及二十八号四处门口入座。

两路专车

京沪，沪杭甬铁路管理局，为便利本埠中西人士前往市中心区体育场，参观我国世运选手与上海西联队足球比赛，特于今日(廿六日)加开三民路支线世运选手足球赛专车，开驶时刻如下：(下行车)第一二七次上北站开下午一点三十五分，三民路站到下午二点；第一二九次上北站开下午二点正，三民路站到下午二点二十七分。(上行车)第一三六次三民路站开下午四点五十五分，上北站到下午五点廿分；第一三八次三民路站开下午五点三十五分，上北站到下午六点，返往各二次，车票在上北站及三民路站购取云。

公共汽车

今日下午三时，世运足球选手与西联队在市中心区运动场比赛，上海华商公共汽车公司为便利观赛起见，是日自上午十二时起，在宝山路口加开专车，直至运动场门前止，每客收车资小洋二角。

市播音台

今日中华世运代表队对西联足球比赛，上海市广播电台为增进市民兴趣起见,将于是日当场播送该项足球比赛情形,特邀请足球专家将球员动作,比赛胜负,以及场内各项情形,详细报告。俾一般球迷,虽不能亲临观球,亦能从收音机中,听得比赛时之详情及结果,宛如身历其境,该台周率为九○○千周波。

## 球屑

(1936 年 4 月 26 日)

中国足球队,以整个的艺术而论,的确到了相当满意的程度:全队的合作,各个的技术,已洗脱了拖泥带水与自我表演的弊病。这种比赛,虽然难得看见,趣味特别浓厚,但久看也不致〔至〕于厌腻罢。

冯景祥的技术,可称一声"全队之冠"。"球到人到",的确是最适当的批评。左右调度的得法,与头顶的正确,全国只此一家,并无分出。在今日之下批评各人技术,冯景祥应在李惠堂之上。

李惠堂的技术,确实是退步了。昨日没有一次满意的打门。但甚努力,因谷司坦的严密监视,终久显不出他的特色。而谷司坦的技术,遇到李惠堂等一流选手,也格外显出他的技术的精邃〔髓〕。

中国队中如有谷司坦这样的中坚人材〔才〕,这才真真满意了。

黄美顺表演平平,且始终不脱粗卤〔鲁〕的踢法,他的技术,也就是因这种不合理的踢法而难于长进。

谭江柏脚头漫无标的,踢法颇不老实,必须严加纠正。李天生老诚〔成〕持重,镇静稳健,不愧"铁闸"。包家平昨日最为清闲,大可以在空城上"吃酒谈谈心"。

陈镇和与梁荣照是两个"小黑炭",而又分任左,右前卫,相形〔得〕益彰。

卓石金的体态与作风,活像孙锦顺。技术已至炉火纯青之妙。与杨水益同为新进人材〔才〕的佼佼者。

叶北华也还不差。

## 世运足球代表队六比一大胜葡萄牙

(1936 年 4 月 26 日)

我国世运足球代表队,不日出国,特来沪上,作表演赛三场,以资练习。昨日第一场,果然在十分满意之中,以六比一之巨数,击败海上西人劲旅葡萄牙队。上半时三比之，世运代表占先，下半时复连中三球，成六比一。其中冯景祥独中四球，尤觉难能可贵，李惠堂反未开纪录。申园观众之盛，为该园有史以来第一遭，足足在三万人左右，诚所谓满坑满谷，人山人海。今日世运代表队，将再战上海西联队于市中心区市体育场，且加入今晨到沪数代表，阵线一新，必更为轰动也。昨日双方阵线对列如下。

▲代表队

包家平

谭江柏　李天生

陈镇和　黄美顺　梁荣照

叶北华　李惠堂　冯景祥　卓石金　杨水益

▲萄葡〔葡萄〕牙

M.苏石

L.贡山夫(下)、C.贡山夫(上)，雷米迪

A.维克泰(上)、雪尔佛(下)，考司泰，E.维克泰

恩达耶(下)、V.苏石(上)，L.罗石辽，柯拉沙，R.罗石辽，法凡笑

攻守咸佳，珠联璧合

世运代表队昨日之表演，攻守俱佳，曲尽其美。守卫方面，包、谭、李三剑客，铁闸三座，百无一失。前锋之中，景祥之独到表演，球迷留得印象最深，敏速无比，有球到人到之快，一次头顶，妙不可言，面面顾到，堪推吾国中锋第一人。其次杨水益，出脚如飞，胜如脱羁之马。老将曹桂成，难保对之不逊色。卓余石宛如孙“铁腿”，亦有相当之进步。球王被监视于考司泰之下，活动艰难，竟然未开纪录。五前锋联络之纯熟，活动之敏速，诚有珠联璧合之妙。黑炭特别卖力，梁荣照亦属不凡，黄美顺未免过火与粗卤〔鲁〕耳。

顾此失彼，葡军惨败

葡人在上海称动作快速之军，昨日遇我世运代表队，竟如火车逢着飞机，快中更快，前锋联络既难，后防亦顾此失彼，陷入极度之苦战。考司泰虽鹤立鸡群，无奈独木难支大厦之倾。雷米迪亦感防不胜防之苦，下半时虽将阵容变更，起用埠际小将恩达耶，接任左翼，亦感无济于事。法凡笑老矣，显然落伍，柯拉沙在此群雄之中，亦见得庸庸碌碌矣。

敌势汹汹，其状可怕

满场闯进看客，无法中勉强〔观〕球，两边线被占去各约十码，球场顿形缩

小。葡人先得开球权，但面日朝西，一举□攻，倾师而下，幸李天生一脚，退敌三舍，但右角法凡笑等，极见活动，黄美顺触手犯规。考司泰在十二码线外，踢来过木而去，苏石开角球，罗罗〔石〕辽一顶，包“钢门”一接而出，考司泰追随李惠堂不舍，冯景祥二次进攻未成，惠堂在门前三十码踢远球，美则美矣，奈落入苏石之手。葡人声势汹汹，其顽强抗拒之状，可想见一斑。

一脚一顶，景祥两中

包家平二次救险，安全无事，叶北华进军，冯、李合作，渐予葡人以颜色。果然，战来约十分钟，杨水益传卓石金，贡山夫欲阻住去路，竟告失足，深入腹地，由卓传杨，好脚轻轻，冯景祥逞势一拨球入网角打开敌门一次。柯拉沙欲施报复，二次射门未中，苏石勾中，黑炭一脚保驾，球飞原处，李惠堂追上，猛力发射，苏石扑地抱住，险哉。冯景祥不乘人之危，任其所之，毕竟总归进网，杨水益高球落下，在不高不低之适当高度中，只见冯景祥一顶而第二次破网。

三与一比，吾队占先

从此以后，球遂常在葡人腹地盘旋，只见吾国五锋，来往活动。叶北华开角球，卓石金在门柱边候个正着，反身一勾，不料恰落苏石之手，考司泰飞一远球，球才出险，谭江柏双手一托，引得轰场大笑。此时之局势，渐渐趋入平淡，葡人遂得寸进尺，轻骑偷袭，在柯拉沙领导之下，长驱进入禁地，门前混乱之中，柯拉沙挑起一脚，飞进右角，包家平跳起扑空，无法补救，时将休息，杨水益斜里杀出，单骑直进，贡山夫阻之又失，水益见机不可失，对门力扫，如矢飞进，上半时一转瞬而告终，三比一，吾队占先。

势如破竹，大局直下

下半时我军开球，罗石辽阻李惠堂前进，黄美顺又在内卫线前，触手犯规，幸无妨大局。中华大军，又趋前线，满布敌人腹地，将敌门团团包围，雷米迪顾此失彼，叶北华人中冲出，一挥而中，成四比一。谭江柏远送，陈镇和送叶北华，飞传右去，杨水益一蹴过网，未中可惜。梁荣照交杨水益，举足传中，冯景祥第二次之妙顶，造成五与一比。大局已操纵我大军手中，冯景祥之一拨踢，又成六比一之胜利，局势更见平淡。球王欲小试牛刀，亦未见效，葡人反攻，徒劳无功，终以六水〔比〕一完场。

## 二万球迷相顾失色，国军竟败于西联

（1936年4月27日）

我国参加世运之足球代表队，第一日既以六比一大胜葡萄牙，昨日复在市体育场战上海西联队，竟于大出意料之外，以三比二受挫。上半时以二比零落后，致使二万球迷不特扫兴，亦目相顾愕然。昨日之阵线，较第一日稍有变更，加入新自港到沪之曹桂成、张显源，中卫线亦小有变更。然而全队之表演，反因之较第一日减色，西联方面，确甚可取，尤以守门鲍赛仲，博得全场一致之赞赏。兹记战情如下。

▲中华世运队

包家平

谭江柏　李天生

李国威　梁荣照　陈镇和

叶北华　李惠堂　冯景祥　张显源　曹桂成

▲上海西联队

鲍赛仲

推纳　霍格

杰克　轧许　雷米迪

小华特　鲍赛利　霍和　鲍休脱　福恩

### 逆风作战，表演减色

中华队昨日之失败，可分述之如下。上半时逆风作战，球出不远，异常费力而困难，致被西联先声夺人，连中二只，于气势上，不无影响。下半时李惠堂极有把握射无不中之十二码球，竟发中门柱弹回，其后反被混进一球，其间出入二球之多，不幸一至于极。至于前锋线，张显源似尚不如卓石金之灵活，每失之交臂，技术上无可讳饰的较为逊色。曹桂成亦不若杨水益之年青矫健，于是前锋半面顿时失去进攻上之效力。冯、李二人则为轧许、雷米迪所困。中卫线亦较第一日为差，李国威不如前日之陈镇和，陈镇和不如前日之梁荣照，足见将来在正式阵线上，尚有考虑之价值。此不过失败之几个原因而已。

### 西联守门，有声有色

西人方面之表演，亦有不可忽视者。我人初以为西联必不如葡萄牙，因乌合之众，不料既非乌合，且打来有声有色，老将不老，攻守咸宜。鲍赛仲风头独健，不少不可避免之球，经其一一挽救，守卫线亦稳固非凡。前锋除福恩较弱外，个个生龙活虎。战略亦极有方，各个守卫，异常严密，中坚对付中锋，两卫御两翼，两辅阻两内锋，中华五锋，一时效力大减，联络亦失。故昨日西联守卫上之严密周到，毫不放松情形，为昨日西联获胜之主因也。

一失二只，元气大伤

观者稍逊第一日，约计两万。掷毫结果，西联得顺风之利，自北南攻，吴铁城市长行开球礼后，两队开始接触。西联得风势之助，进攻不已，门前时见敌踪，李、谭两卫奋勇肃清，幸告无事。但门前危状，并不稍解，小华特极为活动，福恩之角球，风大出界，未曾闯事，接战约五分钟小华特自边而进，鲍赛利传霍和，包家平送出欠远，鲍休脱觅得隙缝举足一脚，嗖的进网，祸不单行，球始终盘旋我军禁地，险不脱。李惠堂、叶北华虽有数度攻门，未见成效，小华特传球又自左边进袭，一传送中，鲍赛利良机不失，向门角一送，包家平猛扑欲救，人虽仆地，球却进入网底。西联骤然在十分钟内，以二比零占先，太出群众意外。

反攻之下，徒费心机

我军开始作猛烈之攻扑，李、冯并辔进攻，以张显源之失足，无功而退，叶北华传李惠堂，单枪匹马，亦未成就。曹桂成猛冲，鲍赛仲扑地而救，其状至险，为霍格踢出，惠堂又作孤军之深入，始终不得志，脚头虽好，无奈鲍赛仲之救球，亦恰好棋逢敌手，冯景祥依样葫芦，徒然空费心机，无济于事。上半时结局仍为二比零。

一得一失，依然落后

下半时阵地变换，风势亦易。西联开球，我军得风势之助，一鼓而下，果然声色不同，情状顿异。西联阵地，全是我军天下，间或一时稍退，转瞬又进逼黄龙，七八分钟之际，李惠堂斜身一送，叶北华如飞而进，横射过场，曹桂成候个正着，中央一送，冯景祥遂一拨而中，观众之呼声，随之大起。时局稍见起色，挽回似现希望，一再角球，无所建树。不料霍和带球从中而进，谭江柏一举失足，连人带球，冲抵门边，反身一勾，鲍赛利赶上送进，又失一城，仍以三比一落后。

十二码球，万分可惜

局势至此，希望又减，主帅乃下令变更阵势，以谭江柏出调前锋，居张显源之位，张则退任右辅，陈镇和坐镇中央，梁荣照后调，以冀背城而借一，攻势果然显见得手。尚余十五分钟之际，霍格在线内触手犯规，判罚十二码球，一时喜从天降，李惠堂又十拿九稳，尚有一线生机。岂知喜出望外，惠堂过于用心，反将球踢中门柱，一场空欢喜。亡羊补牢，幸亏叶北华开绝妙角球，直接送进网去，追成三比二。奈何时间不待，而西联之守卫益严，角球再角球，事终不可为，代表队败矣。

## 失败的检讨

（1936年4月27日）

天时反常，忽阴忽晴，忽暖忽寒，令人感到大大的不安。二十五日中国出席世运足球选手在明媚的春光中，以六比一大胜葡萄牙，球迷欢天喜地，看一个饱，真快人快事也！咸以为昨天中国队对西联在市体育场的比赛，一定有更满意的欣赏，而且市体育场是那么伟大壮丽，决不致过分拥挤，可以舒舒适适地看个畅快。那〔哪〕料到忽然刮起大风，阳光敛迹，人人骤然又感到老天的美中不足；这还不算，偏偏中国队不争气，还没出国，先吃败仗：二比三。失望和懊丧的情绪，溢于每位球迷的言表，情景是何等样的凄惨！

昨天中国队的阵线，满以为很靠得住。张显源、曹桂成等都于昨日上午抵沪，行装甫卸，下午就出场比赛。全局没有见到二人有一次满意的表演，几使人疑为这不是第一等选手。这是不是旅途劳顿的缘故？观此情形，反不如卓石金与杨水益。张显源益显出平庸的姿态，耳闻不如目睹，球迷咸认为失望。

与葡萄牙一战，李惠堂受雷米狄〔迪〕和谷司坦的监视，发不出威势；但有冯景祥的调济〔剂〕进攻仍能攻破防线，而得到满意的结果。昨日李又遇见雷米狄〔迪〕，李纵然加倍努力，仍不得如愿以偿。更以冯景祥已成为敌人的危险物，昨由轧许严加防犯〔范〕，活动的机会，也就不如前日。叶北华表演尚佳，亦属徒然。

中卫线的软弱，是昨日失败的主因：黄美顺未出场，改以梁荣照，平平而已。李国威亦不过尔尔。陈镇和锋芒如故。从这两场比赛观察的结果，中卫线仍以陈镇和为最佳，梁树棠虽没有出场，其实力与战略，可确定在李国威之上。

内卫李天生与谭江柏最大的毛病，就是离球门太远，往往返顾不及，陈镇和着实显了些援救的工作。包家平的守门，也已远不如前，地位与判别力，每有不能应付裕如之概。第二球的攻入，非不可援救，在乎仆〔扑〕地与球进门的时间不当。远远看去，球已滚到身下，他才〔扑〕地，已来不及了。

此外第三只球的失败，眼见那霍和带球飞奔而来，李天生、谭江柏、梁荣照三人，在左、右、后三方面拼命穷追，竟阻不住他，被他直冲至门下，一踢而进，包家平至此也没有办法了。这也是专注于攻，疏略于守，至时机急迫，后顾莫及了。然而鲍沙利的技能，的确值得赞佩，不愧为历届埠际赛的名将，据说他的年龄恐还不到二十岁呢。

西联前锋的锐利，记者已于昨日提及，五人中尤以右翼小华特与左内锋鲍沙利最出色，几次美丽的递送与冲刺，真够佩服，引球的快捷，中国队不免相形见拙〔绌〕。

轧许虽老，依旧有他老的经验。老成持重，应付周密，部位决判非常准确谨慎；与左、右两辅和二内卫，都能联合一致对抗，不容有些破绽，也很少见中国队前锋有一次稳稳当当的攻门。曹桂成、叶北华虽曾有几引球直抵门侧，要不是射成野球，终不容你有机可乘。

守门白赛仲应付的稳健，救出险球无数。表演远在包家平之上。

开场中国先占逆风，这是大大的不幸。踢出去的球，被风吹回，这不是人力可能挽回的。于是球势的控制，完全失去把握。十分钟内，竟连失两球。以后极力振作，只图一个相持的局面。假使开始中国占顺风之利，我想西联的遭遇，也就要一如中国了，或者失败的纪录，犹不止此。下半时中国队极力反攻，西联也加紧防御。二比一后，反又被西联攻入一球。以后中国队因急于求胜，球势反不如意，这是必然之理。最后虽在一面倒之形势下，终不能破门而入，反败为胜。

批评一个失败的球队，往往不免言过其词，记者当亦不能否认犯此毛病。就大体观察，中国队的失败，当在试验各球员的技巧，故阵线不能一凭理想支配。其次技术上固有不能否认的缺点，然非不能取胜，实因幸运不佳而已。无谓的诽议，大可不必。

## 足球代表队末批孙郑昨日抵沪

(1936年4月28日)

我国出席世运足球队代表，第一批李惠堂等十三人先于二十三日抵沪，第二批曹桂成、张显源、梁树棠三人，亦于二十六日由颜成坤氏率领赶到。尚余孙锦顺、郑季良二人，于廿五日由港搭大来公司葛兰总统号来沪，于昨晨六时抵埠，将于明日与华联之战出场，并悉李惠堂昨患寒热并腹泻，明日能否下场，尚有问题云。

## 今日足球要看天气，世运代表队战沪中华

（1936年4月29日）

本届上海西联甲组足球锦标法商队，前晚由队长鲍休脱倡议，向我世运足球代表队挑战，拟于今日在申园举行友谊比赛。嗣经鲍休脱向各队员接洽结果，佥以职务关系，不克参加作战，故昨晨由鲍队长向协进会通知，作为罢论。故今日代表队最后一次练习赛，仍照原定秩序与本市中华队交锋。惟连日霪雨，申园场地，泞湿异常，倘清晨雨止，仍可举行，否则势难成赛，举行与否，可以中午向协进会询问。（电话三二二七五）惟今日交锋，时间为下午三时半起，门票仍售一元及半元两种。两队阵容，昨已排定。代表队方面郑季良，已于前日赶到，今日将参加作战。惟球王李惠堂，因受感冒，不克下场。至孙锦顺、陈镇和、梁树棠、贾幼良三〔四〕人，则代表中华队出席。故中华队实力异常雄厚，并将下极大努力，以与世运队周旋，预测表演之精彩，当不在第一赛之下。裁判员朱瑘，巡边员黄仁彝、吕菖馥。今日比赛，采轮流替补制，双方预备员，均有出场机会。代表队于赛毕后，即将于今晚十一时由沈嗣良、容启兆、颜成坤三氏率领，搭夜快车赴京听训，三十日并在励志社表演，当晚夜车返沪，下月二日搭法邮爱兰迈司号出国。并悉颜成坤氏昨晨因事搭八点三十五分早车赴杭，定今日早车返沪。今日双方阵容如下。

▲世运代表队

包家平

谭江柏　李天生

李国威　黄美顺　梁荣照

杨水益　郑季良　叶北华　冯景祥　卓石金　张显源　曹桂成

▲上海中华队

张荣才

冯运佑　江善敬

顾尚勷　陈镇祥　梁树棠

曹秋亭　孙锦顺　戴麟经　许文奎　贾幼良

（预备员）陈镇和、许竞成、李义臣、钟勇森及全体沪中华队员均须出场。

裁判员朱瑘，巡边员黄仁彝、吕菖馥。

## 李惠堂谈前日失败原因

(1936年4月29日)

世运足球代表队长李惠堂因感冒风寒,卧病德邻公寓,经医治后已渐全〔痊〕愈,定今晚同车晋京聆训。中央社记者向李氏叩询前日与西联比赛以三比二败绩之原因,据称是日风势过大,彼方得地利之宜,首获两球,易地后,我虽顺风,但因已失二球士气不无受挫。且因我队员多舟车劳顿,疲惫不堪,在港临行前二十日中作战十三场。兼沪地气候寒冷,球员多所不惯,以本人而言,踢来毫无精彩。且西联此次表演特佳,故尔〔而〕失败。胜败乃军家常事,昔犹太队曾胜中华,此亦一时之幸与不幸耳。即英国第一流之职业之球队,有时亦失败于第三流足球队之手。吾人固不可气馁,亦不应就此而论定云。

## 世运足球队明晨到京

(1936年4月29日)

(中央社廿八日南京电)我出席世运足球代表队李惠堂等一行二十四人,由全国体协会名誉总干事沈嗣良率领,卅日晨到京在励志社稍息,即赴陵园谒陵。下午四时在励(志)社足球场分队表演,请林主席莅场致训,戴院长行开球礼。又何应钦、张嘉璈、陈绍宽,定三十晚,在社欢宴。

## 路透社无端攻击,沈嗣良重要声明

(1936年4月29日)

最近上海路透电讯社,曾发电至国外谓上海两大华人足球队,已成职业足球队,在上海为公开之秘密。其原电大意节译如下:“此为一公开之秘密,上海两大足球会,皆付与其队员以留居该会之酬金,队员上午、下午练习外,晚间在影戏院中留〔流〕连。两足球会中之一,为上海一百万富翁所主持,每星期可吸引一万五千人之观众,入场券所费为八办士至一先令六办士”。该电更云:“以金钱为报酬之业余性质,已成根深蒂固。”测其原意,不啻谓上海此两大华人足球会,有半职业化或直爽的职业化嫌疑。此电遍载各国报纸,上海西报亦予以转载。其影响所及,不至仅仅上海一地之华人足球队。在此我国足球队,行将出国，参加世运会之际，其淆乱世界体育界之观听，影响尤非浅鲜。中华全国体育协进会总干事沈嗣良，昨特发表重要之更正声明，以驳斥之。声明如下。

沈嗣良之声明

关于本埠西报转载之路透电报，谓中国足球队系职业性质。中华全国体育协进会，认为极严重之攻击而不可轻视者，其影响所及，不仅上海之华人足球队，亦将关系行将出国之亚林比克足球代表队。据全国体协会所知，上海以及中国各地之足球队，无论在业余规则之文义上及精神上，皆能遵守。路透社此种攻击，在我国足球队行将出国参加亚林比克大会之际，更觉万分严重，体协会希望路透社能以证据证明其报告，否则收回更正之。全国体协会系代表业余体育，如果确有此种事实，自当采取相当之行动。

任何球队皆有其热心者之拥护，但体协会之簿据，可以证明门票之收入，并非付给私人足球会或足球员。

如有任何球员，能证明其收受球会之留会费以踢足球者，体协会自当严予处置，而摒除其参加业余体育。目前中国足球员收受金钱酬劳者，为被选为亚林比克代表之足球员，每人每日收受国币二元之零用，但此为业余规则所允许。固然本埠或他处有若干球员，为其热心体育者所爱护供给，在其所营之事业中，给予位置，但皆必须有相当工作，踢球亦须请假，此与业余规则，极对符合。

是以今日之问题，须路透社本身予以解决，示我人以其所得之证据，或将其报告更正或撤回。如果路透社两者俱不，则中华全国体育协进会，惟有采取相当行动，以保持中华足球队之业余资格。

## 世运足球代表队今日下午在京表演

（1936 年 4 月 30 日）

我国参加世运足球代表队，本定昨日下午三时半在延平路申园球场，与本市中华队作在沪第三次练习赛。旋因连朝霪雨，昨日仍淅沥不停，比赛遂作罢论。该队李惠堂等一行十八人，业于昨晚十一时由沈嗣良、容启兆、颜成坤等率领，搭夜车赴京，预定今晨谒陵下午分队在励志社作表演，并受林主席训词。因此次晋京代表不足两队人数，故邀同本市足球健将李义臣、许文奎、张荣才、江善敬、陈镇祥等五人偕行，赛后即搭夜快车离京返沪。并闻明日（五月一日）已约定本市西联甲组冠军法商会作出国前最后一次表演赛云。

## 在京招待秩序

(南京二十九日电)世运足球队李惠堂等二十四人三十晨由沪抵京,励志社总干事黄仁霖等将亲赴下关车站迎迓入城,教部亦派员前往。到励志社早餐毕,全体赴中山陵谒陵,并参观中央运动场。中午首都党政军体育会及励志社合宴全体队员于励志社,下午四时,在励志球场表演,先由林主席训话,请戴季陶院长开球,同时由国府及教导总队二乐队入场奏乐,六时戴传贤、孙科、孔祥熙、何应钦、叶楚伧、张群、朱家骅、张嘉璈、王世杰、陈绍宽、陈果夫、朱培德、吴鼎昌、马超俊、唐生智、褚民谊、蒋作宾、俞飞鹏、张治中、周玉〔至〕柔等二十一人公宴队员于该社,并分赠金质小球,以志纪念。晚间励志社社员表演音乐及话剧示欢迎意。晚十一时,夜车返沪。甲乙两队阵容如下:甲队,前锋郑季良、李惠堂、冯景祥、孙锦顺、曹桂成,中坚黄美顺,右前锋〔卫〕陈镇和,左前卫梁荣照,后左卫谭江柏,后右卫李天生,门〔卫〕包家平。乙队,前锋贾幼良、卓石金、许文奎、张显源、叶北华、杨水益,中坚陈镇祥,左前卫李国威,右前卫梁树棠,左后卫李义臣,右后卫江善敬,〔门卫〕张荣才。

## 世运代表队明晨出国,今日下午战法商

(1936年5月1日)

吾国世运会足球代表队,昨在京聆训及表演后,即晚乘京沪夜车于今晨七时返沪,应法商之约,于下午三时半在逸园与法商比赛,裁判员朱璆,巡边员何春辉、吕莒馥查。法商为本届西联会冠军,其阵容之齐整,不下于西联。且大部份〔分〕主要球员,亦即日前出席西联会者,是以今日之战,形势必甚紧张。且吾国选手,于前夜晋京,昨夜返沪,仆仆风尘,睡眠不足,精神上必感到极度疲乏,故是战吉凶未可预卜也。

今日之战为避免拥挤起见,特商借逸园举行,庶管理上可以周到,秩序易于维持。入场券仍分一元及半元两种,体协会及西联会之长期赠券,概不通用。新闻记者则仍用西联会之记者证。球员由辣斐德路边门入场。两队阵容如下。

▲中国队

包家平

谭江柏 李天生

陈镇和 李国威 黄美顺 梁树棠 梁荣照

杨水益 郑季良 叶北华 李惠堂 冯景祥 卓石金 孙锦顺 张显源 曹桂成 贾幼良

▲法商会

鲍赛仲

勃琪斯　J.华特

培尔　派克　雷米迪

小华特　鲍休脱　洛勃斯笃夫　法凡笑　兰伊尔

中华全国体协会定今晚七时，假大东酒楼招待全体球员、裁判员及各报体育记者。

出席世运足球选手由容启兆、颜成坤率领，于明日（二日）乘法国邮船阿尔米斯轮船离沪出国，尚有徐亚辉、麦绍汉、黄纪良三人在香港上船，蔡文礼则至新加坡归队，一路赴南洋各地比赛，至七月二十日边在孟加锡与中国全队会合，赴柏林参加世运会。

## 首都空前盛况，万余人参观世运足球队表演

（1936年5月1日）

（南京三十日专电）世运足球代表队，由沈嗣良率领，三十晨抵京，励志社雇汽车到站迎迓，至该社进早餐，九时赴总理陵，举行谒陵礼，并献花圈，礼毕，各队随在谭墓等处游览风景。午刻应首都党政军学体育会及励志社之公宴，四时在励志（社）球场受训，林主席略感不适，派参军长吕超代表致训，大意谓我国此次参加世界运动会，有八十余人之多，希望能于全世界民众之前，表扬中华民族之精神与中国之文化，并祝诸君胜利与康健。训词毕，由黄仁霖介绍球王李惠堂，于观众之前，当时鼓掌如雷，表示热烈之欢迎。次由戴院长开球，在张信孚执法之下，举行表演赛，因甲、乙两队，均系一家人，根本无所谓竞赛，故观众之精神与队员之竞争，比较的不甚紧张。开球二十分钟后，甲队曹桂成首开纪录，李惠堂谅□感冒新愈，脚无甚气力，射门较少。休息摄影之后，下半时竞争较烈，甲队李天生被罚十二码球，乙队叶北华一脚命中。此后乙队之杨水益、许文奎各建功勋，最后李惠堂一球扣门，准而有力，惜为张荣才所挡，陈镇和随之一顶球乃入网，造成二比三之纪录。及赛毕已六时矣，到场参观者约万余人，为首都足球赛空前之盛况，中央各院部长官亦多数到场参观。晚间戴季陶等宴请队员于励志社，至十时半全队夜车回沪。

### 表演经过

（南京三十日电）世运足球代表队，三十日晨由沪抵京赴励志社休息后即往

谒陵。下午四时在励志社球场，分甲、乙两队作表演赛。原定由林主席于开赛前致训，但林主席因政躬稍不适，由吕超代表致训，语多勗〔勖〕勉。旋由戴季陶开球后，两队即行接触，乙队攻势甚盛，球常在甲队区内盘旋，幸防卫得法，未致失败。混战半小时，曹桂成得冯景祥接济，沿边疾驰，于门右十余码处举足猛射，劲急有力，张荣才无法挽救，甲队遂先开纪录。此后双方各无建树，上半时甲队遂以一比零占先。休息再战，乙队更形活跃，十分钟时李天生在球门区内以手触球，被罚十二码，杨水益足尖起处，送入网角，追成各一平手。五分钟后，许文奎得李国威接济，又陷一阵。此时甲队防卫混乱不堪，贾幼良底边传中，又为许头顶进网，三比一。乙队声势大盛，乙〔甲〕队虽力图反攻，但联络散漫，无济于事，至完场前一刻钟，卓石金得曹桂成之接济，始打进一球。此后仍是乙队天下，贾幼良、许文奎先后均冲破甲队最后防线，但因系表演赛，轻轻放过，否则甲队将以五比二大败矣。迨鸣金收军，乙队卒以三比二奏凯。综观全局表演，真是精彩毫无，大失众望。甲队除冯景祥、陈镇和稍可人意外，余均庸碌无奇，乙队只南京之欧阳康，技术稍差，其余诸将，均有声有色。尤以江善敬进攻退守，大卖气力，最为全场赞赏。两队表演毕，即于当晚乘车返沪。兹录两队阵线如次。

▲甲队阵线

包家平

谭江柏　李天生

陈镇和　黄美顺　梁荣照

郑季良　卓石金　李惠堂　冯景祥　曹桂成

▲乙队阵线

张荣才

欧阳康　江善敬

李国威　陈镇祥　梁树棠

杨水益　叶北华　张显源　许文奎　贾幼良

## 出国临别纪念赛，代表队2-1力挫法商会

（1936年5月3日）

我国出席世运足球代表队来沪后，先后以六对零胜葡萄牙，二对三受挫于西联。前日又与法商会会师逸园，作出国前最后一决之练习赛，观众达二万人，

情形仍颇热闹。是赛球王李惠堂、“小黑炭”陈镇和均未下场，然仍得以二对一克骠〔剽〕悍之法商会。开赛后双方虽各有良机，然均未得手，战情殊为松弛。至上半时最后二分钟，始由卓石金攻入一球。下半时开始，双方竞争逐渐紧张，迨代表队造成二对〇纪录，法商努力反攻报回一球。嗣后双方举动，渐趋粗鲁。至双方球艺，代表队中卫线以李国威表演较佳，前锋均颇坚锐，两翼尤为得力，勾挑正确。惟杨水益动作似较迟缓，而“钢门”包家平稍嫌慌张，内卫以谭江柏最佳，全队传递仍不见妙，法商会备受威胁。至法商方面以鲍赛仲表演最为精彩，而左内锋鲍休脱、左翼小华特动作迅速，进攻殊为勇猛。各情如下。

▲代表队阵容

包家平

谭江柏　李天生

李国威　黄美顺　梁荣照

郑季良　卓石金　冯景祥　孙锦顺　杨水益

▲法商会阵容

鲍赛仲

勃琪斯　J.华特

培尔　派克　雷米迪

小华特　鲍休脱　洛勃斯笃夫　柯兰脱　法凡笑

**冯景祥进展无功**　裁判朱璆，代表队开球，左路进攻，季良底线勾转，姿势佳妙，采〔彩〕声四起，锦顺接球攻门，鲍赛仲显身手，化险为夷，法商反攻失败，水益、锦顺联进直逼敌军场地，造成角球，水益主开，敌门高跃接住，数度盘旋，小华特边境进犯，“钢门”难开，中华请将努从心底起，锦顺盘球杀去，右传水益，再行中挑，冯中军举腿猛射，竟被扑去，一来一往，各无所获，水益远射被接，鲍休脱乘虚杀入叩门，家平扑地抛出，洛勃斯笃夫赶上再射，李、谭退守，万丈风波始告平息。

**卓石金首开纪录**　法商进迫无攻，华军乘机反攻，杨水益右路包抄，举足猛射，脚头欠准，球中横木弹出，敌人势焰方张，鲍休脱盘球锐利，单刀深入，李天生拦阻未及，直叩关下，强弩飞处，包家平接而复失，千钧一发危险已极，谭江柏奋身救出，郑季良、冯景祥相继进攻，均未建树，孙锦顺异军突起，递球景祥，卓石金迎住，连闯三关，疾如脱兔，卧地扫射，门应声而开。纪录牌上，代表队获胜一球，距离上半时终了，不及二分钟，观众欢呼若雷。

**孙“铁腿”再树功绩**　柠檬过后，法商法凡笑从右入寇，谭江柏拦住去路，传与郑季良，郑单骑直入，向中一钩，孙“铁腿”举足便射，鲍赛仲扑出未远，卓石金赶上正拟再射，奈为勃琪斯阻成角球。法商趁势反攻，法凡笑两得佳机，均未奏效。旋洛勃斯笃夫盘过美顺，向右轻挑，时李、谭均在左方，法凡笑心猿意马，赶上失足，代表队逞势趋前，季良将球传与石金，马不停蹄，雷米迪赶上挽救，射球中卓之腹部，卓受创乱滚，比赛以致停顿。既而鲍休脱在二十码外得派克之助猛射一球，包家平跃起按住，化险为夷。美顺犯规，培尔主踢，球飞界外。从此代表队气势万丈，杨水益右路举兵，直趋底线，向中挑送，孙锦顺不三盘旋，但见“铁腿”起处球飞入网，代表队以二比〇占先。

**二对一中华胜利** 法商努力反攻，小华特远射一记，包家平纵身捧住，代表队郑、杨两翼，几度叩门，惜均斜去。黄美顺三十码处远射，又为鲍赛仲接得，小华特与鲍休脱狼狈为奸，远窥中原，谭江柏以一当两，卧地踢出，鲍休脱再度叩门，包得而复失，勃洛〔洛勃〕斯笃夫拼命冲上，危险万分，幸李、谭保驾得力，包得从容救球出险。代表队五锋齐进，连续攻门，鲍赛仲生意兴隆，大有应接不暇之势。雷米迪救球出险，输送前方，法凡笑载欣载奔，向中一钩，恰到好处，李、谭赶救未着，鲍休脱窜〔蹿〕出射门，扳回一球。法商求胜心切，举动粗暴。卓石金因伤离场，攻力遂弱，未几卓负伤再战，仍极勇猛。旋谭江柏在离门二十码处犯规，派克主踊，急竣非凡，李天生俯地头顶，球飞三丈以外，博得彩声雷动。未几鸣金收军，代表队遂以二比一获胜。

## 世运足球代表队昨日首途出国远征

（1936 年 5 月 3 日）

参加世运我国足球代表队，一行廿人，由容启兆、颜成坤二人率领，于昨日下午四时乘法邮轮阿拉米斯号出国。中华全国体育协进会周家骐、施肇康及本市足球界周贤言、陈镇祥、钟勇森暨队员亲友及各报社记者等数十人均趋埠欢送。兹将各情志次。

**先赴南洋练习比赛** 足球队为谋得充分练习起见，特先期出国，赴南洋群岛，作练习比赛。其预定地点，计有西贡、爪哇、棉兰、苏门塔〔答〕腊、马来亚、缅甸、印度等地，共拟作战三十场，以资练习。定七月八日在孟买集合，会同其他选手，一同乘意邮轮康特凡第号过意赴德，出席大会。至正式阵线须待在南洋群岛练习比赛完毕后，视各人成绩如何，方能决定。

**出国健将一行廿人** 昨日出国之一行，计有领队颜成坤、容启兆，队长李惠堂，队员包家平、谭江柏、李天生、黄美顺、李国威、陈镇和、梁树棠、冯景祥、叶北华、郑季良、杨水益、张显元〔源〕、孙锦顺、卓石金、曹桂成、贾幼良等廿人，尚有队员黄纪良、麦兆〔绍〕汉、蔡文礼、徐亚辉等，则分在香港、星洲候轮同行云。

**大东酒楼设宴饯别**　全国体协会于一日星期五晚，设宴大东酒楼，饯别出征之世运代表队队员，及欢宴本埠西人参加比赛之各队队员，计到世运代表队全体，及法商、葡萄牙、西联队三队队员，将本埠中西足球好手，欢聚一堂。西人足球会重要职员、各报记者，亦被邀列席。席半，由体协董事长王正廷，起立致词，祝代表队成功。次沈嗣良致词，勖勉诸选手责任之重大，及感谢新闻界之合作。各西队代表亦起立致祝词，新闻界由本报记者孙道胜，致祝颂送别之词，最后由队长李惠堂答谢而散。

## 参加世运竞走选手决定增派一人

(1936年5月4日)

中华全国体育协进会，于上月三十日假南京胶济铁路理事会，举行第三次常务董事会议。出席者王正廷(主席)、褚民谊、郝更生、吴蕴瑞、沈嗣良，纪录周家骐。首由总干事沈嗣良，报告参加世运会筹备工作及会务，自上午十时起讨论至下午四时散会。兹将议决案件录后。

(1)捐款之已允捐助而未收到者，应去电催请。

(2)通过足球选拔委员会选定足球代表名单二十二人如下：包家平、黄纪良、李天生、谭江柏、麦绍汉、蔡文礼、徐亚辉、黄美顺、梁荣照、李国威、梁树棠、陈镇和、郑季良、杨水益、李惠堂、卓石金、孙锦顺、冯景祥、张显源、叶北华、曹桂成、贾幼良。

(3)聘请容启兆为足球部主任，黄家骏为足球队管理职，并指派李惠堂为该队队长。

(4)追认办理田径运动训练事宜(旅费归各运动员自备，及格训练标准者由本会供给膳宿)。

(5)增添竞走选手名额一人(连原定者共两名)。

(6)聘请郝更生任体育考察团领队，袁敦礼为该团正指导员，高梓及吴澄为副指导员。

(7)聘请郝铭为国术管理之职，以上属于参加世运会筹备事宜。

(8)《体育季刊》出版期为逢三、六、九、十二月四期。

## 路透社声称并未攻击中国足球队

（1936 年 5 月 5 日）

关于路透社之海外通讯，谓中让足球队队员有职业性质，经沈嗣良声明驳斥，一时各方甚属重视。为明真相起见，本报记者，特走访该社负责人，经其说明如次。此稿为伦敦一家报纸之特约通讯稿，作者下笔之时，其用意全为中国足球队宣传，毫无攻击中国足球队之意，既未攻击，故亦不须更正。即以上海两足球会而言，主持者全为提倡足球，赔钱贴本，其目的并不在赚钱，故自无职业之可言，不若英国职业足球会之以门票为生活也。至于此次中国足球队赴欧参加亚林比克〔奥林匹克〕，欧洲人士，决不致因此文而误会中国足球会，故可担保决〔绝〕无影响。最后负责人称，此次误会，全出意外，深觉不幸云云。

## 世运足球队昨晨过港赴星

（1936 年 5 月 6 日）

（香港五日电）世运足球代表队李惠堂等一行十八人，由容启兆、颜成坤率领，五日晨六时乘阿拉密〔米〕斯号轮由沪抵港。在港留候之该队管理员黄家骏，队员黄季良、麦绍汉、徐亚辉等，即登轮随军出发。全队于下午一时原轮放洋，颜成坤因事留港，周内赴星归队。

（香港五日电）颜成坤留港数日，再赴星归队，颜代体协会搜集杨秀琼、陈振兴游泳成绩转报，倘经费有着，即派遣赴德，参加世运。

## 参加世运的目的和希望（李惠堂五月五日寄自香港）

（1936 年 5 月 9 日）

此次吾国足球队除参加世界运动会外，并先赴南洋、爪哇等地比赛二十余场。在世运会后，更将游历各国比赛，此为吾国足球界办体育界空前创举。而足球尤为吾国最发达之运动，故此次出国，球队之行踪及比赛详情，谅为国人所极注意者。吾国足球队队长李惠堂君特撰述欧游沿途生活及比赛情形，继续在本报发表，幸读者注意。兹先将李君《参加世运的目的和希望》一文录左〔下〕。（编者）

这回足球队参加夏令配克大会，狠〔很〕多对我们爱护过深而不懂大势的人们，都会不约而同地抱着一种雷同的奢望，希冀着我们这一班健儿，在这破题儿第(一)次的参加中，从群雄逐鹿的局面里，把世界的冠军宝(座)带回到中国来。这一种事实上虽有做到的可能性，但仍非其时的希望，在现在的情形看来，是无异于叫我们去挟泰山而超北海。这并不是把自己看得太低，事实上，我们天赋的体格，生活的舒适，训练的方法，技术的程度，和国家社会提倡的诚热，真没一样可从比较上赶得上人家。

还有一部份〔分〕的人们，以为我们和在中国里居留的外人们角逐起来，已觉得非常吃力，到世界足球舞台上去更属小巫见大巫，在国难方殷、经济困窘的今日，实不该白费一注巨量的旅费，跑去献丑外人。这论调骤然看来似有片面的理由，但我们已自知本身的程度幼稚，便不应自满自足，便应该设法寻机会来把程度提高，断不宜坐守家园，因噎废食，老无长进。又何况我国如果不参加世运则已，若要参加，则各项运动中自以足球的技术较为可观，较能一新外人的眼界。因此，主张不派队参加，似乎也近于坐井观天的一种浅见。

我们这回参加的目的，我曾再三的说过并没有谋夺锦标的野心，我们只知把全副精神贯注到“努力”方面去，把我们的真本领和气力一分不留地统统拿出来，目的是在给予外人对我们有一优良的印象。我们的目的也不单止〔只〕到柏林去参加世运而已，世运闭幕后，我们还想跑到其他的国度去领教人家，对人家的优点，如技术、如训练方法、如阵法变幻〔换〕等等，加以慎密的〔地〕观察和考究，用尽心机设法来领会人家微妙之点，以小学生求学的兴奋心理去求知求进境，把自家的身份当是一块生铁去被人打炼越打越成器，才不负此行。

我们这回参加的希望，是希望能把我国数千年来的东方文化和新时代的青年精神，表现到全世界人士耳目集中的夏令配克大会里，一洗外人们一向对华的东方病夫恶劣心理。更重要的，是在我们归国后，把我们这一次远行所吸收的新智识，所领略的新教材，以身作则地陶冶到我国的足球界里，希望把我们学来的新本事，贯注到后进者的心脑中。如果要放弃球场生活的话，也要以教练者的身份和资格，训导一般后进的青年们，使我们国内的足球有大体上普及上的进展，把现在的程度提高到世界水平线上，才不负此行。

在首都励志社的欢宴席上，各位院长、部长和长官们(对)我们这次殷切的期望，包含在“努力观察”“采长截短”八个字里头。这种对我们合理的期望，使我们感觉到我们这回使命的伟大，和责任的繁重，而不敢懈惰不努力。在我本人的答词中，我也曾说过我们体育界现在所需要的，并不在乎一二十个或一二百个优秀的好手，根木上算起来我国四百兆人口里头，所产生的优秀份〔分〕子委实是少而又少了，以四百兆里面挑选出来的精锐，有时还敌不过人家一营的陆军，就是胜了其实也不觉得甚〔什〕么荣耀。这无他，近年来我们只注意到畸形的发展，普遍方面竟未做过实际上的功夫，又何怪其然。所以我们感到需要的是全国普遍上的进展，把四百兆同胞都弄到体育化，都明了体育的基本真义，那时候那〔哪〕愁中国会有外侮。

总而言之，我们这番出国参加世运，除了努力观察努力表现东方文明等类的责任外，最伟大而重要的工作，是在归国后的将来。

## 在上海所得的印象(李惠堂)

(1936 年 5 月 11 日)

五月二日的下午四时，法邮亚林美斯一号蠕蠕出动，向吴淞口南航了，我们一班队友们，没一个不唏〔吸〕一口安乐愉快大气，表现着舒适的快感，这并不是我们厌恶上海，以早早离开为妙。不过，我们对球事和球空气委实有点厌倦了，快些离开了到海上去吸点新空气，自然是欣悦不过的一回事。

半月前，世运足球预选在香江举行，同时我们港中球队为着赶着结束常年比赛，于是便球赛连叠，每星期赛上四五次。选拔有了结果后，我们的精神已萎靡不堪，我们的肌肉已疲乏万分，我们的兴味已冷到零点，我们真存着"见球生厌"的心理了。接着奉全国体协会的命到上海来作表演赛，惟觉身倦神疲，但协会之召又何敢辞。

以困惫之师，跑到上海而应新羁之马，我们虽则自信确已各尽人事，努力到极点，但我们自知在这环境之下是断没有把我们的十足真本领拿出来的可能性。真的，这几次的比赛中，谁都没有精彩的表演，这失常的显露，是我们本身所预料得到的。因此，我们统希望爱好的人们对我们这回的不满意处，不可加以苛责。

最不幸的便是四月二十八日那天，我们十一双毛腿太不争气，不能把西联队打败，累到那盈千累万的"爱之弥殷，望之弥切"的球迷们，个个都扫兴归家，这是我们这回上海行引为最大的憾事。其实，球赛胜败，最难逆料，我经验所得，英伦的一等球队，常会负于三等球队，又何况西联的战斗力，和我们实无甚高下相去不远呢。优胜劣败，虽则是天演公例，但一、二次的球赛是说不定的，除非是两队赛上十次、八次，幸运之神才不容易播弄作怪，才证得出谁优谁劣。

为了这一次的败绩，便引起了满城风雨，报章上的批评，球迷们的疵议，论调纷纭，给予我们一番大教训，给予我们一番深刻的印象，这不得不说是这回失败的厚赐。我常感觉到我国无论报界或球迷们的批评是时存偏见或有不适当的地方，他们对“胜负”两个字，委实看得太重要了。胜球时无论表演得怎么劣也必全队博得好评，说个天花乱坠；负球时则适得其反，全不考究失败之原〔缘〕由，全不体谅失败的苦衷。其实同时〔是〕方趾圆颅，同有血气，到了场谁不想表演尽力，我们有切身利害的，谁甘心自暴自弃，不过有时“马不进也，非敢后也”，为着特殊的原因，方表演不满人意而已。关于这回的评议，我想借这里的篇幅把真相稍为大略的说明。

某报纸说我“罚十二码球时，弹柱后竟不明规则，再加一脚”，这才算冤枉得狠〔很〕。我如果连这显浅的规则也不懂，则我又有什么资格做队长和裁判员。事实上是那球儿从柱弹回太急，叫我回避不来，因以触着犯规而已，我何尝有再加一脚的蓄意，这种记载是失实，是记者的智识肤浅的证明，于体育进展是有妨碍。

还有一位素昧平的“老何君”投报向我殷切的〔地〕指示启迪，我生平最欢迎人们对我的忠告，不过他所说的也有辩释的必要。他说上半时中卫线表演不佳，下半时为队长者竟视若无睹，不调换他人。其实那天是赛英国例，不许换人的，这是他不明真相，白费议论之处。他又说“老将曹桂成、李国威不能再用”，曹、李两人是日表演，的确失常，但球员谁也有失常的日子，又焉能以一、二回比赛观的察〔的观察〕来评定优劣，来作肯定的决断，况且“老将”二字，用在曹桂成还有可言，李国威今年才二十三，难道也算老去么？国威在港表演平均颇佳，中西报均认为最佳之左中卫，“今后不宜再用”这句话，恐怕言之失当吧。总之，我上面曾说过，这回各人都感觉得太疲乏，兴趣不浓厚，每次的比赛虽则并没存放弃责任的心，但也不过从勉强支持精神萎颓中努力而已，在这种情形之下来作定论是最不公允的。还有素来攻击我的《××周报》，竟把这次的失败全诿过于我个人身上，加上其他种种的贬议，说我已老而没用，不应入选，应有尽有，攻讦到不遗余力。我和他们有么不共载天的仇恨，我也莫名其妙，好在这一类的鸟报，也不过是博得下流社会的同情踢，是没有甚么价值的。其实，十二码，踢不进，不一定便会影响到胜负最终的局面，而且十二码不进便司空惯见的一回事，不值得大惊小怪的，全球上最佳的射手也时有失脚，何况我们程度较低的□辈子。至于“老”和“退化”，我非超人，这迟早必来的事我又焉能像冗，是只可怜他们尽命卖气力地攻击也毫不收效，协会充耳不闻还把队长的责任放到我肩膊上来,是则我又何尝太老,何尝太没中用,极还记得在港最后的表演赛我还托福射入五球,获得报章和迷民们标好的批评。今日相距不过半月而已,退化断不会来么得这快,我坚持着我本人的自信心,说我还未太老还非全不中用。

这篇文字,如果我非患病的话,早就要发表给大众以事实的真相的,我并无非存心洩忿或代表队友们辩护。其实我们把心血精神气力都出尽了便问心无愧,人家的论是论非和球赛的胜败,我们又焉管得许多。我们这次旬日的上海居留,所得的印象是上海的人们也和他处的同胞怀着一样的心理,这心理是甚么,这便是“球赛胜败,爱恶随之”,把“胜”字看得太偏重。因此,我们对我们球赛失败了绝对并不悲观,我们看见报章批评和听见人们议的论不适当,和球迷们拥护的不符正义,才感觉到我国体育前途的无望。

## 港沪航间(李惠堂五月五日自香港发)

(1936 年 5 月 12 日)

像小菜市场里一样喧闹的嘈杂声,和那催促送客离轮的铜锣声闹成一片,法国男女的吻别,别饶风致,进出口的甬道上堆满了绿鬓红裳,肩摩踵接,熙攘混乱,这便是五月二日下午四时法邮“亚林美〔阿拉米〕斯”号将要启椗的一刹那,给予人们以十五分钟深刻的印象。我们参加世运足球队,也便是轮上乘客的一部,对我们爱护倍加的亲人们,远远地走送江干,使我们无任的镌感。那铜锣声敦促着双方握过手后,送客们统站在埠头上牵着各色的纸条,好像代表着那万丈柔情,欲不断而又不得不断,招着手儿扬着巾帽有点黯然,“世间最难为情者,别而已矣”,别离的滋味,尝过的自有分晓,是我的秃笔所难描写出来的。我们凭着舟栏,直等到岸上的人影迷糊才各返寝户,安顿行李。我们这次在上海登轮的一共二十人,计开主任容博士启兆,教练颜成坤,球员李惠堂、包家平、李天生、谭江柏、梁荣照、黄美顺、李国威、陈镇和、梁树棠、曹桂成、杨水益、贾幼良、孙锦顺、冯景祥、卓石金、郑季良、张显源、叶北华。

还有管理员黄家骏,球员黄纪良、徐亚辉、麦绍汉,是在香港才会同出发。星洲的球友蔡文礼,则正在星洲候着归队呢。

我们所趁〔乘〕的法邮虽则是最新式的客轮,但却有很多令人不满意的地方,我们如果并非要到西贡比赛的话,真不会作这舟中的乘客了。我们到外国餐店去,常常看见写着“法国名厨”来作号召,其实法国的大菜是劣不堪言,同舟的除了法国人外,没一个不埋怨福食不丰美,千篇一律的早餐使人不大想食,而又有不得不食的困难，午晚两顿也不过一鱼一肉，我们不能枵腹从公，惟有多吃点没有牛油的面包而已。我们预算这样的食下去，到了星洲登陆时，恐怕每人体重要减轻了十磅，多苦呀，还有法国人有一种顽固性，是不肯说英文的，你和他说他也不大懂，于是乎格格不相入，笑话误会，无日无之，这一点对旅客们殊不方便，窃为他的生意前途所不取。

在航间我们惟有充分地休息养伤，不作甚么操练，为的是我们各人都委实感觉得过度惫乏了。前面的比赛还多着，不能不先事休养，应付将来。好在这次海不扬波，航海最不惯的也能行动自如，眠食畅适而不致吃苦，这不能不拜谢龙宫主持者的厚赐。在舟中我们队里曾开过一次的会议，容、颜二君及余，都曾殷诚地说一点关于我们队里休戚相关、和衷其济的老实话，以外还规定了夙兴夜寐的一定时间，请大家严格地遵守。阖队中大小事务的分工管理问题，则留待管理员黄家骏君会合后始行酌定。这次港沪航线由动身至抵港止，一共走了六十二小时，比较其他的邮船慢得多了。船到了福州沿岸时，天气已渐热，我们已脱离绒线衫的保护，穿上夏裳了。五日清晨入港，来欢迎者家人戚友甚众，舟准同日四时继续南航。

## 我世运足球代表队大胜星加坡市民队

(1936 年 5 月 15 日)

(星加坡十四日路透电)中国世运足球队，今日在此，以四比零大胜星埠市民代表队。观众之盛，为星加坡足球比赛从来所未有。比赛进行时，阵雨时降时止。

## 吾国足球队欧游第一战，八比一胜西贡联队乙

(1936 年 5 月 20 日)

五月八日抵西贡后，当日下午应战西贡联队乙队，此为我队出了国门的第一赛。我队应战阵势如下。

黄纪良

李天生　麦绍汉(梁荣照)

(代队长)陈镇和　徐亚辉　梁树棠

郑季良　叶北华(卓石金)　冯景祥　谭江柏(孙锦顺)　杨水益

结果八比一胜。上半时四比〇，射球者叶北华三，孙锦顺二，冯景祥、杨水益、郑季良各一。

四时登场，脚头小试，拍照毕，由敌方赠一绣旗，留作纪念。我沈领事行开球礼，我队先声夺人，不十分钟即连胜两球。赛时天虽不雨，但球场湿滑，举步维艰，上半场由北华同志再射两次，造成上半时四比零的纪录。下半时，彼方野性渐露，粗蛮屡见，公证员且视若无睹，苟非吾人节节退让，则必演成全武行。结果我方麦、叶、梁三友相继受伤，由孙、梁、卓三人入场替补。下半时吾人为慎重免伤起见，处处敷衍，每遇粗野，辄不与较，因为这里的球队，每于负后寻隙起衅，乱踢了事，这种蛮精神，殊非越地足球之福。而球证之任意袒护，对粗暴行为不加束罚，尤属罪魁。倘使他们出外比赛的话，恐怕留下的印象，不会太好吧。是场结果，我方以八比一大胜，但侨界仍以被其打破光蛋为憾事，可见人心不足，真不易使人万分满意。查西贡足球，在我初来时程度幼稚得狠〔很〕。这次一别四寒暑，看他们表演已确有点进步，对短传(Short-Passing)、战略(Taclics)、位置(Positional Play)等等技术，均有可观，但最后一击、射门功夫还未见高强。据我看来，如果他们不改他们那种坏道德和蛮精神，则进展定必迟缓，不会升堂入室的。是场比赛，以叶北华立功最多，也最卖力。其他如黄纪良、李天生、徐亚辉、杨水益、郑季良，也表演佳妙，博得许多中外人士的赞许。(李惠堂五月十一日寄自西贡)

## 吾国世运足球队胜巴城选手

(1936年5月20日)

(巴达维亚专电)我国世运足球队十六日对巴城选手队比赛，负十二码球，结果二对一获胜。李惠堂、冯景祥各进一球。

## 吾国足球队欧游杂记(队长李惠堂撰)

(1936年5月20日)

### 香江六小时

法邮到了香江，系泊妥善后，钟指七时舟中报告，同日下午一时继续南航。我们和欢迎的戚友们忽忽登岸渡海，公私交迫，都在这紧促的六小时内，很忙碌地办妥，队员们的眷属，多数是寄居港岛的，数日来在舟中食那不合胃口的法国大菜，确有点厌烦了，一旦归家饱餐一顿中国饭觉得特别地可口。十二时半本港协进会特派小火轮在皇后码头欢送，承各亲友、各团体踊跃参加，衣香髻影，盛极一时，“请君试问东流水，别意与之谁短长”，各亲眷和好友们殷殷相送的情谊，真足令人镌感千万。小包的夫人，因婚后第一次的别离，还洒了几滴多情泪，其他有情侣的也依依不舍，有点“儿女情长英雄气短”的表露。一时汽笛鸣然□声，六小时的停留，就在惊鸿一瞥中渡〔度〕过了。小火轮载着太太团和送行的友人们，追随着法邮的左右一直送到海口，“送君千里终须别，只望秋凉待君归”，双方摇手扬巾，人影模糊，依稀莫辨，这大约五六度月圆的分离，就在这时间开始。

在港中会合出发的有管理黄家骏君，队员徐亚辉、黄纪良、麦绍汉三友，但教练颜君却因公干待理，迫得留港数天，不能随军出发，听说九日由港买舟径赴星洲集合。我们平添了几位队友，更觉热闹递增，到了星洲得颜教练、蔡文礼队友二人会合后，我们便可算是一件无缝的天衣，实力整备而无缺了。

## 吾国足球队欧游杂记（队长李惠堂撰）

（1936年5月22日）

### 从香港到西贡

五月五日下午一时，法邮又再升火继续南航，向西贡直驶。我们和欢送者作〔做〕最后的挥巾后，腹中好像雷鸣一般，急〔迫〕不及待地鱼贯跑入餐室，医那饥肠，餐室里满放着人们送赠我队的花篮，郁〔郁〕芬芳，满室皆香。黄管理素来是大食的，他今次初尝法国大菜，同队的统替他忧心。但凡事习惯成自然，我们数日来在不惯和不够吃中，也觉得有点惯了，也觉得够吃了。在餐室中从那仆欧口里学上几句粗俚乏韵的法兰西语，希望脑子和记忆力不负我们，留待将来到巴黎拿出来再用用。这梦想能否变成现实，只有三个月后才看个明白。

从香港到西贡，海程九百余里，需时三昼夜。这番航间宁逸，海不扬波，真算我们幸运儿，没有一个感到晕船的苦恼，镇日围坐谈笑，下棋听歌。第一天我们曾全体开过一次会议，把队中事务，分责负担，取众擎易举之意。计行李由梁树棠、杨水益、卓石金三同志分理，药箱由李国威、叶北华、贾幼良三友勷助保管。后乃分发在沪带来的正式球衣，球衣背上均缝号码，次序如下：(1)陈镇和，(2)卓石金，(3)贾幼良，(4)蔡文礼，(5)冯景祥，(6)叶北华，(7)李国威，(8)李天生，(9)李惠堂，(10)梁荣照，(11)梁树棠，(12)麦绍汉，(13)包家平，(14)孙锦顺,(15)谭江柏,(16)郑季良,(17)张显元〔源〕,(18)曹桂成,(19)徐亚辉,(20)黄纪良,(21)黄美顺,(22)杨水益。我们排号数时,小包适逢十三,西人认为不祥之号,且小包又为守门员,门将不祥,全队胜败系之,因有提议,把十三号码取消不用,后思吾侨华人未尝以十三为不吉利,乃任之,大家一笑而罢。

舟行第三天,安南沿岸山岳,明晰可见,"山雨欲来风满船",迷濛〔蒙〕烟雨,时止时下,趁着万度霞光,掩映成趣。晚餐方毕,舟已抵西贡河口,以既入夜,乃下锚候明晨进口,各人以到此过早,都怨在香港时停留时间过短,过事匆忙。查西贡河为著名河道之一,凡九十九湾,航行到此,非领江不可,只可惜走这河道时是在天曙,未到过西贡的队友们不能领略两岸的风景。西贡是安南第一口岸,除了黄管理、郑季良、张显源、徐亚辉、贾幼良各同志未到过外,余人都曾在这里表演过。我本人是第六遭了,旧地再复登临,有点桃花依旧的感慨。西贡是日必一雨的怪城市,侨胞人口六七万,全安南闻共三、四十万,本年度我国才设领事馆,但法国人的政治殊觉专制,侨胞多在水深火热中,越人在他统治之下,更觉艰苦万分。早六时起,由船窗向外望,岸上来欢迎的已鹄候成群,旌旗招展,整齐严肃,我们乃匆匆各穿上制服外衣,排列像雁行般,在音乐悠扬掌声拍拍中,鱼贯登陆,由王某女士代表侨团献花,拍照后礼成,这回仪式的隆重,欢迎的热烈,由来未见,可证这里侨界爱护之殷诚,对我们期望的深切了。我们各携小皮箱,驱车直驶西贡大酒店,作两日的小勾留,战事情详,别篇专纪。

## 吾国足球队在爪哇一和一胜

(1936年5月23日)

(爪哇专电)我国世运会足球队,十六日对万隆埠际队,二对二和局。廿一日在泗水对土著队,结果十对二大胜。

## 我国世运足球队胜泗水冠军

(1936年5月25日)

(爪哇专电)吾国世运足球队,二十三日又胜泗水锦标队,结果三对二,表演极佳。

## 我国世运足球队出国第二第三战记(队长李惠堂寄)

(1936年5月26日)

### 西贡第二战

西贡足球，由来程度卑稚，不堪一击，年前国内球队道经此地，都以极大比数迎头痛击。但他们求追的进展，与时俱增。只可惜他们道德上不求高尚，体育精神，绝不顾虑考求，客队多一次的莅临，即多一番恶劣印象。还记得去年初夏，上海混合联队和南华甲乙合组队，先后过贡，因实力不甚完整，水饮罢。我队变易阵容，改为：

包家平

谭江柏　李天生

李国威　徐亚辉　梁荣照

陈镇和　李惠堂　冯景祥　卓石金　曹桂成

上半时不能多胜，观众多为我危。后半场开始，敌势煊赫，屡入我方腹地，幸射门欠准，不为所进。再战不久，彼方乘罚球之便，小包竟被守卫者碍塞视线，负回一球，造成各一平平之局面。越籍球迷，快叫连天，我队沉着应付，镇静以待时机，不逾时，果由镇和以勇猛之冲刺，连陷二城，敌方图穷匕现，胜负乃判。完场前再由冯中锋造成四一之比数，结束一场恶战，予侨界一再欢呼掷帽之机会。是场比赛，对方实力较昨尤强，吾人因天气关系，不能耐战，故战情较为可观。公证员为法人，对竟振他们赖举动粗暴，天时地利的得宜，相继击败，造成空前纪录，越人趾高气扬，侨胞沮丧失望。这回我们集全国的精锐以临，他们以堂室之外的球艺，也妄想把我们挫折。今天的比赛，是西贡集合着最优秀的足球份〔分〕子，来应付我们，我方也小心翼翼，除昨赛受伤者外，其余均戎装临场，余以病后之躯，本宜体养，奈侨界力怨出场，情面难却，也就勉力应战。上半时一比〇，总结果四比一，射球者卓石金、冯景祥各一，陈镇和二。开始时我们排出左列的阵势：

包家平

谭江柏　李天生

陈镇和　黄美顺　梁荣照

杨水益　卓石金　李惠堂　冯景祥　曹桂成

今日天公怪施，长日未雨，球场比较干爽。四时半开始，敌方鉴于吾人昨赛进展神速，登场最初十五分，乃步步为营，防卫森严，无隙可乘。延至二十二分，始由石金同志，先取一城，上半时就此了结。凉球例虽仍懵昧，但对粗暴方面，时加制止，较之昨日的越籍球证，已判若霄壤。不过，其间还有许多不合法的地方，是港沪各地不容许的，也由他宽恕不责。结果我方仍有数人受他们球难之赐，略受微伤，两次比赛，在恶劣空气粗野环境之下，吾人都能以极大之忍耐的精神，节节退让，绝不以其人之道，还治其身，避免乱场的不欢事件，这不能不佩服我们名人的涵养功夫。我们两日来的表演，虽有舟中一星期的休养，但仍感未臻佳境，合作方面，仍欠了解，气力也觉不足，这恐怕是初临热带，天气上有绝大的关系吧。据某法国人的观察，他说我们球艺有余，气力尚差，以临欧洲劲旅，恐怕长力不如人，吃亏不少。气力是训练得来的，我们对这弱点，自必努力补救，免除心有余而力不足之大病。今日拭目，姑俟将来。

出国第三战

我队师抵星洲，球迷欣然相告。其中好博者，且以三球之数，博我方胜星联，借球赛以为博，是南洋各属最流行的弊病，有时让球之多，悖乎情理，但劣根性人人过深，欲根本推翻这"博害"真有撼泰山之难了。星洲球赛，例于五时后开始，故今日虽非公假，但观众仍人山人海，逾二万以上，开星洲纪录。星洲球场，绿草如茵，整理得法，其下以碎石砌结，流水奇速，故虽倾盆大雨，不旋踵便干爽如常，无泥泞之患，在我十数年的东奔西走，星洲的足球场，在东亚可算首屈一指。只可惜容过小，二万左右的观众，已把球场围到水泄不通，立足无地了。吾人四时三刻莅场，欢迎的掌声，如雷震耳，登场拍照毕，小试射门，由南□女中学代表献赠花篮水果。择地后，双方布阵以待笛鸣，结果四比零，上场一比零，立功者锦顺、惠堂、幼良、景祥各一。我方阵线如左：

包家平

谭江柏　李天生

陈镇和　徐亚辉　梁荣照

叶北华　李惠堂　冯景祥　孙锦顺　贾幼良

球儿拨动，星方右方进迫甚烈，幸"小黑炭"、谭"铜头"拒敌有方，不致受厄，我队反攻，短传进取，亦无功而退。战十分钟，天忽下雨，球儿湿滑，管束极难。直战至二十五分，始由锦顺同志，拔得头筹，一时呼声震天，上半时只以一球占先。柠檬啖罢，天复放晴，我队精彩乃露，连由记者、幼良、景祥攻入三球，造成四零之局面。各球迷均眉飞色舞，载笑言归。是场比赛，上场以天雨未露锋芒，下场始见精彩，各员表演，颇中规矩，余自沪患疴，双膝软弱，经旬日之休养，已渐复原。是日赛来，奔跑盘射，颇能脚到心随，恢复旧视，堪为爱好者告慰。幼良初临大敌，冲刺极速，亦难能可〔贵〕，假以时日，加以训导，是大器也。星联旧时好手，多数退稳〔隐〕，实力已较年前软弱，苟非天雨，恐所负之数，尚不止此。左中卫林志泉，丰彩如昔，表演卓绝，惜因事不能返国参加预选，遂使沧海遗珠，迫得割爱，也可算是队中之不幸。完场时观众燃放鞭(炮)，响震遐迩，其中多数，博而有利，复见国队可胜，眉飞色舞，毋怪其然了。

## 我世运足球队又胜泗水埠际队

(1936年5月26日)

(爪哇专电)我国世运会足球队，二十四对泗水埠际队，作战结果，我队以三对一告捷。

## 我世运足球队又胜麦浪，一比零局势紧张

(1936年5月28日)

(爪哇二十七日上午电)世运会足球队二十六日对麦浪比赛，结果一对零告捷，局势紧张。

## 我国世运足球队欧游杂记(李惠堂撰寄)

(1936年5月29日)

### 西贡第一日

五月八日，是我们到西贡的第一天，我们由欢迎群众拥送到酒店把行李安顿后，聊进早餐。九时承沈领事觐扆在领署设茶点欢聚，奖勉的演词，由容领袖答谢。午餐到广东饭店用饭，饭罢，返酒店休息。是日天气乍晴乍雨，炎热逼人。四时半抵球场，万头攒动，水泄不通，在掌声如雷中，以八比一战胜西贡联队(乙队)，观众均满意而归(赛情见后)。晚间承侨商陶对廷君设筵堤岸太湖酒家欢宴，十一时宾主尽欢，乃告辞返寓。

### 西贡第二日

(五月九日星期六)昨夜苦热，队友们都辗转不易入梦，蛟〔蚊〕子又多，今早起来相见，都各诉夜来的辛苦。朝间队友们多到公园游览，公园除植物花卉

外，还有狮虎各种猛兽，东亚方面，设备上可算完备了。正午承当地各侨团假中华总商会开欢迎大会，由容领袖答谢并为各球友一一介绍后，乃辞归休憩。四时驱车到球场与西贡联队（甲队）角逐（战情已另纪）。各方球迷，因我方昨赛大胜，今日对方实力倍强，咸欲一睹高下，争先恐后。听说三时左右已把那容量不大的球场挤得无地插足，后到的都望门兴叹，观众人数和收入，统破西贡球赛以来的纪录。当时的热闹情形，可由兹想像〔象〕而知了。我队于炎热苦逼之下，卒不负侨胞之望，以四比一的结果，把敌方杀至低首称臣。两日战绩，均使侨众，雀跃欣慰，良用快慰。晚浴毕，承当地足球总会，在大酒店开香槟联欢会，席间虽无美人，但醇酒已足使吾人醉了。由容领袖以英语道谢，并邀足球当局于一九三八年派队到我国去参加远东大会。散会后匆匆各携行李登舟，复走车堤岸赛琼林酒家。应侨团联合欢送大会之约，集侨界之精华，一堂欢聚，真有盛筵难再之感。酒三巡由余代表我队致词，力请侨界提倡体育，注重团结。三呼话别，已夜午更阑，钟鸣十二，遂联袂归舟。准明朝六时解缆，再向星洲出发，而我们西贡的小勾留，也告一结束了。

## 星架波〔新加坡〕

我们和那西贡河的九十九湾，没甚缘份〔分〕，来时是深夜看不见，别时在天晓也正在梦中。五月十日晨六时，法邮复升火向星架波进发了。在舟中照常早操，下午昼寝后相率入浴于露天泳池。此番自沪动程，迄今旬日从未遇浪，航行宁逸，这算幸运了。西贡距离星架波，海程凡六百余里。十二日凌晨便安抵星架波，栖止旬日的法邮，便和我们分手了。抵埠时来欢迎的只队友蔡文礼、旧友金焯华君及报界记者摄影师十余人，侨团代表竟一人不见，码头静寂，和西贡登岸时真有霄壤之别，人家常说马来亚华侨团结太差，看来也非毫无根据。我们经过了拍照的常例后，驱车到新亚大旅店安顿，下午还到球场去练习，惹得迷民盈千。我和容、黄二君，曾分到刁总领事署华人足球会会长郑连德君及热心家胡文虎君各处拜访。此地天气较西贡凉快点，日间虽觉炎热，但夜候海面的清风吹来，把全城的空气都变换了。查星架波为马来半岛的枢纽，在地理上、军事上和商业上都占一重要位置，年前英廷特在此处建一浮军港，增防远东实力。华侨以闽粤人为多，在这里生养的名为土生，对祖国观念极为薄弱，和祖国方面南来的侨胞，显然划开一条界线，这是南洋方面侨界不能彻底联络之大主因。在马来半岛中，自然也以足球运动为最盛行，华侨的实力，平均也蔚然可观。上届全国运动会，他们实力还未十分完整，已夺得亚军以归。各埠埠际队差不多都有华人健将点缀其间，只可惜他们都因为环境关系，不能多量返国参加预选，以致遗珠海外。否则我们这回出席世运的足球实力，还要比较现在强劲呢。我们这次道经此地，准十四日对星联比赛一场，十五日即离星入荷属东印度了。

到星洲两日，除了个人去访探良友或到各处名胜去游览外，绝无酬酢。“无官一身轻”，无酬酢反觉一身空闲，免除礼仪上的束缚和形式上的麻烦，但于此可见星洲侨团对体育界的漠视了。早九时颜教练成坤，从香江抵此会合，整个参加世运足球队伍今日才算第一次大聚集。于是全体假酒店天台拍照。五时战星洲联队，观众拥挤情况，又辟星地足球史上一新纪元，结果四比零我方大胜，赢得千万华侨鼓掌称善，满意言旋。晚间承老友张君剑豪设宴南天酒店款待，张君热心足球，十数年如一日。年前担任某报球讯，所论语多中肯，乐华、南华屡决南来，都承其竭诚照拂。张君可谓有心人了，餐罢分游新世界、大世界两游乐场，午夜始兴尽而。

## 西贡第二战

（李君此文，已见二十六日本报，其中段落，被手民稍有颠倒，以致语气不通。但李君之文，甚有价值，用特重刊之，谅为读者赞许）

西贡足球，由来程度卑稚，不堪一击。年前国内球队道经此地，都以极大比数，迎头痛击。但他们求进的进展，与时俱增，只惜他们道德上不求高尚，体育精神，绝不顾虑考求。客队多一次的莅临，即多一番恶劣印象。还记得去年初夏，上海混合联队和南华甲乙合组队，先后过贡，因实力不甚完整，竟被他们赖举动粗暴，天时地利的得宜，相继击败，造成空前纪录。越人趾高气扬，侨胞沮丧失望。这回我们集全国的精锐以临，他们以堂室之外的球艺，也妄想把我们挫折。今天的比赛，是西贡集合着最优秀的足球份〔分〕子来应付我们，我方也小心翼翼。除昨赛受伤者外，其余均戎装临场。余以病后之躯，本宜休养，奈侨界力恳出场，情面难却，也就勉力应战。上半时一比〇，总结果四比一，射球者卓石金，冯景祥各一，陈镇和二。开始时我们排出左列的阵势：

包家平

谭江柏　李天生

陈镇和　黄美顺　梁荣照

杨水益　卓石金　李惠堂　冯景祥　曹桂成

今日天公怪极，长日未雨，球场比较干爽。四时半开始，敌方鉴于吾人昨赛进展神速。登场最初十五分，乃步步为营，防卫森严，无隙可乘。延至二十二分，始由石金同志，先取一城，上半时就此了结。凉水饮罢，我队变易阵容，改为：

包家平

谭江柏　李天生

李国威　徐亚辉　梁荣照

陈镇和　李惠堂　冯景祥　卓石金　曹桂成

上半时不能多胜，观众多为我危。后半场开始，敌势煊赫，屡入我方腹地，幸射门欠准，不为所进。再战不久，彼方乘罚球之便，小包竟被守卫者碍塞视线，负回一球，造成各一平平之局面。越籍球迷，快叫连天。我队沉着应付，镇静以待时机。不愈〔逾〕时，果由镇和以勇猛之冲刺，连陷二城，敌方图穷匕现，胜负乃判。完场前再由冯中锋造成四一之比数，结束一场恶战，予侨界一再欢呼掷帽之机会。是场比赛，对方实力较昨尤强，吾人因天气关系，不能耐战，故战情较为可观。公证员为法人，对球例虽仍懵〔蒙〕昧，但对粗暴方面，时加制止，较之昨日的越籍球证，已判若霄壤。不过，其间还有许多不合法的地方，是港沪各地不容许的，也由他宽恕不责，结果我方仍有数人受他们球难之赐，略受微伤。两次比赛，在恶劣空气、粗野环境之下，吾人都能以极大之忍耐的精神，节节退让。绝不以其人之道，还治其身，避免乱场的不欢事件，这不能不佩服我们各人的涵养功夫。我们两日来的表演，虽有舟中一星期的休养，但仍感未臻佳境。合作方面，仍欠了解，气力也觉不足，这恐怕是初临热带，天气上有绝大的关系吧。据某法国人的观察，他说我们球艺有余，气力尚差。以临欧洲劲旅，恐怕长力不如人，吃亏不少，气力是训练得来的。我们对这弱点，自必努力补救，免除心有余而力不足之大病，今日拭目，姑俟将来。

## 吾国足球队大胜三宝垄

（1936年6月1日）

（爪哇专电）我国世运会足球队，于三十日对三宝垄埠际队比赛，结果以九对一大胜。叶北华一球，冯景祥三球，谭江柏二球，曹桂成一球，孙锦顺二球。

## 吾国足球队胜梭罗勃浪

（1936年6月2日）

（爪哇专电）我国世运足球队，卅一日对梭罗勃浪邦埠际队，结果以六对二告捷。李惠堂三球，杨水益二球，卓石金一球，其中一球系十二码罚球。

## 吾国世运足球队胜巴城阿朋

（1936年6月6日）

（爪哇专电）吾国世运足球队，四日对巴达维亚阿朋队作战，结果以七对二获胜。李惠堂二球，郑季良二球，曹桂成二球，陈镇和一球，被罚十二码一只。

## 吾国世运足球队昨由爪飞星，今日与星洲队比赛

（1936年6月7日）

（本报特讯）吾国出席世运足球队于六月六日（即昨日）由爪哇乘机飞新加坡，赶赴七日之赛云。

## 我国世运足球队欧游杂记（李惠堂撰寄）

（1936年6月9日）

### 到八打威

我们五月十四日以四零的比数战胜星洲联队后，翌日下午即趁〔乘〕荷邮“拔兰斯士”号（Plancius）向距离五百海里的八打威进发。队友蔡文礼为着星洲华人队有关乎锦标得失的重要比赛，延迟三天才赶上来。这回一日两夜的航程，上半部还很舒适，到后来天色转变，风浪剧作，最后晚餐，享受者不及半数。其中如梁荣照、黄美顺、李国威、陈镇和诸同志，竟吐个不休，其他诸友也多数悒悒〔郁郁〕寡欢，拥衾榻中。这条航线，记者经过了十多回，翻波作浪，这番还算是破题儿，龙宫也可谓恶作剧了。十七日清晨，八打威海口已在目前。经过了移民厅检验护照的手续后，乃鱼贯登岸，来欢迎的有当地侨团林副领事，及体育界多人，虽非热闹，也非静寞。登陆后分乘汽车进城，下榻亚细亚旅社。十一时，八打威全体侨团开欢迎大会于广肇公所，由宋总领事主席，秩序严肃，席间由主席致词欢迎，容主任答谢后，乃举行授旗礼，旗上大书“努力前进·为国争光”八字，吾人接受更自奋勉。散会后，以天气苦热，昨宵舟中又感困倦，遂均留寓休憩未出，准备下午与全爪埠际冠军八打威联队角逐（赛情另纪）。按爪哇全岛秩序表，吾人逗留三星期，比赛于各地者十场以上，日期紧迫，从兹前线又成多事之秋了。八打威为荷东印首府，总督立署斯地，商务繁衍，为交通出入之总

汇。华侨以闽粤居多,握商业之主权。很多人说,如果华人全体迁出荷东印,则荷东印的繁荣,必一落千丈,可见我们侨胞在这里的地位了。记者四年前曾挈妻拏寄居此地十八阅月,对各种风土人号,耳闻目见,所知颇详。荷政府在此税率极苛,但政治卓著,市井安宁,不似我国很多地方,征税苛重,又无政绩,长使人民处水深火热中。全岛出品以糖与咖啡为最大宗,公路四通八达,交通之便,为东方冠,我队中除李国威、贾幼良二友外,余人均曾莅此多次。盖我国港沪足球队,自一九二九以还几于年必一来。此地足球之风,披靡全岛,其盛行普遍,远胜我国,而其进取精神,也很可模范,每年必请欧洲或东亚方面劲队来游,借增切磋之益。故其技术上进步,数年间突飞猛晋〔进〕。和我国的故步自封,真不可同日而语了。

小胜吧选

昨宵航间遇浪多感不适,今早(五月十七日)甫登大陆,休憩数小时。下午五时即与全岛埠际冠军吧选队角逐,中心兢兢遑遑,惟恐有失。四时半抵甘密埔球场,但见万头攒动,全场已因人数太多而秩序紊乱,循例拍照后,乃列阵以待。我队阵容如左,结果二比一胜,立功者冯景祥、李惠堂各一。

黄纪良

谭江柏　麦绍汉

陈镇和　徐亚辉　梁荣照

叶北华　李惠堂　冯景祥　孙锦顺　杨水益

布阵毕由宋总领事发祥行开球礼。吧选球艺不俗,彼此势均力敌,相持不下者凡二十五分钟。卒由冯中锋打开纪录,我方球门亦屡濒于危。临休息前,江柏竟因救护心急,以手拍球,遂因十二码而负一球,造成和局。易地再战,吾人以李国威、卓石金入代陈镇和、孙锦顺,攻势较为活动,不久即为记者射入一关。嗣后我方前锋紧紧进迫,射门数次,均为其守门幸运救出。直至终场,卒以二比一之战绩保持胜利。按我队经昨夜风浪之苦,今日周旋大敌,卒能取得优胜,殊可慰忭。各员表演,无咎无誉,中以纪良、天生、国威为较得观众赞美。吧选队泰半为记者旅居吧城时之队友,其中五六人曾代表荷东印出席第十届远运于小吕宋。彼等球艺固佳,但照今日的战情而观,我们例应多胜,其守门之意外救护,挽回不少必胜之球,博得荷人、土人不少掌声。今日赛毕,明晨又须早起,乘火车上万隆了。

## 我世运足球队抵星洲大胜星军联

（1936年6月9日）

（爪哇专电）我国世运会足球队，六日对梭罗华队，作战结果，以五对二获胜。又电，对巴达维亚华队，三对〇全胜。

（星加坡专电）世运足球队六日转星加坡，对英军联队交锋，以四对〇大捷，李惠堂一球，冯景祥一球，叶北华一球，曹桂成一球。

## 我国世运足球队欧游杂记（李惠堂撰寄）

（1936年6月10日）

### 移师万隆

五月十八日上午十时，我们全队趁火车，移师万隆城。惠堂和容博士，因有公私须理，留待下午三时始偕友人乘汽车于晚间抵达。万隆是万山稠叠中的一座小城池，离八打威约一百六十公里。有东方小巴黎之称，天气四时皆春，极宜居处。听说我队抵步〔埠〕后，极受当地侨界欢迎。下午三时，曾开大会，由颜教练致词答谢，我队寄居“合群”旅店（Hotel Union）。由炎热苦闷的吧城，到了清凉境界的万隆，均感舒适畅快。但这里的水特别冷，黄昏后多不敢入浴，偶一为之，也瑟缩战栗。在南洋热带地，而不敢冷水浴，不知者必以为奇。其实南洋一带，在高出水面数千尺的山谷里的小城市狠〔很〕多，最宜避暑养病。天气狠〔很〕像我国的秋凉，不敢冷浴，实无足怪。一宵酣睡，单毡不暖。十九日即与隆选队接触，彼方赖地利之得宜，素有地头虫之称，吾人卒于苦战之下，和局以终。

### 和万隆记

五月十九日为吾队在爪第二战之期，对方为万隆选队。该队上周于埠际赛中曾以三比一之数，见屈于吧选队。下午四时莅场，先奏党歌，及荷兰国歌，始由陆军部长行开球礼。结果各二和局，立功者惠堂、江柏各一。我方阵容如左：

黄纪良

谭江柏　麦绍汉

李国威　黄美顺　梁荣照

陈镇和　李惠堂　冯景祥　卓石金　贾幼良

开赛后，我队节节进攻，辄因越位而退。彼方球艺，本极平□，惟善冲刺，利用长传进取，我队后方屡次受困厄。加以球场凹凸不平，地硬如铁，皮球管束不易，彼辈遂赖地利之便宜，时占上风。二十五分后，彼方守门犯规，由惠堂罚入一球。不旋踵，我后防稍一疏忽，即为敌中锋报复，上半时秋色平分。休息后，吾人以列新阵势应战：

黄纪良

谭江柏　李天生

李国威　黄美顺　梁荣照

陈镇和　叶北华　李惠堂　冯景祥　贾幼良

登场未久，我队猛攻数次，均为其守门救护，久攻不得，必有一失。果于十五分后，为敌右锋乘隙拔得一城。我队先胜后和，和而及败，且时间无多，遂倾师进袭。调江柏至前线助攻，取背水为阵主义。惜屡因球儿跳跃失常，机会虽多，常失之最后一着。离完场五分钟，于希望稀微中，卒由苦战之下，被江柏造成和局不一分，复由北华顶入一球，奈被球证认为越界，不算。完场鸣号，及以二比二言和。按是日我队虽因场地不惯，皮球无法管束，失去机会不少。但全队散漫异常，表演均乏精彩，实不能自讳，观众认为不满，实无足怪。完场后，由陆军部长奖赠银杯两座，并由惠堂、幼年教授陈宝珊老师，代表侨团赠绣旗一面，均由惠堂接受，分别答谢，欢呼而散。

## 我国世运足球队欧游杂记(李惠堂撰寄)

(1936年6月11日)

### 隆泗车间苦

昨日与隆选战和后，今早(五月二十日)又移大军往泗水。清晨六时早餐毕，七时火车即展轮出动。隆泗相距约四百公里，火车十一小时始达，在热带地乘火车，赤帝炎威之下，蜷伏终日，实是最苦的事。煤屑既多，纵有微风，也是热烘烘的。我们昨日赛毕惫倦异常，今日更受车行之苦，不啻雪上加霜了。车间所见，两旁田亩毗连，阡陌不断。荷人对水利溉输，有特殊的本领，加以这里的土地肥沃，故农植物出产丰富，为他处所不及。有时在绿荫蔽日的小溪中，惊鸿一瞥地可以见到村妇们，在大自然的浴室无遮无蔽的戏水为乐。不要笑马来村妇，她们天然养育，身材比较我国妇女们健美得多。我记得年前南华南游时，书记曾君靖侯，曾有诗一首，他说："农家妇女却丰神，翼翼轻纱观画裙。借得梨花白一点，娇姿妒煞倚楼人。”由此可见马来妇人自有她们动人的风韵了。车行每抵一站，辄有小贩用头顶着食物，纷纷唤卖。火车食品，价格奇昂，我们为经济起见，都争着和小贩们交易。镇日的苦闷，卒于半醒半睡的疲倦状态中渡〔度〕过。抵泗水车站时，已见万家灯火。站中来迎者，有东道主中华运动会的职员和侨团代表多人，驱车到平安居旅馆安顿。二十几条污秽不堪的躯体，纷纷争往洗澡。查秩序表我队在泗水有三次的比赛，泗水是爪哇最大市场，繁盛不亚吧城。为糖业出口总汇，东爪哇的繁荣实利赖之。我们以终日困苦，浴后晚餐，餐罢即在寓休憩，不再外出了。

### 泗水第一战，大胜土选队

昨日车行炎热苦闷，昨夜久倦安眠，今早红日三竿，各友多酣睡未起。今日（二十一日）下午五时，与此方土人选队接触，是日观众稀少，远不及吧、隆之热闹。七十分经过，我队以爽快之侵袭，以十比二之大比数，击至敌队片甲不留。我队之能有此超然成绩，一因对方实力平平，二则球场平软，极利我队作战；不似如在隆时之球场作祟，动作管束，尽失灵活。三则各员表演，较有进步，苟非下半场从事敷衍，则所胜之数实不止此。彼方球艺，颇类西贡越人，惜气力不充，下场即图穷匕现，应付乏术。吾人乃得为所欲为，是赛因强弱悬殊，战情殊不紧张，结果十比二，下场以包易黄守门。立功者惠堂五、锦顺三、水益二。我队应战者如左：

黄纪良

谭江伯　麦绍汉

李国威　徐亚辉　梁树棠

郑季良　李惠堂　冯景祥　孙锦顺　杨水益

## 我国世运足球队欧游杂记（李惠堂撰寄）

（1936年6月12日）

### 泗滨第二战

五月二十一日，我们在这里第一战中，以庞大的比数，十比二杀败土人选手队后，我们的声价，又提高了不少。这里东道主中华运动会的球场，绿草如茵，平软可爱，虽然还不及星洲的美丽完整，但在爪哇全岛中，这球场已无疑地算是首屈一指了，我们在平软无邪的球场上踢起来，真功夫比较拿得出多一点。因为我们的作战计划，多赖准确的远传近交，苟控制不能得心应“脚”。吾人又不擅冲刺，则全队联络，势成瓦解，自意中事。观十九日万隆之构和，事理昭然，绝非因和诿赖。在泗水方面，有这地利的便宜，相信必有良好的表演成绩啊。很多关心我队行止的人们，如果对我们每次出战的阵容，稍为探讨，一定会很疑惑地。因我们编配阵线之不平均，或因久久不见他们的“Favouriter”（爱好者）出场，而觉得奇特。其实我们这次南游的目的，是在乎训练，我们的原则是在可能范围内，个个都给予充分表演的机会。如果其中有那出场过少的，或有至今仍未有登场的，一定有特殊的缘因。像曹桂成因发热，张显源因患泻，郑季良因筋伤，都在休养期间，不敢多事任用。以前的文字里，不暇提及，这是惠堂嵇懒疏忽的小小过失。二十二日镇日无事，队友多往逛街购物，或到动物园、水族馆等地游览。晚六时半，从星洲赶来会合的蔡文礼同志，由吧城乘火车抵此。由隆返吧料理公事的容博士，则定明早乘飞机赶到。蔡同志从吧城友人李吉甫君处，带来转交我队各人的信十几缄，给予大家一阵的纷乱和兴奋。“家书一纸千金价”，惠堂也是幸运儿之一。还有由情友寄来我队的，未婚者也有数起，“情书何价”，又谁估量得出来呢。晚八时本埠全体侨团假总商会开欢迎及赠旗大会，由郭则济领事主席致词，末由记者代表全队答谢，拍了两张夜光照，才告别归寓。早点就寝，准备明日之战。（二十三日）早九时往机场迎容主任，下午以左列战士出与本埠本年度冠军荷中学队周旋。观众满坑满谷，较第一战时多至倍屣。结果我队不负众望，以三比一奏凯而归。上半时二比一，立功者幼良、景祥、惠堂。

包家平

谭江柏　李天生

陈镇和　黄美顺　徐亚辉

叶北华　李惠堂　冯景祥　孙锦顺　贾幼良

按荷中学队人材〔才〕范围至广，凡曾在该中举肄业之足球健者，虽远在他埠，遇有国际比赛，辄不远千里罗致之，故其实力雄劲，为他队所不及。十二年来，该队屡与外来球队角逐，从未一败，荷人每以此纪录用而自夸。今日吾人出马，各抱打破此纪录之雄心，故皆额外努力。登场不五分钟，即因角球之利，由幼良同志，用头顶入一球，先树声威。惟敌队亦非弱者，屡以大刀阔斧之战术，侵我腹地。幸天生之“铁铲”，江柏之“铜头”，拒敌有方，未为所算。旋美顺因争球为敌伤膝盖，洞口深入盈寸，不良奔跑，势益危殆。双方攻守均烈，战情紧张，为前此各战所未有，二十五分由景祥以远射再夺一寨。上局将终时，卒由敌中锋乘中路防御疏懈，单刀回敬一球，赢得数百女同学拉拉〔啦啦〕队娇声喝彩，憨跳狂呼，上半时即以二比一了事。下场续战，荣照入代美顺，调亚辉居中，守力乃益觉巩固，攻势亦较上局锐利。敌卫侧重右方防御，以阻我左路进攻。吾人遂屡由右方侵袭，苟非敌守门屡挽狂澜，则多取四五球，实份〔分〕内事。赛后各人均认其为全爪最佳之守门，实非过誉。临完场后卫技术犯规，由惠堂罚入一球，以三比一终局。我队各员表演，渐入佳境，惟气力尚差，是现在的美中不足。

## 吾国世运足球队胜棉兰埠际

（1936 年 6 月 13 日）

（苏门搭腊专电）我国世运足球队，十一日胜棉兰埠际队，结果二对一之比，曹桂成一球，孙锦顺一球。

## 我国世运足球队欧游杂记（李惠堂撰寄）

（1936 年 6 月 13 日）

### 泗滨三战三胜

我队昨以三一之比数，击败荷中学队，打破了他们十二年来从未低首称臣于外来球队的纪录后，全爪侨界，均感雀忭。今日（二十四）又须列阵，应付泗水选队。昨赛之战汗未干，本日之剧战难免。惠堂以病后之身，出国后几无役不与，实觉太苦。今日之战，乃请假休息。开赛时以左方阵容出战，上半时二比零，结果三比一，立功者景祥，江柏，北华，代队长徐亚辉。

黄纪良
蔡文礼　李天生
李国威　徐亚辉　梁荣照
陈镇和　叶北华　冯景祥　张显源　曹桂成

是日星期，观众拥挤如昨。久未登场之张、曹两同志，昔者曾屡代表泗水选队出席埠际比赛，今日以之反攻泗队，利其知己知彼，避实击虚。泗选实力不弱，双方相持不下者。凡十五分钟，中张显源同志，连失绝好机会两次，我方遇险几回，幸赖不失。二十分由冯中锋，从二十码吊射一球，先开纪录。不久国威同志足踝肿伤，不能奔跑，乃以江柏入代。调“小黑炭”回守后防，北华出任左翼，是时战情颇剧，双方渐入粗野。三十二分敌卫果立意不良，被罚十二码。由江柏轻轻再取一城，造成上半时二比〇之局面。雪茶解渴后，旗鼓重张。桂成活跃异常，屡予敌卫以巨大威胁。惜最后一击，常不收效，久久徒劳往返。下场公证员眼光转变，一遇轨外行动，动辄处罚，不似上局时之宽容。因是罚球过多，笛声频频，战情渐趋和缓。我方江柏，少年气盛，犯规最多。转战移时，北华因桂成传中之得法，冲入一球，但不旋踵即为敌中锋报复。战至终场，比数二对一，不再更变，造成泗滨三战三胜之佳绩，予侨界非常之满足。是场我方后防，以文礼同志表演最佳，头球拒敌，不亚江柏。初次登场，有此成绩，实足庆幸。显源久未参与戎行，髀肉横生，踢(来)颇觉生涩。桂成上半时控球无术，失机者屡，下半场风韵复来，活泼不减当年，此君表演之优劣，最不平匀〔均〕，意到时精彩佳妙，无与伦比，兴败时，奔跑盘踢，均无把握，稍知他皮〔脾〕气的人，恐怕对我的批评定表同情吧。其他各员，多带微伤应敌，仍能戮〔勠〕力从事，不敢苟且，至足嘉慰。晚间承东道主中华运动会假吉云居欢宴，十时宾主尽醉始归。

### 玛冷一球仅胜

玛冷是距离泗滨九十公里的一座山间的小城市，气候宜人，和万隆差不多。我们二十五日休息一天，二十六晨乘特备大汽车全队出动。两小时又半乃达，寄居“奄马”旅店。下午五时即与该埠选队作战。不要看小它是个小小的山埠，它的球队是最神秘的，很多外来的强队，都丧在它们的手里。像去年奥国的球队，在他埠战无不胜，偏偏在玛冷便以三比一失败一次。这里的球场像一碗形，听说遇有风时，风的吹向神异，不惯的人断拿不定球的趋势。外来强队之有意外之失，并非实力不如，恐怕就是这场子和风的关系吧。我们出场的如下，上半时零比零，结果一比零胜，立功者惠堂。

包家平

蔡文礼　麦绍汉

梁荣照　徐亚辉　梁树棠

郑季良　孙锦顺　李惠堂　卓石金　杨水益

登场后稍事练习，由侨团派一女侨胞致赠绣旗一面，由惠堂接纳道谢。即鸣笛由市长夫人拨球开火。我队因场地坚实狭小，进展不易，屡陷于敌方“越位”之阱。十二分公证员无理取闹，在不明不白中罚我十二码，差幸包守中救护得法，不为所算。球来球往，相持不下，石金与惠堂、水益二人，相继失机，锦顺迟缓不济。上半局彼方稍占优势，零零以终。休息后，吾人以景祥易锦顺，攻势稍有生气。敌方布防严密，前锋每返助防，进袭遂感困难。战至下场将半，始由惠堂得季良短传，单刀射入一球。一时军威大振，攻势益剧，彼方守门机警异常，挽救险球不少。我方亦数濒于危，幸包守门掩护得法，吾则意外之失，难免步奥队后尘。结果仅以一球小胜，领得大银杯一座以归。按是日不能多胜，皮球太轻，场地太硬，均有相当关系。加以我队各人多感疲倦，踢来带点勉强。敌方计划又只求不遭惨败，故布防加密，不易进袭。我队不失于十二码，亦云幸事，否则局势如何变幻，比数如何终局，谁也不能预料。一比零的结果，成绩虽不大佳，但也应该满意了。晚间侨团假南京酒楼设宴款待，颇觉庆闹，由容主任答词。散席后复被邀观电影，午夜始返酒店。吾人以此间天气凉快，拟在此安歇两宵，借资休养，廿八日始返泗滨转程他埠去。

## 我国世运足球队胜棉兰欧罗巴

(1936 年 6 月 15 日)

(苏门搭腊专电)我国世运足球队十三日对棉兰欧罗队比赛，结果以四对零全胜，冯景祥三球，孙锦顺一球。

## 吾国世运足球胜苏门塔拉

(1936 年 6 月 16 日)

(苏门塔拉专电)世运足球队十四日对棉兰东苏门塔拉队，结果以二对零获胜，谭江柏一球，卓石金一球。

## 我国世运足球队欧游杂记(李惠堂撰寄)

(1936 年 6 月 16 日)

### 破垄选

五月廿六日我们小胜玛冷选手后，因该地天气凉快，景色娱人，“秋入炎中十二时”，最宜休养，遂决意居留两日。我队这次劳师远征，连日苦战，现在把伤者总检讨一下，计黄纪良、李国威、陈镇和伤踝，黄美顺、郑季良伤膝，记者伤膊，还有微伤的也有多起。差幸在这水土不服的地带中，尚没有人染上毛病，可算是邀天之庇了。廿八日乘专车遄返泗滨，一宿无话。廿九日正午乘火车转赴三宝垄，抵站时已万家灯火，全队迁入中华旅店。卅日清晨，惠堂与容主任往机场迎黄家骏管理,因他要留在泗滨方面算账,今早才趁飞机赶来。十时承当地国民党支部、总商会及各侨团联合欢迎,赠旗训勉,与他埠同侨之殷殷期望,如出一辙。末由记者与容博士相继致词,茶会摄影,始告散会。下午五时,与垄选队角逐,敌方实力单薄,不堪一击。结果我队得为所欲为,以九对零比数肆意摧残,使对方无还击余地,球迷大快归家。我队是役以新阵势应战如左。上半时三比〇,结果九比〇,立功者景祥三,锦顺、江柏各二,北华、桂成各一,代队长包家平。

包家平

李天生　麦绍汉

蔡文礼　梁荣照　张显源

叶北华　孙锦顺　冯景祥　谭江柏　曹桂成

是战双方实力悬殊,战情遂感平淡,毫不紧张。垄川足球程度,在爪岛各大埠中势力最为薄弱。其基本选队,复举师至泗滨参加全爪足球埠际冠军赛,今日与吾人对垒者更属不济。然上半时最初廿五分钟,能负隅抵抗,其努力精神,殊足羡佩。我队是日阵容大更,实缘中卫线受伤泰半,文礼、显源前本任中卫职。今日以之补缺,亦驾轻就熟,表演可人。惟对方实力过弱,殊难作真实之测验。我方上场措施失当,屡攻不逞,直至廿五分后始开纪录。下场敌队应付太劳,倦容尽露。乃尽成我队天下,俎上鱼肉,任凭宰割。完场卒以九零终局,苟非上半时破关过迟,恐彼方所负,尚不止此。末由市长致赠奖杯,三呼后始散归。

## 我国世运足球队胜棉兰土人,五比二我队受伤累累

(1936 年 6 月 18 日)

(十七日棉兰专电)十六日,我国参加世运足球队,以五对二胜棉兰土人队,计谭江柏三球,李惠堂一球,孙锦顺一球,我队被罚进十二码球一,该赛队员受伤甚伙。

## 我国世运足球队欧游杂记(李惠堂撰寄)

(1936 年 6 月 18 日)

### 梭罗二战俱胜

昨赛大败垄选后,联袂往夜市场浏览。三十一日晨乘长途专车,移师梭罗。沿途高树蔽日,各队友行歌相答,转瞬即达。按梭罗离垄川恰一百公里,为爪岛

最古之城，马来王宫即建于此。王宫宏庞，王每出游，仪从甚众。惜已尽削政权，不许闻问，实一位傀儡，皇帝而已。吾队下榻"朱利安那"大酒店，午餐后尽寐片时，即戎装与梭罗选队相见。以是日星期，观者又因我队健儿十九都属初次莅临，故争先恐后，临场作壁上观。循例经过一番仪式后，我队列阵如左。上场二比零，结果六比二，立功者惠堂三，水益二，石金一。

包家平

蔡文礼　谭江柏

陈镇和　徐亚辉　梁荣照

叶北华　李惠堂　冯景祥　卓石金　杨水益

梭罗运队实力不弱，去岁上海协会队南来，会以六对一的巨大比数，被其屈服。上海队虽甚平凡，但梭选的声势也由此可见一斑了。我队登场甫三分钟，即以迅雷不及掩耳之袭击，三传两递，由惠堂首破敌扉。梭队遭此不测，镇定非常，前锋进攻力极厚，两翼异常活动，幸传中高球，但为蔡、谭两后卫顶救。二十分，惠堂复乘十二码罚球之利，再立一功，造成上半时二比零局面。易地再战，敌势仍炽，屡犯我方腹地，幸我队不为所厄。先由水益射入一球，战未几分，文礼手吻球腮，被敌从十二码回敬一礼。此时战情渐入紧张，我队数度叩关，俱为敌守门精警救护。后敌术防御，渐形弛懈，先后由惠堂、石金、水益连破三关。临完场包守门一时失慎，将敌翼传中之球，弄进已门。结果遂于暮色迷濛中六比一，终局。是日各员表演美妙，上场石金、水益形同虚谈，失机不少。幸下半时振刷精神，立功补过。包守门全场措施，得心应手，不幸于完场前铸成小错，为美中不足。中卫线仍嫌过于落后，与前锋相距过远，不能一气呵成。我队昨天在垄川势对弱旅，表演随之散漫平庸。今日一遇劲敌，又皆奋发有为。此种特性，就是在港沪方面赛球，也是我们华队的通病。所谓见软化软，遇硬更硬，此种怪现象，殊属不可思议。今日吾人能替去年上海队报复，球迷大感愉快，满意归家。

六月一日休息一天，晚间泗水方面无线电台播传音讯，全爪埠际足球大比赛结束。结果被吾人半力以三比一击败之泗选队荣获冠军，吾人以二比一战败之吧选队得亚军，而与吾队二比二构和之万隆选队反屈居第三名。足见足球之结果、优胜劣败之天演公例，有时亦不符确。二日本埠侨团欢迎及赠旗大会，由容君及惠堂相继答词致谢。下午四时半，与本埠冠军青年会队角逐，吾人以对方全属侨胞份〔分〕子，赛来必极客气，乃乘机予伤者以休养之机，以左列阵容应付。上场二比一，结果五比二，立功者锦顺、石金、幼良、季良、美顺各一，代队长孙锦顺。

包家平

谭江柏　麦绍汉

梁荣照　徐亚辉　张显源

杨水益　卓石金　郑季良　孙锦顺　贾幼良

青年会队尽属青年之士，奔跑迅速，推进敏捷。惜限于经验，与吾队相较，遂见优劣。是战情形平淡，廖廖观众，亦无过度兴奋之表示。此无他，彼此一家，踢来带点礼让，而无剧烈性，故紧张局面，不易造成。下场以膝伤初愈之美顺入代。将前线更作如下：郑季良、卓石金、孙锦顺、黄美顺、贾幼良。下场开始，生力军美顺果声威夺人，先拔一寨，左右两翼，异常活跃，攻势较上场为烈。苟射击较为准确，则所胜当可在十球以上。今日以非假期，且是赛临时增加，广告不□，观众历历可数，为出国后最低记〔纪〕录。球战之能否引人入胜，对方实力的强弱，殊有绝大的关系呵。

今早黄管理家骏行先事飞吧，文礼亦因星洲重要比赛，告假先返。而颜教练成坤，则以港方电召，于二十八日由泗水返吧，转道星洲归港。摒挡其公干私务，日后才趁轮赶上会合了。

## 我世运足球队〇—〇和槟城队

（1936年6月22日）

（槟榔屿二十一日专电）我国世运足球队，二十日到槟城队作战，结果〇对〇，和局，情势紧凑。

昨日全国体育协进会，接得星加坡华桥〔侨〕商会篮排球总会，及田径促进会来电，邀请我国参加世运会代表团赴德。途经星洲时，举行欢迎会，并设宴公饯及游鉴该处风景。

## 我国世运足球队欧游杂记（六月十二日李惠堂寄自棉兰）

（1936年6月22日）

### 吧盟主遍体鳞伤，人心大快

六月三日九时，全队自梭罗开拔，乘火车遄返吧城。车行九小时，艰苦之情，匪言可喻，日影西斜，始抵八打威，重临亚细亚旅店。一宿已过，四日乃与本埠今届盟主“安汶青年队”对垒。按安队以联络佳妙，前锋锐利，全队善战，蜚声爪岛。今日劲敌相见，侨界多为我人危惧，且有以彼方强弱之点，相告诫，嘱为谨慎将事者，足见球迷爱护之殷切，而对是战之特别关心，吾人对之，亦早有戒备。关于阵线之编排，不厌再三推究。鏖战结果，吾队表演精奇，使敌方无从捉摸，以七比二之庞大比数，杀至安队片甲不回。侨界雀跃欣忭，痛快淋漓。我队以表演已有相当进步，全队有较佳了解。且大敌当前，能不负众望，亦深自欣慰庆幸。计是赛吾队应战者如左：

黄纪良

谭江柏　李天生

陈镇和　徐亚辉　梁荣照

郑季良　叶北华　李惠堂　冯景祥　曹桂成

上半时四比零，结果七比二，立功者桂成、季良、惠堂各二，镇和一。

是日虽非假期，惟以两雄相遇，观众挤拥倍常。列阵启衅，吾人深自警惕，全神应付步步为营，不稍疏忽。最初十分，各有来往，局势紧张，旋见桂成边陲起义，衔枚疾走，以极妙之挑送，深入敌方腹地，至相当角度，右足扫射，球势劲而有力，遂破敌门。我方得此先声，踢来更觉有条不紊。前锋短传佳妙，敌卫穷于应付，移时季良得记者长传，单骑进袭，亦奏一功，与桂成东西媲美。敌方守卫，以吾人中路短传，战略甚显，遂屯重兵于中，以固其防。曹、郑两翼，乃更形活动，桂成奔走迅速，以清脆之脚头再破一关，惹得千百球迷连声叫好。至是敌卫复分力抵御。吾人策略亦随而更变，卒由记者从中路射入一球，造成上局四零之优势。临休息前，景祥与敌卫争球，竟被敌饱以老拳，幸老冯君子风度，毫不与较，卒为球证判其离场，一时侨胞鼓掌赞美不绝。

易地再战，我方攻势稍弛，敌队心犹不死，死力挣扎。然小丑跳梁，难为大患。每有展进，均被我军后防从容击退。续战未几，先后为记者及季良各取一城。不久亚辉拒敌受伤，彼此乃以十人对垒，防御既懈，敌乃得报复一球。“小黑炭”久休思动，从中卫线带球深入，独力立功，还他颜色。最后吾人负一十二码球，遂以七比二终场。

按是日我队无论全队无论个人，均有特殊精彩，全队合作已有增进之了解。前者中卫线与前锋常感首尾不连，今日已无此弊。进则全进，退亦全退，呼应灵活，联络佳妙。个人措施，随意所欲，十一人均各建殊勋。对耐战方面，尤有明显进步。赛后舆论，认是日之战为吾人在爪最有价值最有精彩之表露，良不欺人。而吾人是赛之恢复南华前锋线，实缘出国以还，每战均感右内锋缺乏良材，故迫得再行试用，此线共事经年，了解纯熟。加以桂成施展加复旧观，进攻力遂锋锐异常，予观众以非常之满意。吾人亦认为此后应付强敌，必基此阵。势谋再进步，纵有调动，总不出一二位置而已。

## 我国世运足球队欧游杂记（六月十二日李惠堂寄自棉兰）

（1936年6月23日）

### 压轴戏一团和气

六月五日为我队在爪最末赛期，对方为吧城群力青年，两华联队。吾人昨以七二比数大挫盟主后，各健儿于万分努力之下，多感疲倦。今日彼此一家，自无热烈争逐，乃设法予劳者以休息机会，以左列人马出战。

（是日上年〔午〕十一时广肇会馆开会欢迎欢送，由记者致谢。）

包家平

谭江柏　麦绍汉

李国威　梁荣照　张显源

杨水益　卓石金　孙锦顺　黄美顺　贾幼良

上场零零，结果三比零，立功者江柏二，景祥一。

是战同室操戈，虽为我队最后表演，观众亦寥寥可数，彼此踢来，客气非常，战情毫不紧张，看台冷落，殊不足怪。上场我队表演平庸，以致各无建树，下场以李天生入代谭江柏，调江柏与景祥至前线，以代锦顺、石金。前锋经此变动渐有生气，由江柏、景祥相继建功，对方球艺平平无奇。即吾人认为有望，及曾被选参加预选之李玉信，亦无惊人本领。我队防线，虽非十分坚强，应付亦绰有余裕。终场卒以三比零胜利，结束爪岛之战程，造成十胜一和之佳绩。

查此种成绩，一九三十一年南华曾一度造成同样纪录。我队此番游爪，拥更□之实力，应有更（佳）之造就。然因赛期之促迫，天气之炎热，地利之失宜，我们的真本领，并不能充分拿出来。而且为着试探我们的阵势，出场人物次次不同，对合作上聊有影响。在爪十一场的表演，自己认为满意的不过三几回而已。不过，在出国后的十几回试验中，我们虽然在当时有些牺牲，但到底还发觉多少自己的弱点，还算有点价值。关于球赛以外的观感，这番每抵一埠，来去匆迫，好像走马看花，委实看不出甚么，最明显的是侨胞对我们的期望殷切非常，如此而已。关于爪岛足球的详情，记者希望在旬日内做一段专文论之，恐怕是国内球迷们所乐于一睹的吧。

### 五小时飞行

六月五日把我们爪方的战事结束后，当夜全吧侨团假大东酒楼设筵欢送，觥筹交错，颇极一时之盛。宋总领致词毕，由容君与记者相继答谢。翌晨我队为赶赴星洲七日（星期日）对军联之战，遂选拔球员十三名，由容主任统率，乘专机飞星。余人则于今日下午趁轮至星会合，共赴棉兰。计被选飞行的为记者、包家平、李天生、谭江柏、梁荣照、徐亚辉、陈镇和、李国威、曹桂成、冯景祥、叶北华、郑季良、黄美顺诸人。五时起，洗盥后，即驱车至机场，天方放晓，机乃凌空出发。此十四人中，惟国威与季良为破题儿，国威好奇心重，问三询四，呶呶不休。季良则心如小鹿，战栗不已，全队益笑弄之。亚辉与"小黑炭"以航空生资格，口讲指画，解释仪器之用法，颇感兴趣。起飞后俯瞰城市山川，历历如在画图，有时下顾云海，蔚为大观。机过南苏门塔腊时，但见林木森茂，一望无涯。凌空凡五小时，于十一时零五分抵降星洲机场，危险关头，又安然渡过。驱车回驻新亚旅店休憩，准备明日剧战。

### 四只鸭蛋赠军联

吾队上月经星时，虽曾以四比零之成绩击破星联。然各界咸以星联本届实力平庸，吾人胜之殊意中事，且胜来易易，尤以不能见吾队之精彩表演为憾。遂多怂恿足球当局，于吾队再度过星时，选拔海陆空军联与我对抗。盖军联拥雄师数旅，选精拔锐，其势更盛。两雄相遇，必有以醒球迷耳目。当局俯顺众意，斯赛乃于七号（星期日）举行。一时星洲以外各埠球迷，争先恐后，仆仆长途者大不乏人。当局鉴于上次球民之过度拥挤、秩序不易维持（一球迷受挤身亡），故此番事预为戒备，酌定只许容纳一万六千人，过量则一律拒绝。其严重紧张，于此可见。事后闻是日距开赛前两小时，已将球场水泄包围，足证是赛吸引力之大。我队除以包易黄守门外，余人均照在吧以七比二战胜吧盟主之阵线应付。

包家平

谭江柏　李天生

陈镇和　徐亚辉　梁荣照

郑季良　叶北华　李惠堂　冯景祥　曹桂成

上半时二比零，结果四比零，立功者景祥、桂成、北华、惠堂各一。

军联人强马壮，个个均硕大无朋，登场练习时，已给予吾人以非常之威胁。五时开战，彼方见球即传，绝不停留，此种大刀阔斧之战略，在最初十五分钟，颇使吾人穷于应付。敌方两翼传中准确，中锋身长六尺有奇，头球攻门，殊觉危殆。幸包、谭竭力招架，始免一失。十七分钟时，景祥得季良低传，先奏奋功；桂成继之再下一关，造成上场二零局面。易阵后，我方攻势益炽，敌卫兴守门应接不暇。顾此失彼，先后为记者及北华，连陷两关。四只鸭蛋赠军联，博得中外人士同声赞美，全侨更笑逐颜开。利用斯赛博而胜者，更喜形于色。胜利之神，功效之大，真属不可思议。我队是日沿用此阵势，实因吾人认为最强之线，不可更易。了解联络，日臻美妙，守卫方面，能守身如玉，不失一球，固属难能可贵。而前锋之锐利，于敌方守卫森严之下能破四关，亦非易事。此阵势为吾人发觉后最强健者，于兹益信。吾人在球场平软措施必觉美满，于兹益信。而吾人见软化软，遇硬更硬，由近数场表演观之，更属不讹了。

## 我国世运足球队欧游杂记（六月十二日李惠堂寄自棉兰）

（1936年6月24日）

### 一封给国内好友们的公信

岁月不居，随着足球队踏出了国门，不经不觉又一个月多了。天天忙着办理队务，忙着穿球靴出场，至今还找不出空闲来向好友们报告一点旅间的详细状况，真是不安得很。假如做得到的话，我很愿意给每一位好朋友写一封长信。但好朋友这么样多，又那〔哪〕里有办得到的可能性呢。

因此，我想假借报纸上的宝贵篇幅，来写这一封公信。我这封公信虽然并非为你们个人而写的，但我却希望你们看了以后，每人都当这是一缄专为你个人而写的通信。领略我十二分诚切的好意。不错，我执笔写这公信时，所有好友们的声音美貌，都在我的心目中交流着，给予我无限的推动力和快慰。

在我们离开上海和离香港的时候，深承□能□□公干的好友们到江干送行。使我们这一班前路茫茫的逐者，得到□倍的安慰，〔热〕烈而溢于言表的感情，至今还萦绕脑际，不时地重映在自己的小小银幕上。出了国门以至今日，虽然日子不算多，但路程走了不少的里数。轮船、火车、飞机、汽车、马车、人力车连步行所走的路，合笼着算起来很足惊人。我们经西贡、新加坡、吧城、万隆、泗水、玛冷、三宝垄、梭罗而至于棉兰。到过的城市也不下两掌之数了，只可惜是我们时间匆迫，走马看花，实谈不到有什么□察得到的事件，我们所得的印象也很模糊而已。最显明易见的便是各地的侨胞，对我们离开是很热烈，对我们期望很殷切。这是旅途孤寂仆仆风尘中一种最大的安慰，增加了我们不少的勇气。

到现在，南洋方面的战程，已结束泰半了，我们由棉兰还要到槟榔屿、仰光、印度诸地表演。七月九日，才在孟买会合全体参加世运的健儿们，向欧大陆进发。以后的事下回有空再来谈个爽快。同时我希望好友们也不吝珠玉，在可能范围内给我指教指教。（请寄到柏林去）

最后，我可以向各位面前告慰的，便是我们在大同盟努力之下，截到现在的十五场争战中，我们只搆〔媾〕和一次而尚未败绩。试想在天气炎热的南岛，战期紧迫，地利失宜，还有舟车劳顿，千里转战。而能博得这样优异的成绩，真不算坏吧。下面是我们战绩的大检阅，恐怕除了你们外，全国的球迷也乐于先观啊。请了，祝大家进步和夏令多福。

惠堂六月九日于棉兰

**成绩总记录**

| 日期 | 敌队 | 结果 | 射球者 |
|---|---|---|---|
| 五月八日 | 西贡联队乙 | 胜八比一 | 北华三，锦顺二，景祥、水益、季良各一 |
| 五月九日 | 仝上(甲队) | 胜四比一 | 镇和二，景祥、石金各一 |
| 五月十四日 | 星洲联队 | 胜四比〇 | 锦顺、景祥、石金、惠堂各一 |
| 五月十七日 | 吧城选队 | 胜二比一 | 景祥、惠堂 |
| 五月十九日 | 万隆选队 | 和二比二 | 江柏、惠堂 |
| 五月廿一日 | 泗水土选队 | 胜十比二 | 惠堂五，锦顺三，水益二 |
| 五月廿三日 | 泗水荷中学队 | 胜三比一 | 惠堂、景祥、幼良各一 |
| 五月廿四日 | 泗水选队 | 胜三比一 | 景祥、江柏、北华各一 |
| 五月廿六日 | 玛冷选队 | 胜一比〇 | 惠堂 |
| 五月卅日 | 三宝垄选队 | 胜九比〇 | 景祥三，锦顺、江柏各二，桂成、北华各一 |
| 五月卅一日 | 梭罗选队 | 胜六比二 | 惠堂三，水益二，石金一 |
| 六月二日 | 梭罗青年会队 | 胜五比二 | 季良、石金、锦顺、幼良、美顺各一 |
| 六月四日 | 吧城盟主安青年 | 胜七比二 | 惠堂、桂成、季良各二，镇和一 |
| 六月五日 | 吧城华联队 | 胜三比〇 | 江柏二，景祥一 |
| 六月七日 | 星洲军联 | 胜四比〇 | 惠堂、景祥、桂成、北华各一 |
| 总计胜十四，和一。胜球七十一，负球十五。 | | | |

## 容启兆、李惠堂谈足球南征经过

(1936 年 6 月 24 日)

吾国出席世运足球队转战南洋,所向无敌。及抵棉兰时,当地新闻记者访谒领队容启兆及队长李惠堂,谈南征经过甚详。兹节录其谈话如下。

### 容启兆谈

问:"贵队此次南征,已比赛十余次,以先生观察所得,对垒之球队,当推何埠者为雄劲?"

答:"对垒之球队,实力雄厚,球员枭悍善战者,自以星洲军联队及巴城选手队为最。惟球队实力之雄厚与否,须经过三四次之比赛,始能分晓。若以一次之胜败而下断语,未可云是确论也。"

问:"贵队此次南征,球术之表演,究以那一次表演最佳?"

答:"本人观察所及,表演最优者,当推对巴城总选手一役。惟我队绕道与各地球队比赛,目的系在观摩他人球艺,采他人之长,补自己之短,并借此训练球员作战能力,毋使荒废球术。职此之故,或队于比赛期中,队伍之编排。今日如此,明日即又另外编排,调遣未曾比赛之球员。出场应战,借使各个球员均有比赛机会,而增进各球员之技术,及全队之联络也。"

### 李惠堂谈

问:"李君此次再度南游,对于华侨各地情形,较诸已往二次南游所见者,观感如何?"

答:"南洋各地侨胞,近来对于体育事业,似较重视。盖我队此次绕道南征,所到各地,与各该埠球队比赛时,参观比赛者,华侨恒占七成以上。从此点言之,即可知侨胞已注重体育事业也。"

问:"以李君观察所得,世运队此次与各埠球队比赛,实力雄厚者,当推何埠球队为最?"

答:"当推巴城选手队实力雄厚,惟一两次比赛,亦难作实力如何之评断也。"

问:"世运队此次南征,以对何队表演为最佳?"

答:"关于此点,吾人未敢自诩以鏖战何队表演最良。惟我队球员,颇有怪癖,在此赛中,对方若系强劲之师。我队球员,不特应战奋勇,球术之表演,亦格外优良。苟对方实力平凡我队表演,似亦不若如何起劲。此外,球场之优良与否，与我华队之表演，亦有关系。盖我队之作战，注重联络，采用短传进攻之策，场地过硬，有时深感皮球之跳跃，管束颇难。场地过软，则递球之时，又有缓滞不速之弊也。”

问：“南洋各埠足球场，当以何埠者为佳？”

答：“星洲球场，最为适用”云。

## 吾国世运足球队胜仰光陆军

(1936 年 6 月 27 日)

(仰光廿五日专电)我国世运足球队，廿五日在仰光对该处陆军队比赛，结果八对三获胜。李惠堂五球，谭江柏一球，孙锦顺一球。适逢场地潮湿，战情剧烈，致受伤者达三人之多。

## 我世运足球队胜仰光冠军

(1936 年 6 月 30 日)

(仰光廿八日专电)世运足球队廿七日对仰光锦标队交锋，结果以三对一告捷。谭江柏一球，郑季良一球，叶北华一球。

## 我世运足球队胜仰光选手队

(1936 年 7 月 1 日)

(仰光三十日专电)我国世运足球队，二十九日对仰光选手队，比赛结果，以四对〇全胜。李惠堂二球，谭江柏一球，杨水益一球。作战时适逢细雨，全队定明日离仰。

## 吾国足球队欧游记(队长李惠堂撰寄)

(1936 年 7 月 5 日)

### 棉兰小驻追记

在棉兰第一次球战中，不幸食指受伤，筋痛不能执笔。把我们在棉兰逗留九天，在那里四次球赛的纪事，都迫不得已搁置起来。延迟到离开了棉兰才靠着记忆力所及的补写这一篇追记。

六月七日我队以四零的佳绩，征服星洲军联后，八日晨到码头去欢接其他由吧城买舟来星的队友，同日全队会合原轮径赴棉兰。棉兰是荷属苏门答腊岛东北的一个海岸，也是苏岛的首都。距星洲仅三百余海里，舟行约廿八小时便抵达。六月九日正午抵海口时，驻棉领事黄天迈君和其他侨团代表荷总球会职员等约数百人，早已守候多时，登岸即联同欢迎者乘特备专车入棉，半小时即达。先到领馆举欢迎诸人合摄一照，乃至新唯一旅馆休憩。晚间承该埠五十余团体联合假中华总商会欢迎，赠盾授旗，仪式隆重。席间由黄领事、商会会长丘君等相继致词毕，由容主任与记者起立代表道谢。翌晨，队友黄纪良因接家书促其返港，处理要事，遂摒装只身与吾人暂别。预备将来联合颜教练从后赶上来。于是我们的大集团军，又由廿五人减至廿三人了。

### 棉兰第一战

（六月十一日）到棉兰来又两天了，这里的天气晚间还凉快，不致像爪哇热的地方影响睡眠。我们每天都到球场去作轻微的练习，球场也很平软，使我们对未来的球赛放心不少。但我们却不敢过事乐观，因为去年南华以甲乙组混合之师南游，到此间曾以五对零的比数惨败，这里的侨界认为奇耻大辱。我们这番以举国之精锐以临，侨胞们对我队期望复仇雪恨的殷切，大可想像〔象〕得之了。今天我们第一战便和棉兰选队会师，出战的人物如左：

包家平

谭江柏　麦绍汉

李国威　黄美顺　梁树棠

郑季良　孙锦顺　李惠堂　冯景祥　曹桂成

上半时各无所获，结果二比零胜，立功者锦顺、季良各一。

此赛下午五时开始，角逐前两队齐集正中看台前恭立，乐队先后奏中荷两国国歌，全场肃立无声。开火后，我队即取攻势，无功而还。十五分后彼方进迫亦烈，后防几为所算，苟非其前锋射击力弱，则上半时早订城下之盟，休息时能保持和局也算幸运了。易阵后，余因中路被人监视过严，全无进展之隙。乃与冯易位，前锋稍觉活动，先后由锦顺、季良各奏一功。下半时吾人联络较准，几全为我队天下。惜对方守门屡救危球，直至完场仍不能多胜，仅以二比零终局。是赛吾人无特殊表演，中卫线最为软弱失职，与前锋截为段，而不能声气相求。下半时始渐有了解，牵一发而动全身，中卫线对一队之扼要，实不可以尺度斗量。各界人士对吾队今日表演均认为平平无奇，而侨界亦多因胜球不多而不满意。赛毕，由荷会长赠银杯一座，纪者答谢接受，口呼散归。

## 我国足球队战和印度

（1936年7月6日）

（喀尔喀答四日路透电）中国世运足球队，今日在此与印度队战成和局，结果一比一，观众十五万人。

（伦敦四日路透电）英国已决定派队参加世运足球赛。

（海尔新福四日路透电）芬兰今日公布，将不派送足球队至柏林参加世运。

## 吾国足球队欧游记（队长李惠堂撰寄）

（1936年7月6日）

### 棉兰第二战

（六月十三日）记者第一战伤指，乘今日对欧人联队弱旅之便，乃乞假休息。欧队身材硕大，但球艺平凡，举动迟缓，殊非我队敌手。加以吾人鉴于前日观众之不满，更将阵容改革，增厚中卫线实力，故踢来精彩迭出，博得赞美之声不绝。门将英人某君，身躯肥胖，前日之赛，已救护险球不少，今日更有惊人身手。观众以其胖而敏捷若猿猴，咸惊叹击掌以贺之。闻赛后，此君受赠银杯一座，以奖其勋。今日欧队不致惨败涂地，此君之功最伟。我队全队匀称，相形之下，益见优美。个人方面，以后防李天生、前锋冯景祥最觉出色，冯中锋独力叩三关，殊为难能可贵。惜下半时膝盖受伤，迫得离场，由卓石金入代。北华亦于是赛伤背，不良奔跑。赛毕由黄领事夫人用法语颁奖，由余以英语答谢。我方阵容如左，上半时二比零，结果四对零，立功者景祥三、锦顺一，代队长徐亚辉。

包家平

谭江柏　李天生

陈镇和　徐亚辉　梁荣照

郑季良　叶北华　冯景祥　孙锦顺　贾幼良

### 棉兰第三战

（六月十四日）昨日赛后，我队虽赖美妙之球艺，博回各界好评。惟伤者有冯、叶、贾诸人，大损元气，得不偿失。今日第三战接踵而来，记者仍未能出战。

故队内名人，均岌岌自危，幸赖诸友努力将事，各出全力以赴，卒于数千观众呐喊之下，以二比零勇挫苏东联队，也可算是佳作之一了。出场经过了一番审慎后，始选出左列的十一员。上半时二比零，结果二比零，立功者石金、江柏各一，代队长锦顺。

包家平

李天生　麦绍汉

李国威　梁荣照　张显源

陈镇和　谭江柏　孙锦顺　卓石金　杨水益

苏东联队，是集中沿苏岛东岸的足球优秀，实力较日前两队为劲。故登场接触，我队即小心翼翼，不敢草莽应付。苏东联亦雄心勃勃，每欲一破我方球门为快。良以吾队抵棉以来，尚未失一城，其立意攻陷之急，可想而见。开赛后二十分钟，各有攻守，球儿往还双方球门，各呈险象。二十二分即由石金从二十五码处远射中的，不五分钟复由江柏以“铜头”再记一功，上半时就此结束。两队再战，吾人渐露疲态，前锋攻势稍弛，幸守卫森严，应付得法，于敌方猛攻之下，仍得保白璧无瑕之身。是役以天生、家平、绍汉、荣照、镇和诸人为异常佳妙，余子亦极卖力。今日虽不能有庞大球数，但我方迄今，一球不负，侨界球迷，均感愉快，间且有诱人为博，看最后一役之能否保无一失者也，可算是迷〔谜〕中之迷〔谜〕、赌中之赌了。

## 吾国足球队欧游记（队长李惠堂撰寄）

（1936年7月7日）

### 棉兰第四战

（六月十六）抵棉八日内，要作四回的球赛，间日一战，虽然在国内不常见，但在吾人这次南游的战程而论，已算是非常宽裕，而使我们比较满足的了。只可惜冯、叶诸子的伤势，仍未得休养复元，殊属不幸。今日第四次最末之役，吾人初拟以最坚锐之阵势应付，借资多练一回，现在因伤者的关系，原议又不能颁行实施，使球迷们也认为大憾。环境如此，殊无办法。今日对垒者为马来土人选队，其战斗力为苏岛之冠。去岁惨挫南华时，其中六七员，也曾参与斯役。使吾人中心警惕，不敢轻视，且为竟在棉全功起见，除伤者外，把精锐之士，扫数调上战场。计开：

包家平

李天生　麦绍汉

李国威　徐亚辉　陈镇和

郑季良　孙锦顺　李惠堂　谭江柏　曹桂成

上半时二比一，结果胜五比二，立功者江柏三，惠堂、锦顺各一。

是赛为四方选民，久待切望的一幕战争。故虽非假日，也人海人山，拥挤为各场冠。吾同侨与马来土人之互相呐喊助威，声撼山岳，把已够紧张的战情，弄至加倍紧张。闻事前马来土酋，曾下论告其队员，无论全局胜负，能破吾队一关者，奖百金，多则类推。以此推算，则彼方取得二球，实得犒赏之资二百银蚨，也足开怀痛饮一番了。球事开火，我方新试中卫线，一时，颇觉生涩不惯，遂先为敌锋进攻，惟双方均感是赛之握要紧张，态度仓惶，失之过急。如是者十五分钟，始渐趋从容不迫。江柏调任前锋，上半时屡有美妙之头脚，果由其得桂成传中之便，顶入一球。但胸际被创，受治后始复登场。二十五分惠堂久伏思动，从右侧再劫一寨。不料包守门百密一疏，竟被其中锋从三十五码远射中鹄，一时土人欢叫狂呼，震耳欲聋，幸不久又为江柏造成上局三比一之数。柠檬解渴后，战情仍极剧烈，不稍弛懈，为南游精彩战争之□。敌队两翼艺术上乘，常被利用侵我后防，幸我方招架周密，阵脚不致摇动。亡何，江柏得余短传，十码内再立一功，锦顺造成五比一，大局于兹始见奠奉。临完场时，“小黑炭”犯规，乃被其十二码罚入一球，结果遂以五比二终场。侨属迷民呼声震天，庆祝吾队四战四捷之大功。末由马来王子颁奖，并以英语对吾人大加奖勉，祝我队一路福星。由惠堂分别道谢各方关系者招待之热忱，使吾人均感宾至如归之乐，并望苏岛球队，能于最近实现游华，俾吾国国内人士，亦有一睹南岛健儿丰采之眼福。晚间承东道民报主人设筵欢送，宾主酬酢甚洽，由容主任答谢后始辞别。

## 和印度之役孙锦顺立一功

（1936年7月7日）

（卡尔喀脱五日专电）我国世运足球队四日对印度队比赛，结果一对一，和局。孙锦顺一球，被罚十二码一球，战情紧张，观众十余万人。

## 我国世运足球队战胜加尔各答选手

（1936 年 7 月 8 日）

（加尔各答专电）我国世运足球队，六日对加尔各答选手队作战，结果二对一得胜，李惠堂独中两球。在雨后交锋，场地湿滑。

## 吾国足球队欧游记（队长李惠堂撰寄）

（1936 年 7 月 8 日）

按棉兰足球，惠堂于民十九初莅斯土时，观察所得，其程度本甚平庸，球员且多不黯〔谙〕用头者，其幼稚处，实与当时西贡诸队不相伯仲。尔时每遇比赛，事前均知必胜，咸无戒心。殊不料六年来，因与外来球队接触观摩，球艺突飞猛晋〔进〕，一日千里。所谓士别三日，又当刮目相看，其程度提高不少，使外队不敢轻视，中尤以马来球员之进步，为最显著。去年南华，以不整之军，遭其迎头痛击，战讯传归，初余尤不敢置信。今日身历目睹，始知确属不凡，其战胜南华，实非幸致。反观我国故步自封，年来进步迟缓，或竟毫无进展。六年前吾人认为不堪一击的棉兰球队，今日已追踪而至，赶上来且有抢过头的趋势。我想长此以往，则人进一步，我退一尺，将来我国足球也非乐观。多请外间〔国〕强队来华周旋，是最有裨益的办法，希望当局能担起艰巨，实现这希望和工作。

### 槟榔屿

吾队荡平棉兰各队后，六月十七日下午五时便买舟离棉，向槟榔屿进发。槟岛为马来亚北部一个小岛，面积和香港差不多。与棉兰遥遥对峙，隔一衣带水，十四小时的航路并不觉苦，十八日清晨便抵埠了，来欢迎的有黄领事、侨团代表、报界记者多人，把码头塞挤到毫无隙地，走车至上海旅店安息。午餐后即分乘汽车多辆，径赴离槟岛五十里之“吉礁”小埠，准备下午与该埠选队比赛。抵该埠后，即承各团体纷纷开会欢迎，仪式与他地如出一辙，分由容主任及记者答谢感意。五时左列球友，即戎衣与选队相见。

包家平

蔡文礼　麦绍汉

梁树棠　梁荣照　张显源

郑季良　谭江柏　孙锦顺　黄美顺　杨水益

上半时五比零，结果八比一，立功者江柏四，水益二，美顺、锦顺名一，代队长包家平。

吉礁埠小人稀，年前南华会曾一度来此，今日虽热闹空前，然全场观众，不满三千。此间足球程度，亦较幼稚，我方应战阵容不甚强劲，但已绰有余裕。全场比赛尽成吾队天下，战情亦毫不紧张，江柏头顶脚踢，独奏四功，最为观众所赞美，其他无足记述。晚承设筵款待，饭毕驱车驶返槟城，抵寓时已钟打十一下了。

（六月十九日）今日吾队定与槟城联队作战。上午承全岛侨团开欢迎大会，举行授旗大礼。会中由黄领事及侨商学各界相继致词，容主任及余先后被央演讲，拍照茶会毕始散归。下午五时开火，我队以左〔下〕方阵容出战，结果零比零和局。

包家平

谭江柏　李天生

陈镇和　徐亚辉　梁荣照

郑季良　卓石金　李惠堂　孙锦顺　曹桂成

槟岛足球实力，在马来亚占有相当地位。惟当地人士，鉴于吾队在星洲作战佳续，咸认槟岛非我敌手，且有以为我队之胜必在四球以上者以为博。又孰知天下事每有出人意料外，鏖战结果，双方各无所获，和局而终。查彼队能不失败，半为守卫得力，半凭幸运相助。吾人射门多次，多中门柱或横木弹回，终未能破关以入。敌方防卫，森严得法，后中卫死守家园，老不肯过中线一步。加以吾人前线表演平庸，虽屡取攻势，亦未克奏功。下半时我方且数濒于危，幸守者尚佳，不致疏失。我队自冯、叶二锋在棉受伤后，锦顺过胖，石金体弱，显源非前锋材，吾人前线益感材〔才〕乏之叹。苟冯、叶不早告痊，则未来劲敌正多，殊足为吾人进攻力忧虑。赛毕由本埠足球总会茶点欢迎，容主任英语答谢。返寓后拾叠行装，准备明早赴仰光云。

## 吾国足球队欧游记（队长李惠堂撰寄）

（1936年7月13日）

### 槟仰三日航（六月廿至廿三）

六月十九与槟城选手搆〔媾〕构和后，翌日在丝丝细雨中，买舟向仰光进发。两地的距离约八百海里有强，航行需六十五小时，这艘英印船公司的客轮也可算迂慢了。这一段的海程，在离国后许多次航路中算是最不舒服，三日中长是风雨交加，雷电时作，深黑色的海涛，衬着雪白的浪花，煞是奇观。可是我们队中畏浪的却大有人在，第一天还泰半勉强支持，跑到餐间去果腹。到后来招架不住，十之六七却老与那狭小的软榻为伍了。第二天的早操，参加者竟不及一掌之数，其中尤以梁荣照、卓石金、郑季良、叶北华四人为最难抵受。更不幸的徐亚辉竟在舟中犯起寒热病来，时作呓语。我队伤者还未复原，今后有遭病魔所困者，最近的球赛怎样应付真有点心忧了。

## 仰光八日记（六月廿三至卅日）

（六月廿三）软弱无力般的太阳，射到船窗来老早把我们唤醒了，伸首一望，舟已驶入仰光内河。三日苦闷，一旦得复见大陆，不觉色然以喜，怕浪的更像逢大赦般雀跃三百。仰光是英属缅甸的首都，商务繁衍，也可算是南洋一带中重要城市之一。我国侨商于此也有很悠久的历史，中以闽粤人为多，居民迷信甚深，故仰光有“三多”之名，所谓庙宇多，乌鸦多，和尚多是也。这里的天气，听说也狠〔很〕奇特，三四五月里奇热，富有的都纷纷往山中避暑。跟着六七八月便是雨季，雨季中无日不雨。无怪我们早餐后又烟雨迷朦〔蒙〕，远远地罩着两岸田园的景色了。八时半欢迎的侨团及领署代表等数十人，已先乘小轮到舟中相见，检查护照毕，舟乃系泊码头。但见岸上侨胞万头攒动，乐队也大吹大擂，冒着细雨守候着我们登陆。仰光是我们足迹未尝踏过的，所以各人都格外感到兴奋。最令人不满意的，是这里的海关搜查得特别严密，我们也不能例外优待，足足在关卡内胡混了大半个钟头。事憝后，乃排队出码头与侨众会面，一时掌声雷动。华队破天荒第一次莅此，侨属欢迎之热烈，远胜他地，殊无足怪。闻此间事前预组筹备欢迎吾队委员会，捐集巨资，规模宏大。吾队食住行三者，统由此筹委员担负，其热忱可见一斑。登岸后，分乘汽车多辆，由乐队步行前导，环游仰光通衢。每过热闹市区，两旁中西人士，欢呼以迎，交通梗塞，全城震动，真有点像林白飞渡大西洋后返美时民众欢迎之盛况。途中经福建、广东数庙宇，由侨界领袖提议全队入内参礼，以福利在此居停。事虽迹近迷信，惟以侨胞相恳虔诚，雅不愿拂逆其意，乃排队入内三鞠躬。闻凡自祖国初来斯土之所谓新客，甫登岸即须来庙礼拜，始免灾祸，迷信入人之深，可怜亦复可笑。吾人环绕全市一周，乃遄归吾队宿处。宿处为一新式洋房，特留备为我队栖止者，楼上置卧榻十数，鹰列成行，几有大被同眠之概。午餐毕，因今日为英皇诞辰，本埠举行特别赛马，吾队遂承马会邀往观赛。马场距城约五英里，建筑宏丽，花树亭榭，美丽悦目，港沪马场，望尘莫及也。吾人乘兴而来，乃纷纷醵资作小博。

每届将达终点时，各均为其所博之马欢呼，呐喊助威，憨态有类孩提，惹得全场注目。中以李国威者为最幸运，得中冷门独彩八十余元，群趋致贺，央其作东道。晚间以三日久困于舟，乃谢绝酬酢，在寓休憩未出。

## 吾国足球队欧游记（队长李惠堂撰寄）

（1936年7月14日）

### 仰光八日记（续昨）

（六月二十四）天方晓，庭前鸦声嗓人，远望电线鸦雀成行，真像一页西乐的曲谱。八时记者偕黄管理至码头接余君焯华，先是吾队过星洲时，以仰光、印度两地比赛，尤未接洽妥善。遂央老马识途之余君，代表我队至两地商洽。仰光侨界筹备之美善，迎之热烈，实余君先事宣传之功。今早余君自印度喀尔咭打归，据谓彼方各事已筹商就绪，专待吾人莅止也。下午三时，全仰侨团开欢迎大会，会场布置宏丽，参加者凡数百人，盛况空前未有。席间由蔡领事及侨团领袖纷纷致词，容主任及记者均起立以国语、英语答谢。盖列席者尚有英人多位，中有葛雷博士（Dr.Gray）年前任事沪青年会，与吾国体育有密切关系。民十二第六届远东运动在日本举行时，彼亦曾以顾问名义，随队东渡。今日异地重逢，几不相识，十四年沧桑多变，相对慨然。五时被邀往观此间甲组循环赛，此地只一足球团〔园〕，所有比赛都在兹举行，球园面积修广，外围朱墙千丈，内有球场二，甲乙组比赛同时角逐。看台建筑雄伟，均有顶盖以御雨，其超等看座且有风扇设备，而四周植以花木，配以园艺，其举丽伟观，除中日菲三处远运场所及澳洲一二大埠之球场外，远东及南洋一带，实无出其右者。其场地之整理亦极得法，去水迅速，苟非倾盆大雨，殊不觉其泞滑碍事。闻此间足球程度甚高，甲组逐鹿者三、四十队，年前印度选队亦铩羽归来，至今未敢再来。今日所见者虽无特长，惟其短传极佳，管球得法，平均颇觉不凡。我队伤病相继，前锋尤感力薄，未来之赛，劲敌当前，中心惶悚，惄然以忧。加以此间侨胞期望更为殷切，前途吉凶，真欲及早卜之，免终日悬念不安也。

（六月二十五）日必光顾一次的雨师，数日来从未失信。但我们并不感觉讨厌，反而欢迎他，因为天气凉快，晚来睡眠舒适，不致辗转反侧。今天是我们的第一战，本来有欢迎会的我们也请求展期他日，俾队友们得以休息，磨励〔砺〕以须。四时半更衣至球场，观众满坑满谷，闻三时半已告满座，停止售票，约计总在二万左右。我队是日阵线如左：

包家平

李天生　麦绍汉

李国威　梁荣照　陈镇和

郑季良　谭江柏　李惠堂　孙锦顺　杨永益

今日对方为英军来福枪队，在甲组中强旅之一。登场后我队以未知对方虚实，沉着应付。十分后谭左锋得记者短传，妙射中鹄，不久记者亦得右翼传中之便，继立一功。彼队经此二失，猛烈反功〔攻〕，卒为其右锋回敬一球，旋谭江柏卧射一记，造成上半时三比一之局面。易地再战，锦顺单刀赴会，奏功而还。未几敌中锋近射报复，成四比二。此时球来球往，战情颇觉紧张。但嗣后我队前锋大形活跃，先后由记者个人独破四关，敌方遂全线崩溃。然临场终前，吾人后防松懈，被左翼再射一球，结果吾队以八比三凯旋。侨界眉飞色舞，对吾人表演，表示满意。即西人舆论，亦认为艺术超群，不可多睹。查吾队是日阵势，虽不甚整齐，但各人均努力从事，戮力一心，故踢来都感从心所欲。后防虽负去三球，为南游来负球最高纪录，但各人表演，亦尽厥职。前锋中因感材乏，故迫调江柏上阵，江柏头球佳妙，占得无限便宜，且善冲刺，助益不少。全线短传佳妙，球到人到，最受观众称赏。记者个人独奏五功，博得中外人士推许不置，真可慰也。晚被邀往观电影，午夜始联袂以归。

## 吾国足球队欧游记(队长李惠堂撰寄)

(1936 年 7 月 15 日)

### 仰光八日记(续)

(六月二十六)今早披阅中西报章，昨日观赛人数实二万三千人。对吾人之精神道德球艺，均大加推赞许，为仰光一地前所未见。然来复枪英军实力，在此地尚未绝顶超群。以后两战，一对斯地盟主，一对选队，球艺到底如何，尚未目睹。闻此地球路，炯〔迥〕异英军之大刀阔斧。侨界咸殷殷为吾人报告敌方虚实，其代吾人担忧之诚，较吾队本身之诫〔戒〕心为尤甚。下午二时，承此间暨大同学会茶会欢迎，且有音乐助兴。吾队中暨大同学，有徐亚辉、陈镇和、梁树棠诸人，更觉亲热。散会后，被邀往游览全城风景，中途入观金顶塔(又名大广塔)，塔顶漆以真金，价值连城。入内时均须赤足，其内神像累累，多以金饰，来仰光者必莅此一新眼界。晚留寓未出，准备明日恶战。

(六月二十七日)今日在仰光第二战，敌为此间盟主缅甸警察队，实力雄厚，为南洋一带最驰名之一队。吾人甫抵斯地，侨界即以必挫顽敌为托而四方球迷，亦急欲一见此两雄相遇以为快。无怪我队抵场时，鹄立门外不得入者几半小时，其内外挤拥情况，破仰光纪录。场内迷民过多，竟挤出赛场线内。凡十数迭，看台上坐客，反不能窥全豹。当局者事前不虞有此溢量，未及提防，致秩序紊乱，牵连球赛。闻有中午即买座入内，守候五小时者，其争先恐后可想而知，其痴迷更足怜悯。是日上半时零比一败，结果三比一胜，立功者江柏、北华、季良各一。吾人略更阵势，计为：

包家平

蔡文礼　李天生

陈镇和　梁荣照　张显源

郑季良　叶北华　李惠堂　谭江柏　曹桂成

银笛一鸣，缅人为彼队捧场即声嘶呐喊，欢呼助威。彼方上阵，即敏捷异常，短传灵活，攻势甚炽。最初十五分，球儿往来两方，急若流星，为各赛中所仅见。吾队攻少守多，负隅抵抗。卒于二十二分因文礼防御不周，敌右翼从容传中，为其中锋，拨入一球，先开纪录。尔时平地一声雷，掌声与狂叫交杂，响彻云霄。继后彼方攻势仍烈，我方虽间有进取，辄无功而还，幸上半时完结，未再多失。休息时以吾队上场施展，确极纷乱，且操纵过急，正中敌敏捷传进之计，遂共商下场对付善法。果于易阵后，战略更变，声势迥异前时。不五分，桂成斩中得法，江柏大好头颅，打成平手。侨属球迷，连声报喜。未几惠堂中路得球，连过三关，右足猛射，弹守门之身。幸北华衔枚疾走，单骑冲至，轻轻拨进，侨胞至是始笑逐颜开。彼队上半时攻势过剧，守御过劳。下场遂短于气，攻守均觉弛懈，不似上半时之咄咄逼人。临完场，季良伏兵左路，静候桂成中传，弓张矢发，急如闪电。入网后，守门仍呆若木鸡，三比一终场，侨胞均感满足。吾队上半时先败，为南游来初次见屈。三十分之战争，彼队确占上风，吾人能保守不致重失，实为至幸。下半时我队睡狮初醒，措施得法，加以对方疲态渐呈，力遂不支。苟非其守者屡逢幸运，则负球当不止三次。彼方实力确属不凡，其联络、短传、管束、脚法、走位均臻上乘。两翼尤见活跃，所欠缺者，即最后一击，尚无把握。每有机缘，辄失之刹那间，射球之不易易，所经各地，均觉此项将材〔才〕之寥寥无几人也。上半时苟多负一球，则结果如何，殊不欲想像〔象〕及之。战情之剧烈紧张，吾人地位之危殆，事后追思，尤有余悸。我队是日全队踢来，上半时与敌赛捷，殊属不智。加以江柏腿受敌伤，屡拟觅机报复，遂不能全神注重球赛。前锋上场不克建功，良非无因，幸孺子可教。下场即不意气用事，且先以头球首建奇功。江柏之头，殊不易多得，英人认为上上乘，非过誉也。余以第一赛独获五球，成众矢之的，实意中事。然下半时仍能俟隙以进，屡入腹地，予敌卫以极大威胁，使其顾此失彼。文礼久未登场，初觉生疏，后始渐入佳境。天生乃南游中平均表演最佳之一员，铲球、勾消、抢夺诸技，均臻美妙，博得好誉多多。荣照自亚辉病后，居中接防，亦有显著进步。其余诸子，除北华尚未恢复旧观外，均能努力以赴，有良好表演。桂成急足奔驰，弄敌如弄小儿，亦令此间人士击节赞叹，苟能再练长气，则桂成殊未老去也。

## 吾国足球队欧游记（队长李惠堂撰寄）

（1936 年 7 月 16 日）

### 仰光八日记（续）

（六月廿八日）第一战观者二万三千，已破此地人数纪录，而昨战更有增无已。据报二万八千有奇，而场外树杪、屋顶之普罗迷民，尚未入统计表内。我队号召力之强，可见一斑。今日为星期日，承侨界美意殷拳，特雇小火轮一艘，作永日之郊游。舟中有缅甸歌舞团、音乐等助兴，侨界参加者，男女凡二百余人。沿途时雨时晴，载言载笑，河山景色，尽入眼帘。每抵小埠，即登岸遨游其市廛一周，各地居民，靡论其为缅为华，咸奔走相告，争道中国足球队已来也。日影西斜，始循原路驶归，抵寓又已万家灯火。晚七时承华人佛学研究会茶会及民友俱乐部设筵先后欢迎，吾人莅此为日无几，而欢宴几有应接不暇之势。间且有因吾队时间匆忙，欲款待而不可得者，侨情殷切，滋足感纫万千耳。

（六月廿九日）最后一赛，准今日五时举行。吾人以顽敌尚未清除，咸未敢安枕高卧。足球当局，鉴于前日观众盈溢，秩序纷乱，实不能一误再误。因早为预防，加遣警伯马队五百，维持场内外一带秩序。各门提前卖票，票罄即紧闭双扉。闻是日不得其门而入者三四千，场内人众，数目较第二赛，尤多逾千。良以今日对方为全缅选手，精锐溶冶一炉，华人固望吾人得竟全功。而缅人则期期以为此雄师麇集，大可复仇雪恨也。缅督下谕，所有政府机关，提早关闭，以利办公者参观。而本人亦将莅止，是赛之严重可知。五时五分，左列各员戎衣备战。上半时二比〇，结果四比〇，立功者惠堂二，水益、江柏各一。

包家平

李天生　麦绍汉

陈镇和　梁荣照　张显源

郑季良　谭江柏　李惠堂　孙锦顺　杨水益

开赛前，两队恭立看台阶下，由两队队长介绍其本队队友，与缅督握手相见，礼毕开火。缅队仍利其短传工夫进袭，幸我方后防表演精妙，无机叩关。是日微雨丝丝，场湿球滑，管束不易。然球重利射门，我方遂略占便宜。接触十五分，吾人虽屡取攻势，仍未破关。惟措施得法，占尽上风，观众早料吾队胜券必操。二十五分，我队二十五码外得一自由罚球，由惠堂低射入网，守者视线，为人所蔽，遂不及救。铁扉已破，我方攻势益烈。江柏之神头，摇摇摆摆，又建一功，上半时二零结束。易地交绥，彼队长气不足，招架维艰。幸守门掩护奇妙，连珠弹雨，救出不少。水益人矮计多，右路侵伐，骗过左卫，斜射中的，成三比零。至是胜负之局已定，敌虽仍作困兽之斗。然后防周密，雷池一步，未许超越。五十二分，惠堂得“小黑炭”来球，盘过两卫，左足一提，又破一关。四比零我队大胜，得竟全功。侨众欢呼报喜，其中热情过沸者，竟将余肩起，由赛场舁至更衣室。此固因其喜极而狂，然其爱护吾队之诚切，实非笔墨可形述者。彼队将材〔才〕平匀，各个艺术均属上乘，惜联络较差，射门乏术。道高一尺，魔高一丈，亦无法也。我队是日表演，全队皆臻化境，显源随军以来，以此场立功最多。其本人赛后，亦喜出望外。显源乃中卫材，余始料于兹益信。江柏三赛均任前锋，后卫良材，未尝一露，固属可惜。但我队今日前锋受伤过多，调上前线，用以济急，原无更佳办法。每赛赖其冲刺，使余得机深入，助力不少。其本人“铜头”灵活，独霸一方，奇功数建，殊足多者。锦顺虽胖，迩来每战均肯卖力，与南游上半部，判若两人。余如家平、天生、荣照、镇和等，亦均博中外人士之同声激赏。余本人自厕身足球以还，每抵新地，辄有美妙措施，此或幸运使然，惟十数年来均有此大福。此番来缅，三场来都能使人特殊注意。第九号遂成为观众与敌卫视线集中之点，以如此之年，有如此之佳绩，真足为爱好者告慰也。缅甸足球程度，赛后所见，殊不让南洋他地。以单个球队言，则缅甸警察一队，殊足与东亚任何一队较一日之短长。其盘运之得法，短传之神化，奔跑敏捷，走位之奥妙，很多地方足为吾人师法。独惜射门迂慢，长力不足，头球迟钝。否则我队虽强，恐怕也要低首称臣。晚间因我队明晨即赋骊歌，侨团开欢送大宴会，中西名士，相聚一堂者，几三百人，规模之大，为国内任何体育宴会所不及。由蔡领事主席，席间本埠警察司（亦足球会副会长）演说。擘头就说本来本司老早要下令把你们驱逐出境，因为你们抵埠以后，数日来弄至满城风雨，鸡犬不安，全市的交通秩序，都无法维持。其滑稽突梯，惹得全堂大笑。而吾队之得缅人重视，由此可见。末由容主任及惠堂相继演说，深谢此番各界人士爱护之特别诚热。最后又承侨团每赠纪念章一枚，余则承特奖银碗一座。三呼散会后，以夜未阑珊，复被邀往舞场遣兴。侨胞之同席者更坚恳进酒，各许不醉无归。归寓时钟鸣三下，精神已倦至极点，倒头便卧，行装未整，不之顾也。

（六月三十日）八日仰光之勾留，〔转〕瞬又明日黄花，告一结束。回顾此来，举凡比赛居食种种，事事均承侨界殷切关怀，热心回护，都感意满心欢。今日阳关三迭〔叠〕，殊觉黯然。早八时半侨界来欢送者数百人，分乘汽车多辆，仍由乐队先导，绕游街市，沿路炮竹争放，响达霄汉。道旁伫立而争睹吾队最后风采者，摩肩接踵，不可胜数。其雄壮盛热，尤胜抵步时也。九时半登舟，十时启碇西行，扬巾话别，又向印度喀尔咕打进发了。

按欢送席上，吾人曾邀缅甸参加远东运动大会为会员，于一九三八年派队至沪参预竞赛。苟成事实，则远运来届足球竞争必更感兴趣，而吾国又多一劲敌矣。

## 本届奥林匹克足球赛现有二十国参加

（1936 年 7 月 20 日）

（柏林通讯）足球——“球类之王”——在奥林匹克世运会之历史，实较他种运动更多变迁。自一九〇八年起，即被列入为世运项目之一。迨一九二八年，世运在荷兰亚姆斯丹特举行时，对于足球队有无违反奥林匹克业余规则，各国意见纷歧，以致涉及整个足球参加世运问题，争议甚烈，殊难解决，最后反对派占得胜利。故于一九三二年十届世运在美国洛杉矶举行时，取消足球比赛项目。但一九三四年秋，在罗马召集之国际足球协会中议决足球仍列入为世运节目，俾各国足球代表队参加角逐。此项议决案，并非与上次因业余问题而取消参加之原意相抵触，全为奥会本身增加兴趣故也。本年夏在柏林举行之世运会将实行该项议决案，而增设足球比赛，现加入者甚多。

本届世运足球比赛项目，参加者已有二十国，报名手续早已办妥。但素以足球著称之英格兰，尚无动静。足球在英最为普遍，故此项英格兰是否参加，世人均引为重大问题而加以注意。按一九〇八年在伦顿〔敦〕及一九一二年在斯笃克霍伦举行之四、五两届世运会，足球锦标均为英格兰获得。在巴黎及亚姆斯丹特举行之八、九两届世运，英格兰未曾参加。至本届参加柏林世运之主张，实出于柯郎〔荷兰〕国际裁判员包温博士，业已书面提出预备参加。同时向英最佳之业余队，征求意见，日内即可作最后决定。兹从伦顿〔敦〕传出消息，英当可组织一坚强之足球队参加本届世运云。

荷兰是否派足球队参加世运，亦为荷兰体育界一严重之问题。众意荷兰皇家足球协会当将组织一队参加。盖荷兰为足球第一流之国家，故荷兰之不派足球队，实与美、芬之不派田径队相同也。惟足球员因参加世运而受薪金时之损失如何补救问题一时尚难解决，现正尽力设法中。最近荷兰旅行社，已购就世运门券一千张，以应一千观众于荷兰足球队出战之日或前一日前往参观。于此可见荷兰对于足球之热忱，当然无人破坏此次参加之正当希望云。

## 世运足球第一周赛我国首遇英国

（1936 年 7 月 21 日）

（柏林十九日路透电）世运足球，今日抽签结果。第一周赛中国与英国相逢，另一场第一周赛，日本遇瑞典。

按：英国虽号称足球国，其业余足球队之实力，较之欧洲诸国，并未有特殊超人之处。今春该国球队游欧，曾先败于比利时，再败于奥地利。故世运会中，虽我国不幸第一周赛即与英国相逢，证以我队在南洋及印度之战绩，确有相当之进步，将来必能予英国以剧烈之对抗。

## 我国选手英姿勃勃，德国气候骤寒室内生火取暖

（1936 年 8 月 2 日）

（国民海通社七月三十一日柏林电）在世运开幕之前夕，中国七十余名选手均英姿勃勃。虽近数日来天气之骤寒，使各选手未能活动如故。近数日来天气寒冷，使中国选手所住之平房，不能不着火取暖。

中国队在足球与篮球两场比赛中之抽签，不幸适遇强敌。因为后者适与日本队相遇，而前者又为足球发源地之英国队对抗。但中国足球队相信对于英国队决定有相当苦战之表演，中国游泳队现亦在世运游欧队朝夕苦练。据游泳专家观察，中国选手成绩与技术上均臻上乘。

## 吾国足球队今日战英国

(1936 年 8 月 6 日)

柏林世运足球赛,今日我国出战英国队。柏林时间,下午四时开赛,上海时间晚上十一时许。不幸我国首战即遇足球之祖国,但英国之业余足球并未如吾人理想中之坚强,届时吾队健儿必能予以极猛烈之抵抗。惟以欧亚时间上之关系,此赛结果,今晚能否到达,尚不可知也。

## 世运选手团随征记第五信(中央社特派员冯有真寄)

(1936 年 8 月 6 日)

### (二四)足球队战绩

我们的足球队自五月二日由上海出发后,转战南洋群岛及印度,已是两个多月。共战二十七次,除四次和局外,未曾失败一次,成绩可称十分圆满。而且这四次和局中,都由于队员身体太过疲弱之故。例如在孟买的最后一战,全队由加尔各答乘了两天两夜的火车,七月八日早晨到孟买,下午就作战,实力当然要大打折扣。他们能在这样的舟车劳顿中保持常胜威名,实在是一件不容易的事情。不过参加世运会的各国球队,实力都很强劲,尤其是南美两个小国和欧洲各国,最为可怕。我们要想在大会中造出一点好的成绩,还需要特别努力奋斗。这一点决心,全体队员是都有的,可告慰于国人。

记者在轮中访问了足球部主任容启兆、管理黄家骏、队长李惠堂和其他几位队员。据他们说,这两个月的比赛虽然很辛苦劳顿,但球艺很有进步。最显著的是全队都已互相了解,合作已极纯熟,全队动作也很迅速,与出国前已有天壤之别。至于所有比赛,大多都很精彩满意,有几场因身体关系,未能充分发挥实力。全体队员都能注意到运动精神,留给各地观众以很好的印象。有几个地方一向对中国很蔑视的,以为中国人个个都是鸦片鬼。这次看见我们的球队表演得这样精彩,觉得十分惊奇,他们总算替国家出了一口怨气。全体队员,经过两个月的苦斗,身体上不免有受小伤的,但并无大碍。全体队员共二十二人,但世运会只准每队参加十五人。我们的正式阵线,虽已大致内定,还要看旅程中各人的体况,才能具体决定。所以要等到了柏林,才能正式发表。关于李惠堂的业余资格问题,国内舆论界曾起过一度纠纷。体育协进会议决,由李氏自己向会里提出一个书面报告。协进会已经把这个议决，于十三日录达李氏，大约日内将有正式答复。据李氏表示，他这次沿途撰述通讯，所以只送《申报》发表，原因是希望将来能由勤奋书局替他发行单行本，并没有受经济上的报酬，所以并不违背业余规则，出席大会也无问题云。现在把两个月的战绩，登记如次。

| 日期 | 对手 | 结果 | 射球者 |
|---|---|---|---|
| 五月八日 | 胜西贡乙队 | 八比一 | 叶北华三，孙锦顺二，冯景祥一，杨水益一，郑季良一 |
| 九日 | 胜西贡甲队 | 四比一 | 卓石金一，冯景祥一，陈镇和二 |
| 十四日 | 胜新加坡联队 | 四比〇 | 孙锦顺，李惠堂，贾幼良，冯景祥各一 |
| 十七日 | 胜八打威联队 | 二比一 | 冯景祥、李惠堂各一 |
| 十九日 | 和万隆联队 | 二比二 | 李惠堂、谭江柏各一 |
| 二十一日 | 胜泗水土人队 | 十比二 | 李惠堂五，孙锦顺三，杨水益二 |
| 二十三日 | 胜泗水锦标队 | 三比一 | 贾幼良、孙锦顺、李惠堂各一 |
| 二十四日 | 胜泗水联队 | 三比一 | 冯景祥、谭江柏、叶北华各一 |
| 二十六日 | 胜玛冷联队 | 一比〇 | 李惠堂 |
| 三十日 | 胜三宝垄联队 | 九比〇 | 冯景祥三，孙锦顺二，谭江柏二，叶北华、曹桂成各一 |
| 三十一日 | 胜梭罗联队 | 六比二 | 李惠堂三，杨水益二，卓石金一 |
| 六月二日 | 胜梭罗华侨青年会 | 五比二 | 贾幼良、孙锦顺、郑季良、卓石金、黄美顺各一 |
| 四日 | 胜吧城锦标队 | 七比二 | 李惠堂、曹桂成、郑季良各二，陈镇和一 |
| 五日 | 胜群力与华青联队 | 三比〇 | 冯景祥一，谭江柏二 |
| 八日 | 胜新加坡军联 | 四比〇 | 李惠堂、冯景祥、叶北华、曹桂成各一 |
| 十一日 | 胜棉兰联队 | 二比〇 | 孙锦顺、郑季良各一 |
| 十三日 | 胜棉兰西联队 | 四比〇 | 冯景祥三，孙锦顺一 |
| 十四日 | 胜棉兰与苏东联队 | 二比〇 | 卓石金、谭江柏各一 |
| 十六日 | 胜棉兰工人 | 五比二 | 谭江柏三，李惠堂、孙锦顺各一 |
| 十八日 | 胜吉打联队 | 八比一 | 谭江柏四，杨水益二，孙锦顺、黄美顺各一 |
| 十九日 | 和槟城联队 | 〇比〇 | |
| 二十五日 | 胜仰光英军 | 八比三 | 李惠堂五，谭江柏二，孙锦顺一 |

续表

| 日期 | 对手 | 结果 | 射球者 |
|---|---|---|---|
| 二十七日 | 胜缅甸警察 | 三比一 | 谭江柏、叶北华、郑季良各一 |
| 二十九日 | 胜缅甸联队 | 四比〇 | 李惠堂二,谭江柏、杨水益各一 |
| 七月四日 | 和加尔各答全印 | 一比一 | 孙锦顺 |
| 六日 | 胜加尔各答联队 | 二比一 | 李惠堂二 |
| 八日 | 和孟买联队 | 三比三 | 李惠堂二,孙锦顺一 |
| 总计 | 胜球一百十三,负球二十七 | | |

射球者,李惠堂二十八,谭江柏十八,孙锦顺十七,冯景祥十一,杨水益八,叶北华七,郑季良六,卓石金四,曹桂成四,贾幼良三,陈镇和三,黄美顺二。

## 我国足球队二比零败于英国

(1936 年 8 月 7 日)

(本报六日柏林专电)我国足球队今日与英国作战,战情异常剧烈。上半时零对零,各无所得;下半时被英国攻中二球。我队以零比二失败。

## 中英足球战详情

(1936 年 8 月 8 日)

(柏林)世运大会六日下午五时举行中对英足球淘汰赛,我防御力甚强。惟李惠堂被对方监视太严,致难活动,攻力遂弱。上半时力战,各无所获,下半时我队气力稍衰。在十一分钟时敌中锋在十码处力射,包家平无法挽救,遂失一球。我队乃努力反攻,终无效,在二十一分钟时敌方再拥门前,又射进一球。此后两无建树,我国遂以〇比二被淘汰。是日观众万余人,对我足球队技术之佳妙,均极表惊服,我国阵线如下。(七日中央社电)

包家平

谭江柏　李天生

陈镇和　黄美顺　徐亚辉

叶北华　孙锦顺　李惠堂　冯景祥　曹桂成

(路透六日柏林电)中英足球赛,观众约八千余人,中国大使程天放亦在座参观。英国队缺少练习及合作，中国队猛冲数次，但结果皆功亏一篑。入后中国球员改用错综之小传递进取，但因英队守卫之敏速严密，此方法亦卒归无效。比赛中之精彩，为中国选手之头顶甚佳，表示中国选手已采用此方法。上半时两队各无所得，下半时之五十五分钟，英队诺斯得克劳福之传，首中一球，第六十三分钟芬区以妙射造成二比零。

（路透社六日柏林电）中国足球队今日被英国淘汰，结果二比零。上半时竞争激烈，英国队于下半时先射中十二码罚球，继又获一球。中国队表演殊佳，守门包家平镇静慎密，救出险球不少。

### 欧洲专家赞美吾队

（国民海通社八月六日柏林电）中国足球队今日在初赛周与强敌英国队遇，卒以二对零败于英。中国足球队虽未能取胜于英，但大多观众均为中国抽签之不幸可惜。因中国队员此次之表演球艺，实不愧上乘，倘不与英队遇，中国队至少亦可入第二周赛。在上半场中国队员行动异常灵敏，而守御亦异常慎密，故在半场散场时英国队未能进攻一球。中国队数次头击，大博观众叫采〔彩〕。在场参观者有中国大使程天放、中国总领队王正廷及国民政府考试院院长戴季陶，此外尚有中英侨民甚多。下半场英队中锋都德在开球后十分钟射入一球，此后交战约十二分又为左翼射入一球。欧洲足球专家数人，曾参观此次比赛后，谓如中国队稍为幸运，此次比赛至少能射入一球。

### 技差一着无可奈何

（中央社特派员柏林无线电报告）我国足球以二比〇败于英国，遂遭淘汰，甚为可惜。其失败原因，非技术落后，乃实力不足。比赛时，观众有万余人，我国政府代表考试院长戴季陶、程大使暨留德学生多人，均前往参观。我留学生并组织啦啦队助威，我队表演至佳。守门包家平，后卫谭江柏、李天生，严守后方，厥功甚伟。中卫线陈镇和、徐亚辉，前后呼应，或攻或守，颇称勇敢。前锋由李惠堂任中锋，英人素悉李为我足球队主将，加以严密之监视，故无法展其所长，因之全队缺少生气。右内锋冯景祥踢来甚为灵活，左内锋孙锦顺脚头颇称老道，右翼曹桂成、左翼叶北华较差。综观全局，我国进攻时多采用短传，致进兵迟缓，敌人易于布防，且奔跑略慢，踢出之球，劲道不足，此为失败之主因。终因技差一着，无可奈何，吾队已尽力而为之矣。

### 仅负两球尚有面子

彼队之优点，在奔跑与动作均迅速敏捷，出球峻急有力。上半时双方辛苦奋斗，我后卫死守后方，使敌人无法得逞。四十五分钟苦战，以零比零成和局。下半时彼乘隙猛攻，借其实力与长力之充裕，直入我腹地。后卫返救不及，遂失一球。二十分钟时又为敌冲入，包家平卧救不及，失第二球。我队曾数度捣入敌线，或因出脚迟缓，或因出球欠急，终无所获。闻英皇曾致电该国选手，嘱保持英国光荣，故比赛时该队十分卖力。

参加足球赛者，共十六队，得决赛权者已有八国。共结果为英胜中二比〇，德胜卢森堡九比〇，意胜美一比〇，挪威胜土耳其四比〇，日胜瑞典三比二，奥胜埃及三比一，波兰胜匈牙利三比〇，秘鲁胜芬兰七比三。

## 我国足球队被邀赴伦敦比赛

(1936 年 8 月 9 日)

(七日伦敦电)据今日此间宣布，中国参加世运足球队已被邀于九月十六日在哈蓓蕾地方，与英国著名职业足球队“兵工厂队”比赛云(按：兵工厂队即Arsenal，为英国职业锦标队，大致我国队所与比赛者，为该队之乙丙组队)。

## 我国足球队昨离柏林往佛兰克福

(1936 年 8 月 12 日)

(中央社特派员十一日柏林广播报告)我国国术选手于昨日在大会场中表演，各国观众均深感极大兴趣。今再作一度表演，各国均表示欢迎。我国足球队自对英以零比二失败后，各国报纸对我均有极好批评，深加赞许。连日因在大会期中，不能与各国作友谊比赛。决于今日启程赴柏林近郊之佛兰克福，与该地足球队作一次友谊赛。然后再赴奥京维也纳，转往瑞典，然后赴英美法意等国比赛。秩序均已接洽完妥，现我各队员身体均健康如常，到各地后必有良好之成绩。

## 我国足球队失利，败于德国西南代表队

(1936 年 8 月 15 日)

(国民海通社八月十三日佛兰福克电)中国出席世运足球队，今日在此间与德国西南部代表队作友谊比赛。结果八对三中国队失利。中国队员个人技术

表演极佳，只射球似欠准确。上半时中国队占优胜，惟下半时德队继续射入六球。

（中央社特派员十四日柏林广播）我国参加世运政府代表戴季陶院长，于本月十日曾离柏林赴克洛克地方游览。现已返此，准备参加十六日举行之世运大会闭幕礼。

## 我国足球队败于佛兰克福

（1936年8月16日）

（中央社特派员十五日柏林广播）我国足球队离柏林到佛兰克福后，曾与该地球队作友谊比赛，上半时三比一占优，下半时力不支，反以四比六失败。

（按：昨日国民海通社佛兰克福电，谓中国足球队三比八败于该地球队，上半时三比二，我队占先。今中央柏林广播所称，结果稍有不同，不知究竟何者准确。）

## 我世运足球队战胜日内瓦赛维蒂队

（1936年8月22日）

（中央社二十日日内瓦电）今日傍晚，我世运足球队与此间赛维蒂（Serqette）队作友谊比赛。鏖战九十分钟，结果我以三对二获胜。此间人士对我队球艺，颇多好评。晚间并设宴款待，以示欢迎。我队即将赴巴黎，定二十二日对法国队比赛，二十三日对哈佛（Havre）队比赛。

## 吾国足球队抵巴黎，与巴黎劲旅"红星"队比赛

（1936年8月23日）

（哈瓦斯社二十二日巴黎电）参加奥林匹克运动会中国足球队，现已抵此。定于本日午后，在近郊圣王镇足球场与巴黎劲旅"奥林匹克红星队"举行比赛。中国队日昨甫在日内瓦以三对二之比数击败该地著名"赛佛脱"队，其力量可知。"红星"队当以最强阵线应战，以故本日比赛情形，极足引人注意。各报咸称，中国队表演优美，本日比赛结果，胜负谁属殊难预料。其中"汽车"报（体育报之一）载称，中国队各队员体格健全，刚毅精神，现于眉宇间，可见已抱战胜之

决心。此在红星队，自当审慎从事与之应战也云。

## 我国世运足球队二比二和巴黎红星队

（1936年8月24日）

（哈瓦斯社廿二日巴黎电）参加奥林匹克运动会中国足球队，本日午后在近郊圣王镇与本京劲旅“红星”队举行友谊比赛，观众甚为拥挤。上半时红星队以一对〇占先，下半时中国队连胜二球，红星球旋又扳回一球，卒成和局。中国队队员攻守敏活、技术优良，观众钦佩不置。

## 世运足球队欧游记（李惠堂撰寄）

（1936年8月25日）

### 抵喀尔咕打〔加尔各答〕

我队六月三十日上午乘英邮“阿朗打”(Aronda)号离仰光。两昼夜的航程，使队中畏浪者大感不欢，终程与短榻作伴侣。在这“风飓季”中，这一带的航路，都有点使人害怕。却倒便宜了轮船公司，省下不少的福食。七月二日清晨倚栏下望，海水渐变黄色，询舟中人则云已近印度之“镜子”河口。而舟行平稳，无复颠动，晕船者亦霍然以兴，争入餐室。八时半入河，两岸林田，一望无际。闻循此河道驶入，尚需六七十海里始抵喀尔咕打〔加尔各答〕也。午餐甫毕，喀城已遥遥在望，岸上佇〔伫〕候欢迎者数百人。陈梁领带侨商领袖及印度足球总会会长、职员等多人，且登轮殷殷与吾人握手，纷纷问讯，热情可感。登陆后，乘车环游全市一周，始遄赴“大华饭店”下塌〔榻〕。按：喀尔咕打〔加尔各答〕不特为印度最大城市，即在远东一带，其幅员之辽阔，人口之稠密，亦算首屈一指。刹那间的印象，虽因所见不多，但最深刻的是这里也有三不少：人不少、车不少、牛不少。街上行人有时真肩摩踵接，车辆全城逾七万部，其热闹市区，常有交通梗塞之患。而最使人惊奇的，便是无论通衢大道上，或热闹场所及大商店门前，常可看见一两头的黄牛踯躅其间，无拘无束，纵使它们是阻塞着交通，警察及行人也不加以干涉，让其自由行走。听说这里的佛教徒，不食牛肉，且奉之为神，每年都有放生之举。所以全城处处都有牛迹，这也可算是别开生面的见闻了。

（七月二日）上午无事，中饭后承此间侨团联合茶会欢迎，并邀欧印人士作陪。席间各人演说，均陈述中印两古国历史与文化之密切关系，末由容博士答谢感意。下午五时半，往观此间甲组循环赛，此赛关系本年锦标，故其热闹，一时无两。吾人车未抵场，遥遥已见万头攒动。场内看台以木制(因场地为陆军场所，不许有永久建筑物)不能多容观众，挤极亦不过纳二万人左右。但此地足球热，熟冠远东，场外斜坡观众，无虑七八万，人如蚁聚，又如叠罗汉。六届全运足球决赛时之盛况，尚不可及。吾队南游以还，所至各地，观众均破当地纪录。但今日之热闹，实为前所未见，真足使吾人桥舌张目也。尤新颖者，场外观众之在后排而不能得窥全豹者，均手提木架□具。上置小镜向场中，其下复悬一镜向上微斜，场内比赛情景，由反映而毕现于下方镜上。持镜者遂盘膝以坐，如观电影于银幕，优〔悠〕哉乐哉，与人无争。这小小玩意儿，也是一点新见识。这里平常球赛，因天气过热，仅赛五十分，(少五分半场)印属球员多跣足应战，其敏捷处如小鹿奔驰，得利不少。惟有时遇穿靴者相撞时，也有点吃亏。世事无两利，于兹更信。此间球艺，平均程度甚高，短长传递，均有相当准蝇〔绳〕，尤以短传为佳妙。但射门术尚欠功夫，头球亦非高明。总之，今日观察所得，印度足球尚觉可人。虽看不出有特殊杰出之辈，但个个都中上之材。吾队明日与其精锐相见，实未可乐观也。

### 中印大战

(七月四日)今日为中印国际大比赛之期，此项国际接触，实为嚆矢。闻入场券旬日前已沽清，投机者且有倍其值，或三四倍其值，将券善价而沽，可见斯赛之能引人入胜也。是日天气晴明，红日高照。午餐毕，自吾人旅舍遥遥下瞰，即见观众争先恐后，络绎途中。计距开赛时尚五六小时，而迷民竟因地盘优劣关系，不顾辛苦，宁在烈日下擎伞以待，是真一等球迷也。五时半吾队驱车进场，观众遍野，不得其门而入者不可胜计，其热闹情况，闻开空前纪录。音乐奏毕，吾队以左列十一人，登场应战。上半时一比〇，结果一比一，立功者锦顺。

包家平

李天生　麦绍汉

陈镇和　徐亚辉　梁荣照

郑季良　谭江柏　李惠堂　孙锦顺　杨水益

稍练脚等后，乃排队看台前，与足球总会长某印度王子握手行礼。礼毕开球，对方十九赤足，在今日场地干硬之上，占得无限便宜。吾人自赛球以来，从未遇敌跣足以赛者，今日破题儿。接触之下，便有特殊感觉，又怪又趣，不可形述。彼方管球有方，盘、传均臻佳妙。我方徐亚辉病后新瘥，不出赛已半月，今日再复登场，气力较差。荣照地位又劣，中右两路，遂屡为敌所侵。前锋表演，季良、江柏最失常态，江柏连头球亦无所施技，牵动全线。上半时锦顺奏功，以一比零占先。下半时印队攻势益炽，我队被围而陷于危者屡，幸彼辈射门乏术，不致有失。终场前，绍汉夺球被罚十二码，遂以一比一平分秋色，和局以散。事后各方评论，均认此罚球为不当。总之，今日之赛，我队并无惊人表露，全队除家平、天生、镇和及惠堂能保持常态外，余子均远不及周前在仰光时措施之佳妙。观众过多怯场欤，天气过热有关欤。

## 李惠堂谢绝参加法职业球队

(1936 年 8 月 26 日)

(中央社二十五日日内瓦电)据巴黎消息，我世运足球队日前对巴黎最强之职业足球队红星队，战成二对二之和局后，法队即拟延请我队队长李惠堂留法加入该队作职业队员，月薪二千五百佛郎，签定合同时，一次付给二万五千佛郎。但李氏因即将放弃足球生活，故已婉词谢绝云。

## 吾国足球队欧游记(李惠堂撰寄)

(1936 年 8 月 26 日)

(七月五日)昨赛吾人虽无特殊精彩，然今日报章舆论，亦极端赞美，认为上乘球队。午承全印足球总会设餐款待，列席者均体育界知名之士，凡三四百人。由会长致词及奖赠吾队金纪念章十一枚后，由容主任及不佞相继答谢，拍照留念毕，始散。晚又承印度某影戏院雅召，往观印度国片，并有吾人昨赛时事画片，一场奔逐，重映幕上，颇饶兴味。休息时且被邀登台，向观众一一介绍，一时欢呼与掌声，混成一片，吾队亦三呼印度万岁以报之。

### 胜英印联队

(七月六日)本喀城第二次大战，系对英印联队，实力更为完整。早间下雨，天气顿觉凉快。吾人均色然以喜，良以吾队每遇天热场硬，即无佳妙表演，且旬来在仰光每赛必有微雨，场地微滑，不大泥泞，极利我方施展，积习成惯，此日前第一赛踢来不如己意，非无因也。今日虽天不造美，至赛时仍雨下丝丝，惟观众并不因之而裹足，盛况不减前日，开赛时我队列阵如左〔下〕。上半时二比一，结果二比一，立功者惠堂。

包家平
谭江柏　李天生
陈镇和　梁荣照　张显源
叶北华　孙锦顺　李惠堂　冯景祥　曹桂成

我队第一战无良好印象，今日乃改变阵容，后防因江柏在前方毫无功绩，乃调之左卫。亚辉病后力弱，仍未复原，因以荣照居中，显源在右，前锋北华、桂成出任边陲。景祥自棉兰伤膝后，停战几将一月，今日重现色相，实予前线以非常助力。球场以雨多，颇有泥滑之叹，开赛不十分，即由惠堂因中路短传得法，从左锋地位斜取一城。继后敌方反攻甚剧，幸家平身手灵活，叠挽危球，出神入化，有若天助。但久御之下，卒有一失，角球中负去一球。不旋踵，吾人前线又呈活跃，由惠堂远射再奏一功，上半时二比一占胜。易阵后，双方均有攻守，战情紧张。双方守门，屡施神技，观众咸叹观止，直至完局，再无得失。是日我队表演进步，尤以前锋推进神速，射门美妙。家平今日守护得力，为此间人士所赞美。其余诸子，均中规蹈矩，受人激赏。赛毕复各得银盾小牌一个，由惠堂致词伸谢，乃匆匆返寓入浴，预备即晚八时乘火车入孟买也。

（七月七日）喀城与孟买，一东一西，相去一千三百余里，车行需三十八小时始达。吾人昨赛赛毕，于匆忙中入浴，拾叠行装。八时半抵车站，急进晚膳，九时乃与欢送者握别启行。车均有卧榻，五人占一厢，与他处不通，故欲把晤清话，非待车抵途中车站不可。闻平时天气炎热，烈日蒸人，此一日两夜之车程，最为吃苦。幸今日雨下连绵，清凉终日。昨宵且须盖上羊毛毯，以御寒风，早午晚三餐，均在餐车购食。途中停站甚多，故不感寂寞或相见难之苦也。

## 和孟买选手

（七月八日）孟买城号为“印度之门户”，西来者必经斯地。清晨七时半起来盥洗，拾理行装毕。孟买城即在目前，来站欢迎者，足球总会职员、我国领事、侨界领袖多人。站中一时嘈杂纷乱，摄影毕，即出站。走进“忌连”大旅店，略事休息，即赴侨团欢迎大会，行礼如仪，各代表殷殷训勉。茶会后乃返寓，准备下午与本城选手作南游最后一次之角逐。两日来车间久困，今日抵步即赛。鉴于吾之战绩优异，未尝一败，殊恐在此最后一着失足，造成一篑功亏之恨，故各人均栗然危惧。多事养息，不敢外出闲游。五时半出场，此间场地狭小，观众只近万。闻已为孟城最高纪录，其足球热由是观之，实远不若喀尔咭打〔加尔各答〕也。与市长及中德两国领事握手后，乃布阵应战。上半时二比一，结果各三和局，立功者惠堂二、锦顺一。

包家年

谭江柏　李天生

陈镇和　徐亚辉　梁荣照

叶北华　孙锦顺　李惠堂　冯景祥　曹桂成

两阵对圆，鸣笛开战，对方泰半为军人。其战术与港沪英军大同小异，球艺已佳，气力尤觉充足。甫一接触，吾人即知劲敌当前，殊不易与。靡不小心翼翼，谨慎将事。上半时由余与锦顺相继立功，家平大意失守一城。休息时吾队二比一占胜。易地再战，我队后防渐形弛懈。连因天生、江柏两番失误，于十五分内连负一球，反胜为败。是时天复转变，大雨倾盆，走踢维艰，前锋虽屡屡射门，均为其守者救出。或中横柱，或过高，或过斜，如为神为之掩护。当是危急之际，满以为不败纪录，必丧于今日最后一场，无可幸免。于是前方射门之心益急，愈急则准绳愈失，徒劳无功。幸天不绝人，临完场前七分，敌卫用手救球被罚十二码，由余执行命中。然已捏下一把大汗，能和局以终，真幸运儿也。

是日我队表演，为求竟全功起见，遂过事认真，反无精彩。前锋尚觉可人，后防位置错乱，所负三球，都因守卫漏踢而失，殊为不值。然九死一生，在希望稀微中能挽回不败之好誉，亦不幸中之幸。晚承足球总会开餐舞会欢宴，音乐悠扬，觥筹交错。微醉后，舞态婆娑，一堂共兴，钟鸣二下，尤不觉夜之深也。

（按：吾人五月初旬离国，迄今不及七旬。二十七战四和未败，称雄亚州〔洲〕一带，战绩可难能可贵。且舟车困顿，酬酢繁忙，尤其余事，回首前尘，历历如在眼前，真足慰怍也。有暇当为文细述南游观察所得，及各地足球岐〔奇〕异之点，以补余前此纪事之所遗，想亦球国迷民所乐睹也。）

## 我国世运足球队在英败于考林斯

（1936 年 9 月 2 日）

（伦教三十一日路透电）中国世运足球队，今日游英第一场比赛，因体力较差，以二比三败于考林斯队（Islington Corithians）。比赛在哈爱勃雷之亚森纳球场举行，观众甚盛。

上半时中国队表演可观，以二比一占先，合作甚佳。五锋攻势殊烈，深入敌境，中坚亦采攻势，在后策应。开赛后，中国队一举占先，连中二次，在二十分钟内，中锋冯景祥、左内李惠堂各进一球。在上半时完毕前不多时，考林斯之托宁顿，挽回一球。

换垒后，英国队凭其体力，渐见得势，奥斯朋、路易士相继中的，中国队全无回手。中国队以李惠堂及中卫梁荣照、中坚黄美顺表演最佳。

## 吾国选手团随征记(第十一信)(节选)

(1936年9月2日)

### (五一)足球赛零比二，吾败于英

大会足球赛采淘汰制，第一战我国首遇足球鼻祖英国队，真是一件不幸的事情。记者在上次发的通讯课〔稿〕，曾经说我国球队，集全国第一流好手，称霸远东，数十年技术，决〔绝〕不下于任何国家的强队。但体力不如人，推测上半时不致示弱，下半时必定失败，结果果不出所料。

欧洲各国对我们球队的实力，好像知道得很详细。前天一家报纸，预测中英足球赛上半时各无纪录，下半时英国可胜两球，真是给他猜个正着。英国队在战前对我们一点不敢轻视，他们的教练，并且还担心会被我国淘汰。英皇为鼓励他们的选手，发来一个电报，叫他们努力奋斗，保持国技的荣誉。中英足球大战，被人重视，于此可见一斑。

大会足球赛□规定□有复赛同决赛在大会会场举行，中英足球赛举行的场地叫康姆森运动场(Commson Spartplatz)离大会场很远，可是去观战的竟有一万多人，比任何初赛观众都多。我国政府代表戴季陶、驻德大使程天放，都作特别席中的贵宾。由欧洲各国来的留学生，连同在德国的留学生五六百人，还组织啦啦队助威。英国侨民观战的，当然也不少。日本的球员，也全体出发作壁上观。综观这幕大战，英国队动作的迅速，确为我队所不如，体力相差尤远。但是射门的技术，并不见高明，否则我们再多输一两球，亦为意中之事。中国方面防卫的力量，较前锋强得多。先说球门包家平，确是有功无罪，有两三次险球，都被他挽救。至于所败的两球，都是在门前十码至十五码的距离被射进去的。他就是长了三头六臂，也无法可施。谭江柏、李天生更是劳苦功高，如果不是靠地〔他〕们一个“铜头”、一个“铁铲”，这幕战事的结果，是不堪设想的。他们技术的老法、救球的英勇，博得全场不少的彩声，就是坐在记者旁的几位英国记者，也大为赞实不置。射失的两球，他们当然不能不多少负点责任。但是最好的防御就是进攻，球老是在我们区域里盘旋，焉有不失之理。中卫线徐亚辉、陈镇和，仍然保持他们固有的本领，进攻退守，有条有理。黄美顺的蛮干，使体力强壮的英国球员都有点害怕，但是干得太蛮了一点，不知犯了多少规，被罚许多任意球。前锋方面，李惠堂受盛名之累，被敌人监视得十分严密，球一到他的脚上，就有两三个人来抢。因之活动的机会很少，这就是进攻力薄弱的原因之一。冯景祥活泼伶俐，混〔浑〕身是胆，所谓静如处女、动如脱兔，可以当之无愧。孙锦顺头脚坚硬，动作老到，可是失之太慢，贻误戎机不少。曹桂成、叶北华无功可言，尤其是叶北华，简直没有一点好的表现。两翼如此，要想建功立业，当然难如登天了。再就整个战略言，我队全用短传，固然强敌当前，不能不谨慎从事，但是短传太多了，使敌人得从容布置，防线也是得不偿失。再者，传球时的速度已不够快，所以往往被敌人截去。不过就大体上说来，九十分钟的血战，我队已充分发挥远东霸主的威力。虽然输了两球，无不寒蠢。闲话少说，言归正传，下午五时二十分，中英两国球员排着双行，由两队长拿着球走进球场，全场报以热烈的欢呼，各据一方，练习射门。十分钟后，裁判员召集两队队长选定方向。李惠堂中得头奖，指定坐北向南，一声警笛，双方摆开下列阵线。

▲英国队

希尔

福尔顿　霍姆斯

裴蒂特　乔埃　加定纳

芬区　艾特斯登　陶滋　凯尔　克劳福

▲中国队

包家平

谭江柏　李天生

陈镇和　黄美顺　徐亚辉

叶北华　孙锦顺　李惠堂　冯景祥　曹桂成

上半时各无所获

英国队开球先攻，叶北华上前截得，传得李惠堂，李率师挺进，两三短传，卒被英军中卫阻住去路交于前锋，向我进迫。谭江柏从容救驾，伏险为夷。英军再度进攻，凯尔举足射门，包家平接得正着踢出后，又被乔埃截得。徐亚辉抢球性急，违犯军规，四十码处被罚任意球，徐返身保驾，将功折罪。英军攻势甚盛，两三盘旋，又深入腹地，克劳福特举足力射，谭江柏“铜头”一顶，会场为之喝彩。此后我军两度由右路进兵，均无功而返，及之敌军向我进寇，亦极费心机。六分钟时，谭江柏撞人犯规，三十码处被罚任意球，陶滋举足猛射，高飞出界。混战至十二分钟，李惠堂督师反攻，传于叶北华，叶沿边疾进，正拟传中时，霍姆斯死缠不舍，逼成角球。叶在左角主踢，角度甚佳，霍姆斯跃起顶出，徐亚辉举足扫射，稍偏出界。敌军再犯，李天生奋身救出后又为霍尔抢得，传于陶滋，陶猛力射门，球出如矢，幸稍偏出界，险极险极。十七分时，冯景祥大耍花枪，闯过两关，叶北华门前候驾，接球即射，但为门将拍出。二十分钟时，我军禁地，又风波迭起，李天生、陈镇和两度救驾，仍未脱险。艾特斯登举足射门，直向左上角飞来，包家平跃起一托，球由横柱上越过，安渡难关。芬区开角球，仍未能得手，我前锋线不甘屈服。二十五分钟时，李中军一度督率健儿进迫敌阵，但以防卫森严，不能深入。曹桂成曾一度射门，但为敌军守门接住。此后双方混乱，均告无出路。三十二分时，敌军在中线犯手球，惠堂踢出被截。三十四分钟时，叶北华得球衔枚疾进，直至底角，一脚传中，冯景祥迎头未着，坐失良机。三十五分钟时，敌军乘我后防空虚，如飞而进，包家平独守空门，形势危急，艾特斯登求胜心切，竟稍偏出界，此球不失侥天之幸。三十七(分)钟时，黄美顺得球远传，李惠堂乘势进迫，但球为乔埃截得，一脚踢出，适中惠堂腹部，大伤原〔元〕气。停半分钟，幸告痊愈，此后你来我往，各无建树，上半时结束，大家妙手空空。

失两关终被淘汰

柠檬吃过，整军再战，我队一反前态，改取攻势，中卫线出阵助战，声势极盛。四分钟时，曹桂成得球传交孙锦顺，孙盘过两关，回传曹桂成。此时敌军后防空虚，大可畅所欲为，但曹桂成迟到一步，全盘希望，均成泡影。机会既失，敌骑又告猖獗，声势汹汹，挥戈进迫，所幸“铜头”“铁铲”奋身抗拒，“钢门”亦屡显身手，得未遭暗算。然智者千虑，必有一失，十一分钟时，敌军卷土重来，陶滋偷过难关，于十码处迎门怒扫，“钢门”虽有三头六臂，亦难挽此狂澜。我军虽失一球，气势并不稍衰。前锋线力图振作，义帅所指，然总以失之毫厘，谬以千重。十九分时，环叩敌门，锦顺不幸犯规，虽发炮破钢，亦只能赢得球迷同声叹息。曹桂成边陲起义，开弓放箭，但远走高飞，未中要害。两分钟后，敌骑又如饿虎扑食，排出〔山〕倒海而来，李、谭还救不及，艾特斯登门前挥动，“铁腿”“钢门”扑地挽救，心劳力拙，再失一城。大势遂去，此后我军虽屡谋反攻，然敌军坚壁清野，谈何容易，鸣金收兵。〇比一我队遂遭淘汰。

兹将足球第一周比赛结果，列之如次：

德国胜卢森堡　九比〇(上半时二比〇)

挪威省土耳其　四比〇(上半时一比〇)

日本胜瑞典　　三比二(上半时〇比二)

意国胜美国　　一比〇(上半时一比〇)

奥国胜埃及　　三比一(上半时二比〇)
波兰胜匈牙利　三比〇(上半时二比〇)
英国胜中国　　二比〇(上半时〇比〇)

## 我世运足球队又败于英业余杯冠军

(1936年9月3日)

(伦敦九月一日路透电)中国世运足球队昨日以二比三败于考林斯之后,今日又以二比五败于凯休尔斯(Casuals)。凯队为上季业余杯之冠军,比赛在赛尔赫斯公园之水晶宫球场举行。

自昨日之经验后,今日中国队在上半时中非常镇定,保持其体力,直至上半时将完毕前五分钟,尚堪与英队周旋。

中国队之技术与合作甚佳,确在与伊斯明联赛 Isthmian League 亚军之上,但英队之乔氏,确为中国队之一大障碍物。

此业余杯冠军队之考林斯〔凯休尔斯〕,首先获中。李惠堂于上半时完毕笛鸣前亦破敌门,造成平手。

下半时开始,中国队又占先着,孙锦顺在极动人之姿态下又中一球。凯休尔斯毫不畏惧,反攻甚烈,以极美丽之表演,餮诸观众。一气呵成连中四球,以五比二得胜。

列雷在离门甚近处造成平手;爱伦打成三比二;尼尔与乔氏在将完场时盘球而进,又各中一球。

## 我国世运足球队胜日内瓦赛维特记

(1936年9月11日)

(中央社日内瓦通讯)数日以来,日内瓦的大街小巷张挂着很大的广告,写着"日内瓦赛维特队,定于本月二十日晚六点一刻与世运会中国足球队友谊比赛"。日内瓦对于体育素有兴趣的,固不必说如何的望眼将穿的等待这一天来临,即平素不甚注意体育的人们,也不免磨〔摩〕拳擦掌的等待观战。与其说观战,莫若说是好奇。因为这是日内瓦体育界破天荒的一次,第一次与中原建〔健〕儿接触。究竟中国的体育家是怎样的身手,这就是他们所急待领略的。在这里的大多数人对于胜负的推测,总以体格与技术为标准,好像是赛维特队可以操必胜之券。以久经大敌的赛维特队，好像是也未把中原健儿放在心里。又何况群众的心理，足以增加他们的骄敌之心呢。可是日内瓦各报，已为他们抱着戒心。在比赛之前三日，各报的态度，好像对他们下了一些警告。在本月十八日的《日内瓦报》(*Journal'de Geneve*)上说："赛维特队在二十日晚将与中国足球队比赛。我们应知道这十一位天朝的选手(指中国队)，在过去二十九次国际战中，廿三次操过胜利，四次是势均力敌。虽在世运中一次败于英国，但却是一个光荣的败……因此各地不断地请求比赛……"继而说："中国队在技术方面，甚为坚强，运转之速神出鬼没……"同日的《瑞士日报》(*Lasuisse*)上说："这是一个仅有的机会，因为中国队是一个旅行的性质，一定会引起观众的特别兴趣。……而这场比赛，恐怕不是平凡的，因为该队(中国)曾和最强劲的德国较量过了……"在十九日的《日内瓦论坛报》(*La Tribune'de Geneve*)上说："……赛维特俱乐部，从不使他们的观众失望，因为他们专邀请眼前最著名的足球队，到他们的场中。在明日晚，他们就要和中国出征世运会的选手相逢了，观众们是何等的兴奋与焦急的等候着呀！……自很久以来，这是第一次邀请著名的友军……"足见在他们骄傲的等待中，也表现着疑虑。

在十九日晚日内瓦的车站月台上，鹄候着很多的侨胞，此外还有赛维特俱乐部的代表。大家的目光，似乎都注射在一个方向于机轮转动的声中。这二十二个中原健将到了日内瓦，当晚下榻于赛维特俱乐部预定的旅馆。记者随之亦至旅馆与我国队员略谈。当时观察其旅途疲倦的神情，对于明日之战，颇抱杞忧。侨胞们凡曾到旅馆晤面者，实有不期而同的感想。因彼主我客，彼逸我劳，我们口中虽有鼓励之词，心内实不敢太抱乐观，归宿后几不成寐。

翌日(二十日)比赛的时期将近了，记者于四时半至旅馆与各队员同棹进茶。五时半偕同出发，见各人倦旅情形，虽未恢复然而精神振作，快乐融融，车中谈笑，怡然自得。最奇怪的是无人谈及比赛的事情，一若对于胜负毫无介意，不能说不是久经大敌、司空见惯了，记者亦因之增加了不少勇气。

赛维特场远在郊外，车行一刻钟，我们到了。但是在那探出场外的高杆上清天白日满地红的中华国旗与瑞士国旗，随风招展，早已触入我们的眼帘。记者因对我国队员说，这是第一次——第一次我国国旗，飘扬在瑞士的球场上。我们甚望它多飘扬几次，队员诸君相顾而笑。

初到时观众尚不甚多，但到了开场时，四面八方已围得水泄不通。正面厢位，已感恐慌，遂不得不临时加价，计约有观众三千余人。可惜不是一个星期六的下午或星期日，否则观众定当超出几倍哩！比赛开始了，赛维特代表向我队长贡献了鲜花一束，以表友谊的欢迎，可谓客气之至。在最初的二十分钟内，赛维特的攻击，猛烈异常，我方似乎侧重防卫，未能反攻。这时记者回头向观众的座上一望侨胞们，有的面如土色，有的慌张不安，不知是如何焦急。但一转瞬间，第一个球已从李惠堂君的脚上踢进敌人的门去。我方反守为攻，敌阵表现了紊乱，但彼方体格较佳，两腿既长，身体高大，占了不少便宜。所以在上半场终止时，以二对二之比。但有几次当我方攻击紧张之时，彼方竟将球踢回其本阵，或踢出场外，以避危险，未免太不大方。所以观众们齐声呼啸，表示不满。而当我方胜利时，观众亦同样鼓掌毫无偏袒。观众的公平态度，惹起彼方守门者大骂曰“蠢的观众……”这固然是很失礼，但我回想当时我的态度，也不免太偏私。因为我只为自家鼓掌，可是我相信侨胞们也正和我相同吧。在上半场我方的阵势如下：

黄纪良

李天生　麦绍汉

陈镇和　徐亚辉　张显源

卓石金　孙锦顺　李惠堂　冯景祥　杨水益

后备军：蔡文礼、黄美顺、李国威、曹桂成、贾幼良

在下半场我方阵势略有更改，即以贾幼良代杨水益，以杨水益代替卓石金。十分钟后下半场开始了，因为在四十分钟以内就要决定胜负，所以双方均更起劲，观众尤为紧张。在这半场，双方均有惩罚，我方大都因双手触球的关系。此外我方则最守规矩，颇得观众的同情。在前二十分钟内，我方又得了一球后，二十分钟内，双方苦斗尤烈，彼方企图恢复平衡，然而竟未能得手。总结果我方以三对二胜，侨胞们在半小时前的忐忑心理，已转为趾高气扬，好像得着无上荣誉。观众们亦不断的〔地〕鼓掌，并有很多人来向我方队员致贺。很多的儿童们包围着我队员拍肩握手，天真烂漫的表示着羡慕与尊敬。当晚九点钟，我驻国联代表团及驻国劳代表团联合在日内瓦中国饭店设宴为队员诸君洗尘，并庆贺胜利，宾主尽欢，将近午夜始散。中华队于翌晨赴巴黎，闻在巴黎将作两场比赛。在哈佛一场，在伦敦亦有两场，约于九月四日由意大利那坡里搭轮返国。

翌日《日内瓦报》(*Journal'de Geneve*)上第一句就说，这是何等的惊奇呀，赛维特竟败于中国世运队之手。观众或因好奇驱使，或欲观看在十五天之前在世运会与英国周旋八十分钟之久的中国队员之身手。在另一方面，因日本世运会足球队与居立克格拉扫波斯队比赛(记者按十九日晚日本世运足球队以零对十六败于格拉扫波斯)，所以均不相信中国队是赛维特的劲敌，但是结果吾人始

信中国足球高出日本。该报于叙述比赛一节中，说在开场时，赛维特确实表现了很大的努力，中国的阵线常在他们的压迫中，中国方面似乎只有招架，无力反攻。但中国队之守门者之敏捷，前锋健将之厉害，实出乎意料之外，一转眼竟转守为攻。继而说中国队员因对于真其前锋健将（指李惠堂）有坚固的信仰，故精神颇为一致，而传球之速，又有鬼神莫测之能力。同时，他们的主将（李惠堂）亦绝不使他们失望。最后说……论体格与技术，赛维特本应占优胜。假如中国队能向技术方面多下工夫，即欧洲之各著名球队，均不能不发生动摇。该报并勉励赛维特应取长补短，努力整顿。同日的《瑞士日报》说，我们很好奇的〔地〕等候着赛维特与中国友谊比赛，赛维特曾与欧洲各名队，甚至与非洲名队比赛过多次，然而与亚洲比赛还是第一次。这次比赛中国胜利了，但是上半场赛维特之猛攻，足使中国队只能招架而不能还手。一般人以为中国队之对赛维特，不免如日本之对格拉扫坡斯队，最低限度赛维特亦可以四或五对零中原选手，终不免失败。乃不意其守门者之灵捷，既足以防卫，而前锋主将之雄猛，竟能在二十五米突之距离，将球踢入，其队员传球之速，真是毫无失落。相形之下，我们觉得赛维特诸君动作太迟缓了。该□上也说论技术，赛维特实不应败阵。但当时赛维特之阵线既紊乱，态度有时亦不甚使人满意，前锋主角与中国队之健将尤不能匹敌矣，云云。

诚然此次中华队之远征在疲惫的旅途上，廿九次国际比赛，能以二十三次胜利，四次匹敌，不能说不是惊奇。同时亦打破了欧美人对于我国体育界素来之观念，这个不朽的纪念，实为有力宣传之一。我们由爱护心及敬仰心，尤热烈的希望我们的队员诸君，将此次远征之经验取长补短，百尺竿头，再进一步，将来在国际上位置之重要，可断言也。

记者犹忆本年七月时，南开大学教授张彭春先生过日内瓦。在日内瓦国际研究院的五日学术讲演，听众逐次增加，每以讲究掌声雷动，历数分钟不断。日内瓦大学教授几乎全体动员，其感动力为从来所未有。而不期一个月中，中国体育界又在此打了一个胜仗，日内瓦的华侨能参加此为次快事，又何其荣幸哩！

## 欧游日记（李惠堂自伦敦寄）

（1936年9月19日）

（八月十一日）日来或观运动，或览名胜，颇不觉烦寂之苦。吾队自大会失败后，报章舆论均有极佳奖评，故欧洲各国纷纷函电相邀。吾人为多事观摩起见，虽明知胜利无望，然亦乐于受教。于是我队遂不俟大会闭幕，于今早九时，乘车离柏林，五时乃抵德南“佛朗克府”。埠为德历史名胜及工业总枢，大徐柏林即设站于此，晚被邀赴观露天舞台剧，颇新眼界。按：此番余对大会印象虽极模糊，惟观感所及，则各项体育，人进一丈，我进一尺，苟不根本设法刷新，实无迫上水准。希望我国体育当局，受此次教训，不知有何振作否耳。

（十二日）今日本与南德选队比赛，惟天不作美，大雨如注，故迫得改期。明日上午承市府欢迎并赠礼品，由余答谢。旋往市内参观各地及中国文学院内藏中国书籍、古玩及用文化婚典、戏剧、衣冠、音乐、礼节种种，应有尽有。在国外得观土风，更饶兴趣。晚承足球会欢宴，宴毕，再由学生会、请茶会两处，均由余道谢盛意。因容主任在柏林未赶来，不得不由余代表答词也。

（十三日）今日五时与南德对旅，中有代表出席大会者五人，其实力可知。吾人毫无长处，上场以三比二占胜。易地竟因气力不继，连失六城，结果八对三负。然德队球艺高强，吾队确非其敌也。

（十四日）早七时离德乘火车入奥大〔地〕利都城“维也纳”，抵埠已掌灯时候。按：奥地（利）足球为受薪者，其实力之雄为全欧冠。去年英职业来与抗衡，亦铩羽而归，其实力可想见也。

（十五日）上午乘专车游览地方，本城历史名胜甚多，颇有兴味。下午与亚军队角逐，卒以四对二见败，然有此成绩，殊足□慰。奥人球术，效法苏格兰，多用三角法短传进袭，今日虽败，亦领略不少佳点也。

（十六日）昨得大会消息，意大利卒获大会足球冠军，闻讯欣羡。上午容主任自柏林赶到会合，下午与职业冠军强旅相见。吾人一盘散沙，竟以十二对〇惨败。余自有生以来，未尝身历此种败绩，真愧死也。查吾人大败主因，一则吾人大会败后即训练荒疏；二则连日火车及战事过频，以致下场受伤者多，仅以九人应战；三则全队精神涣散，已不似南游时之和衷共济，场上动辄口角相争，今日冯、包竟因意气，彼此拳斗，殊失斯文及体育本旨也。此番大大教训，或将为吾国足球之兴奋剂欤。

（十七日）今日大败之余，略事休息，下午应刘崇杰公使茶款。

（十八日）清晨又征尘仆仆，乘车入瑞士，沿途山洞甚多，风景清幽。殊不以为苦，晚抵“番梨诒”埠，暂驻一宵。在此得遇日本球队，闻将明日在此显身手也。

（十九日）上午略事浏览，即继续乘车登程，傍晚抵世界知名之和平都市“日内瓦”，此为国联会议地，有山有湖，其秀丽不让西湖，且气候亦温暖宜人，人言瑞士风景甲天下，洵非过誉也。

（二十日）早餐毕，乘专车请向导导往参观景物，得其口讲指，甚觉有趣。阅报，日本队昨在“书黎治”埠以一比十六大败特败，足见瑞士足球实力，亦非易与。幸吾人今日振刷精神，努力奋斗，卒以三比二占得胜利，余个人连中三元，后卫天生表演最佳。欧游得一胜利，殊觉难能可贵，实堪快慰。蒙当地侨胞设宴款待，尽欢而散。

（二十一日）九时，又闻轮声轧轧，向巴黎进发。日来载赛载奔，疲劳过甚，车甫开行，各员都枕厢寻梦，形容憔悴，真一队可怜虫也。下午六时半抵巴黎，来站欢迎者有大使代表、法政府体育部长及侨界多人，甚觉热闹可感。巴黎环球第一风流都会，欲海横流，人肉市场，城开不夜，其淫风之炽，甚于欧洲其他都市。前闻人言，当不敢信，故身临目睹，乃知人世间真有此怪现状也。

（二十二日）法国职业足球始自四年前，好手多聘自外国，其实力颇为雄厚。今吾人与之对垒，表演精彩，结果各二平手，亦一佳作也。赛后，法球会中人竟来询余有意留法食足球饭否？并云将以三万佛郎为聘金，月薪二千五百佛郎。余以年事已高，行将退隐，乃笑谢之。然余之球艺，竟惹得职业界之注意，亦快事也。

（二十三日）昨夜忽患腹泻，今早吾队拔队至法西“哈夫”（Havre）埠角逐，余因疴不能随军。事后闻各人施展极劣，竟以零比六大败，余不参战，当受不少影响。

（二十四日）上午往购飞机票，因余明日将独飞瑞典参观工商事业也。下午承大使馆请往茶叙，晚偕友人往观裸体跳舞，光怪陆离，眼界为之一新。虽瞽者来斯，亦将张目矣。

（二十五日）早七时趁机独飞瑞京“士托咸”（Stock-holm）〔斯德歌尔摩〕，因余受职瑞典洋行，不得不偷暇一走，至总行一观究竟，顺道考察工商业也。机行八小时，始安抵目的地，沿途经比利士、德国、丹麦诸地，俯览欧洲，别饶兴趣。而瑞典各处均庆升平，如在桃花源，均安居乐业，与巴黎实判若天壤也。

（二十九日）数日来瑞遍游典〔遍游瑞典〕中，卒与世界著名球星“亚力”诸大城名胜，并参观工商实业甚多，增进智识不少。各地均极受欢迎，每至一处，均有余照片披刊报端，并引吾队不能到瑞典比赛为大憾事。今日从“哥顿拔”（Goobenberg，瑞典海岸）始返伦敦，途经荷兰京城时，机中侍役告余，谓吾队前夜在此才战，以三比五失败也。下午五时安抵伦敦，按：英京为世界第一人市，地方辽阔，人口八百万，交通繁杂。吾队已先于昨夜由荷京抵此，今日且被邀往参观职业球赛也，惜余至场时已曲终而散，幸于更衣室与“詹士”君等握手相见，生平大愿且得偿，真大快我心也。与各同志重晤后，被邀至南市观灯景，颇觉有趣。在此有两场比赛，均对业余冠军队，结果当后陈也。

又吾队准九月二日早离英京入意大利，四日乘 Conte Rasso（康德罗素）轮归国，大约九月二十四日便可抵港。

（九月二日）八月三十一日对 Corihntians 〔Corinthians〕队以二比三仅负，博得无限佳评，纪良与余最受人欢迎。又九月一日对 Casuals 队复以二比五失败，吾人球赛至是乃告结束。准今日往意大利，趁轮作归计矣。

## 我世运足球队在伦敦之表演，表演佳妙大受赞美

（1936 年 9 月 23 日）

（伦敦路透通讯）中国足球队对考林斯队之比赛，考林斯队中，容有国际业余选手七人之多，中国队之表演，清晰而美妙。两队对立后，两国之国歌同时吹奏，在音乐声尚未完毕，而中国队已先开纪录。中国队得胜此球，合作方面，有惊人之玲巧，因此使人回忆在柏林中英两队之所以异乎寻常之接近与紧张也。

第一球于二十分钟时射入，中锋以动人之镇静，一举而中，其美妙实为数年来所未见。中国队员射门甚佳，传球之技术，亦甚佳妙。

考林斯以三比二得胜，但已竭尽其力。黄纪良之守门，亦有意外之佳妙，中国队中球者，为冯景祥与李惠堂。

中国队进攻之方式，采取英国式，中坚远落于后，中锋则向前直进。下半时之中段，形势稍衰，大战完毕前曾奋起反攻，甚烈，未曾成功为惜。

蔡文礼为全场后卫之最佳者，中国队之守门之表演，在本季海勃雷中殊未有在其上者。

## 我国足球队在英两战详情

（1936 年 9 月 24 日）

### 伦敦航空特讯

中国足球队，此次参加世界运动会，第一赛就遇到英国队。许多人都觉得咱们的运气不好，于国际运动竞赛中，往往一出马立刻碰着强敌。假如我们不斤斤去计较一时的胜负，那末就容易明白这一次中英足球赛的意义。经过了这

一度比赛以后，才奠定了中国足球队在国际间的地位。中国足球队的努力，虽说是战败了，还是我们在此次世界运动会中唯一的收获，唯一的成就。

说到足球，这是英国人的国家运动。英国足球队素来在国际间是占领袖的地位的。当中英两队将比赛的消息公布以后，英国一般人多少总觉得有些新奇。中国人不但也懂得玩足球，而且居然派起队来参加世界运动会，因为他们平常都只拿“中国人踢足球”这句话当做开玩笑的口头语用的。英国报纸呢，知道我队在南洋一带的成绩，似乎有些担心，怕出冷门。有几家报纸甚至于说，中国队简直有“威吓”英国队“尊严”的可能性。比赛结果，我队虽以零比二失败，然而在场的观众并欧洲各国报纸，都一致推许我队的球艺。“中国队也是国际第一流业余足球队”的论调，到处可以听到，事实上我们并不算失败。

一位英国小姐介绍

柏林比赛时，我队表演精彩，论我球艺决〔绝〕不在于英队之下。不幸失败，所以格外得到观众的同情。观众中有一位司密士小姐，她的爸爸是一个英国业余足球团体柯凌士恩司令 Islington Corinthians 领队。当时她自动托她的爸爸替我队接洽来伦敦比赛。经过几度商量的结果，我队应邀，决定在伦敦与英国业余足球队比赛两次，头一场对柯凌士恩司队，第二场对英国业余足球锦标队卡慈耳司队 Casuals。

中国足球队于八月二十八日间抵伦敦。侨胞方面，担任招待出力最多的人，为中华协会干事张似旅先生。英国方面，司密士先生特别热心。中国队各派员，虽经过四个月的长途旅行，先后三十五次比赛，负伤的人员，几乎过了半数，但个个依然振作精神，终留下一个极良好的印像〔象〕。英国各报除刊登我队队员照片以外，多半更特载专文介绍我队的作战能力。

球王李惠堂君，似乎从前老了一些，经过这几个月的征程，脸上显露倦容。“小黑炭”陈镇和君瘦了许多，大约因为此君每战奋不顾身的缘故，自然这也难怪他，受了旅途并足球场上的磨折。连孙锦顺君都不像有胖子气概，何况别人。全队中气色最好的一位要算谭江柏君，谭君的体格，一望去你就知道他应该是一位足球健将，可是你同他接谈表来，他都又文气不过的了。

对于“欧洲生活过得惯吗”的问题，“小黑炭”说：“几个月来没有吃中国饭，整天西餐，苦透了，早一天回去早一天好。”徐亚辉君说，出来两个月以后就想归家，早日回国。这几乎是全体队员的口号。

队员某君曾向记者谈起他对于中国队球艺的意见。他说，我们的踢足球并没有拜过老师，我们只看人家怎么踢法，觉得他踢得好，就把它偷学过来，实际上并没有完全到家,所以无法同职业足球队相比。我问他,作战时是否领队人从旁指点,有没有一定的阵势?他说,没有。我们是各自为战的,多半是个人乘机应变,这也许就是中国队白〔百〕尺竿头未能更进一步的原因。不过,容启兆博士说,他回国后,拟向体育协进会建议,聘请一英籍足球教练来华。我们希望他的计划能够早日实现,也许四年后中国足球队有机会使中国国旗在世界运动会场上飘扬。

### 第一日比赛情形

对于〔手〕为柯凌士恩司队,时间八月三十一日午后六时三十分,地点伦敦 Highbury 足球场。结果我队以二对三失败。上半时二比一我队胜,射球人:李惠堂一、冯景祥一。当日我队阵势如下:

黄纪良

蔡文礼　李天生

李国威　徐亚辉　梁荣照

陈镇和　谭江柏　李惠堂　冯景祥　杨水益

英队阵势如下:

哈德

爱理司　柏策耳

萨特克来夫　坦宁敦　伊司吞

芬区　路易士　欧士邦　司波士　戈林司

射球人:坦宁敦一、欧士邦一、路易士一。

此次英队名为柯凌士恩司队,实际上是集合各业余足球队的精锐,再加上海陆军中足球健将而组成的,内中有七人曾出席过此次世界运动会。英国《晨邮报》说,这一队似乎在柏林比赛的英国代表队为强。

在开赛以前,由军乐队先奏中英两国国歌。中国队在一万五千人的观众热烈欢迎之下,于英队开球后即取攻势。我队艺球高强,合作纯熟,上半时几乎全占上风,博得不少掌声。开赛不〔到〕五分钟,即由冯景祥首先攻入一球。二十分钟内,李惠堂得到陈镇和传来的球,在英内卫监视之下,李仍举足远射,替我队连获二球。李此球踢来清晰、美观,好像射来毫不费气力,球场上掌声动雷。英国《新闻汇报》记者,誉李君此球为他数年来所看见的许多最妙球中的一球。英队反攻,受阻于黄纪良,无所获。三十分钟时,陈镇和在英门前传中一球,英守门趋救跌倒在地上,球对空门,惜冯景祥迟到一步,错过一个良机。此后英队气势顿盛,中国球门几乎全处于被包围的形势下。黄纪良胆大心细,身手敏捷，无论高球低球，全数接住，逼得英队前锋毫无发展余地。直到将近上半时完场时，始由英队中坚于角球时顶入一球。

下半时一开始，英队依靠壮健的体格，大有愈战愈勇的气概。我队以劳对逸，本来已算吃亏。加之，球员谭江柏、黄纪良等都带伤勉强出场应战，全队精神远不及上半时，英队至此确比我队占优势。所幸守门黄纪良日来有惊人的进步，不慌不忙，救出好几个几乎都是无法挽救的险球。有一次一英前锋带球已迫近中国球门，此球看来十之八九早无希望。黄守门却有这种胆量出对方不意，乘机跃出，倒在地上，该球遂被迫成角球。黄纪良是当日中国队中的英雄，他每救一球，观众就报他一阵热烈的掌声。英国《每日快报》说，黄纪良是中国队的明星，他的救球获得了观众的心。新闻汇报说，中国的守门球员是一个预备员，但他救球的技能与敏捷，就是英国足球队中最好的守门员也不过如此。《每日先驱报》说，黄纪良救了这许多险球，还是一个预备员，那末那位中国正式守门球员的妙技可想而知的了。话虽如此说，但在完场前二十分钟终于被英队前锋先后攻进两球，成为三对二的比数，我队失败。我队此战内卫人才很出色，蔡文礼并徐亚辉特别卖力，前锋"小黑炭"奔跑迅速，不让英人，造成不少射门的机会，为我队唯一的机器人。

比赛完后，我队队员大受场中观众的欢迎，因为他们能够了解中国队的真实本领。当我们走出球场来的时候，路中还听到观众到处在向侨胞打招呼。这一场踢得真好，这就是我们的收获。

第二天英国各报对于我队的表演，大加赞美。《每日邮报》说，中国队队员的名字，是一个谜，可是他们踢起球来，一点也不难懂。《每日快报》说，中国人踢一个道地的足球。《每日先驱报》说："中国队技术比英国队高明，他们的失败是运气不好"。诸如此类的论调，我们还能够有什么要求。

论球艺，我队个人技术都已臻上乘。不过缺点也有，第一，队员过于疲乏，气力不足，不但在场中跑人家不过，而且到了最后一二十分钟，几乎自己都走不动，输球的原因就在这里。因为欧洲比赛足球时间为九十分钟，比中国足球赛多二十分钟。其次，合作工夫不够，没有预定的阵线，尤其是前锋间彼此的联络不灵敏，所以往往前锋得到球后，不是向无人处传递，就是须先站住看自家人到底在那里，于是屡次多失去射门的良机。相反的，英队前锋一得球，便毫不思索互相传递，立刻达到我队的第二道防线。第三，以体格关系，脚头不够强硬，前锋射门无力。至于抢球工夫，似乎也还不及英队。不过，中国人头脑聪明，思想敏捷，于是有许多妙球多出乎敌人意料，这一点是我队的特长。而且也靠个人的天分,不是用死工夫所能够学得来的。

此外,中国足球队替国家增光的地方,尚有两点。在柏林比赛后,德报已誉中英足球赛时双方球员举动文雅,处处符合运动家的精神,是世界运动会中最理想的一场比赛,可作大家的模范。在伦敦比赛后,每日邮报对于我队这一点也特别赞扬。中国队队员只踢球,没有踢人,这是我们觉得很可以向全世界骄傲的地方。另外一点,欧洲报纸大部分都登载中国队队员的出身,医生、商人、军官、警察、拳术家、学生,社会上各色人等都有,这个就足以证明足球运动在中国的普遍化。事实上,大部分我们所希望的都已达到了目的,中国足球队此行所差的,就是一个名义上的胜利。

### 第二日比赛情形

对手为卡慈耳司队,时间九月一日午后六时,地点伦敦 Selhurst Park 足球场。结果我队以二对五失败,上半时一比一。射球人:李惠堂一、孙锦顺一。

当日我队的阵势如下:

包家平

麦绍汉　李天生

陈镇和　徐亚辉　梁荣照

叶北华　孙锦顺　李惠堂　冯景祥　曹桂成

英队的阵势如下:

哈德

卫埃尔　萨特克来夫

霍区曼　B.乍伊　坦宁敦

里利　亚伦　J.李　塞比恩　戈林司

英队射球人:戈林司二、里利一、亚伦一、B.乍伊一。

英队以业余锦标队卡慈耳司队为基础,再加上其他强队健将数人组织而成,实力似不及柯凌士恩司队雄厚。惟我队以连日作战过多,虽以正式队员九人出战,而表演的结果,反不及第一战。我队开球后即被英队抢去,英前锋带队进攻,被中国内卫拦住。中国前锋再度反攻也无效,此时球来球去,双方虽无所得,但英队似占上风。包家平门前生意兴隆,幸他身手敏捷,得平安无事。中国队左右两翼,因跑不过英人,殊少贡献。曹桂成老矣,得球后每被英人抢去,弄得看台上旁观的中国队员,大家着急。因上半时不立功,下半时就更无希望,在这种局面下,我队显然处于不利的地位。上半时完场前三分钟□被英右翼先攻进一球,这一来大家更加担心。但世事每出人意料之外,否极泰来,英队获不到球一分钟，中国前锋得球后拥至英门前，英队守门冲出，而已将球拍出不远，李惠堂眼快，从人丛中赶前一脚，等到英内卫发觉时，球早已滚进空门去了。此球之得，全出意外，大家看到球在网里，才不禁大笑起来，上半时一比一，无胜负。

下半时开场后不到三分钟，孙锦顺得到一球，不加思索，立刻向英门远射，球应声入网，博得不少掌声。李国威君在看台上说，咱们现在有了本钱了。可是此后中国队即入于不振的状态，虽包家平、徐亚辉多方努力抵抗，“小黑炭”显出他跑全场的本领，始终奋斗，但仍不能减少英队的攻势。终于在二十分钟内被英队先后再攻入两球，造成二比二的局面。此时中国队知胜利已无望，只求不再多输，所以更取守势。但大家都感到疲乏，尤其是前锋，进不能攻，退不能守。就在这时候，球员的体格显然比个人的球艺重要，假如此次我队前锋五人，大家都有“小黑炭”一样的身体，这一场比赛胜利的决〔绝〕不会是英队。在最后五分钟内被英队再接连攻进两球，结果我队以五比二失败。

第二天英国各报的记载，多半说我队过于疲乏，所以失败，论调仍多致同情。这是我队在欧最后的一次比赛，希望大家归国后时常会记起，我们所吃亏的只在于体力，输球又在于最后的五分钟。（九月三日伦敦）

## 蔡文礼谈足篮球失败经过

（1936年10月4日）

蔡文礼于新加坡登岸时，与同轮归国之上海社社长薛光前谈，欧洲之足球战术、方法奇特。正中卫只在前后一直线，两后卫与左右中卫一前一后，有时后卫侵进至前锋左右，辅亦退守后卫之职，神出鬼没。其传球宛如吾人之玩篮球，得心应手，万无一失。其在门边掷出界之球，能一掷至对方门上，犹如平常之罚角球然。在英国参观职业之足球赛，叹为观止。观其训练方法，尤使人折服。我国队自被英国淘汰，八月十一日即离柏林，赴各国观摩，表演赛共七次，一胜一和五败。在巴黎之战表演最佳，欧州〔洲〕各国人士对我国队之运动精神，极为佩服。对于技术上之批评，多谓极“清脱”(Clean)，故对我国队之印象极深。至于失败之缘因，厥有三点：（一）体力不充；（二）传球不准；（三）天气关系。至前港报传李国威因伤殒命之说，完全无稽云。

又篮球在德友谊赛三次，胜意大利与秘鲁，败于美国。正式赛首遇日本，不幸即遭败北，继胜法国，终又败于秘鲁、巴西。综观对日一场之失败原因：（一）由于球员临场惶张，不能充分表演共〔其〕技能；（二）由于战法呆滞，不能随机应变，反为敌所任意布排而无法应付。仅罚球一项，吾国有十五次掷篮之机会，结果只掷进二次，殊属可惜云。

## 参加世运欧游杂感：追记中英之战

（1936 年 10 月 10 日）

中华民国二十五年八月六日那一天，是值得我们足球同志纪念着的，因为那是我们中国足球队破题儿第一遭在世界大会里头参加角逐，是被公认为东方霸主的我们，在欧大陆第一回的献身手，而且是我们在第一周被大必列颠（简称英国）淘汰出局的一天。我们以二比零失败的结果，虽会在电讯中四周传遍，但详细的纪载，恐怕除了当时的德文世运报外，他处再也看不见。尤其是战情之外，关于两队的内容，恐怕普天之下，没有谁比我知道较为详尽的。从我和英国队的领队、教练、队长等人的谈话中，及事前事后的穷追苦究里面，我却得着一点资料，是他人所得不着的。我现在且制表出来，供同志们研究和球迷们比较。

| | 英国 | 中国 |
|---|---|---|
| 队中人数 | 廿二 | 廿二 |
| 分隶几会 | 八 | 六 |
| 平均年龄 | 二四 | 二五 |
| 平均重量 | 一六六 | 一四八 |
| 平均高度 | 五呎十 | 五呎八 |
| 平均经验 | 六年 | 七年 |
| 专事训练 | 旬日 | 赛廿七场 |
| 教　练 | 英名宿 | 无 |
| 上半时 | ○ | ○ |
| 终场结果 | 二 | ○ |
| 受　伤 | ○ | ○ |

假如我对人说，我们这次本有击败英国之可能，或简直说是错过了战胜英国的良机的话，恐怕人们一定笑我是夸大狂，是不自量力，是痴人说梦，是过后说那风凉的废话。真的，如果在比赛之前，我这样说那就连我自己都要笑我自己狂妄不伦和不量力度德。但事后的事实告诉我（英队也承认的），我们根据那

天的战情而论，确有打得胜鼓回营的可能。现在追述起来，让我远远地从头说起。

七月九日，我们在印度的孟买城结束了南洋一带的战事。那天祖国驶来的选手团道经斯地，我们便登舟会合归队，向欧洲进发了。我们这次六十余日的南洋游踪，造成二十七战未尝一败的优异记〔纪〕录，增加了我们赴欧行程中不少的勇气。在舟间我们得着消息，说第一周锦标赛是拈着和英国对垒，我们像冷水淋头般颓丧失望，半信半疑地幻想着我们未来的惨败。谁不知足球是发源在英国的，谁不知道我国的足球，直接、间接都是从居留中国的英人方面学来的。以后学的身份，去和那先进老师对抗，不啻是以卵击石。谁也知道得胜的希望，是微乎又微，或且简直是完全绝望的。我们队中那时的心理，是只有从努力挣扎中，把自己的本领尽量拿出来给外人们看看。同时希冀作〔做〕一个良好的失败者，希冀能于奋斗之下，不致被人杀至落花流水，全无招架之力而已。在舟中那十几天，我们为着南洋战事的辛劳，所以全程养息，未尝训练过一次。这轮次的休养，是得着主任干事沈嗣良君和总教练马约翰君的同情和特许的。

七月二十三日我们安抵大会所在的柏林了。我们第一周撞着英国的消息，也从秩序表中证实了。我们那时一方面从安定生活中从事训练，一方面望眼欲穿地盼望着英国队的莅临，好调查他们的实力，来作九死一生中的准备。我们寄居在离城市三十公里的夏令配克时，那里是男选手的总汇区域，女界不许入内的。地方布置得很美备，风景也很幽致，食宿也丰美酣适，在里面住过的人，没一个不表示满意和有设备周全的感觉。我们的训练，是每朝五时半起床，六时到村内的运动场内集合，先行柔软体操，种种轻微动作，然后跑圈子练长气。每两三天总有一次的下午，是到外面的球场去练球的，有时练习射门，有时分队比赛，研究一攻一守的阵法。我们事前的苦心奋练，是表示我们虽则有点怨恨造化之不良，给我们和英国排在一起。但我们绝对没有灰心，因为我们深知，如果我们用过苦功努力去周旋而仍然失败，而且败于足球先进的英国，我相信是没有人会厚责的。我们的心理是“Nothing to lose everything to gain”(不会吃大亏，只有便宜占)，我们是预备着失败去和人家奋斗，下了仍要苦战的大决心。

有一天一位素昧平生的侨胞某君，寄给我左列〔如下〕的一封信。

“惠堂队长台鉴：敬启者。此次世运足球锦标，我国第一周即遇英伦，人皆认为绝望。然以余年来居留欧洲之阅历而言，则英之业余实力，殊不足以惊人。是故本届强旅，乃在德、意、奥大利、波兰诸国，而不在英也。愿好自为之，努力将英伦淘汰，则全球耳目，必为之一新耳。顺祝胜利，弟某某谨启。”(未完)

## 参加世运欧游杂感:追记中英之战(续)

(1936 年 10 月 13 日)

这位热烈关怀我们足球队的侨胞的启迪,委实令我们非常纫感,同时也加壮了我们不少的胆汁,增长了我们无限的锐气。我们知道比较上大家初次对垒,我们至少占些便宜。这便是我们深晓英人球队的踢法和战略,而英队对我们这东方球队,却茫茫然一无所知。

七月二十九日英国队到了,他们的宿舍,离我们的不过一箭之路。我一找着机会,便和他的教练接谈。我先调查他们的来历,他说队中有四人是来自苏格兰的Green Park队(加入苏之职业甲组赛之唯一业余队),有九人是分隶于英之著名业余队Casuals和Corinthians两会,其他的球员,都是由爱尔兰及威尔士各业余国际选手队事〔先〕选拔出来的。他又说他们本来不要参加的,到最后才决定派队,所以事前缺少训练。现在队员中彼此全不认识姓名的很多,了解方面,恐怕还要赶快地下点苦功罢。这样一来,我知到〔道〕这一回的英国队,是英格兰、苏格兰、爱尔兰、威尔士四部合拢着,而并非单独英格兰的实力。把各地的优秀份〔分〕子凝结起来,战斗力当然很利〔厉〕害。不过我们是经过长期训练和合作的,他们彼此连人都不认识,这也是我们一点小便宜。赛前的几天,每遇他们练习,我都偷偷地去观察他们的强弱、他们的脚法。平均上比我们好,蹴球也比我们有力,身躯比我们硕大,气力比我们充足。单就这几点看来,我们也不大容易应付了。他们到了柏林后,也很小心警惕地不约友谊比赛,所以他们所采的战略是无由考查。但无论如何,我们在绝望中仍抱着一线的曙光,绝对未完全表示灰心丧志。

大会开幕了,距赛期还有六天,除了参观田径和足球外,真有度日如年之苦。我们在南洋一带习惯了一星期最少三次或三次以上的比赛,虽然辛苦,但也习以为常。这一次休养着不赛球已有二十多日了,委实有点内心的不舒服,而且晚间老是不能酣睡,眼巴巴望着赛期的来临。我们全队都犯着“过度思虑”(Over Anxiety)的毛病,这不良的心理恐怕也是失败原因中之一。

韶光如轮转,不觉又是八月六日了,我们经过狠〔很〕审慎和密切的商榷,才把左〔下〕列的阵容摆出来。

包家平

谭江柏　李天生

陈镇和　黄美顺　徐亚辉

叶北华　孙锦顺　李惠堂　冯景祥　曹桂成

那天我们选手团，除了要参加旁的运动者外，余人都全体到齐观战。柏林的华侨，亦扫数临场助威，并分组两队啦啦队呐喊，替我队打气加油，各人的热情厚意真足感戴。钟鸣五下，两队并排着走到场之中央，同向两面的观众行礼（大会的规矩），我队择门得胜，先得背日之利。大战爆发，我队一鼓作气，即取攻势，时用边陲进袭，时由中路进取，敌方一时手足无措。最初十五分，几全属国队天下。有一次锦顺得桂成传中离门十五码，苟停而发射，势必中的，乃彼一时心急，球到即蹴，致失准绳，斜出门柱一尺。此球不胜，想亦天意。须知在势均力敌的局面中，最初一球之得失，胜败常系于其间，嗣后英虽屡屡反攻，但亦未濒于危。不久余为敌卫球撞腹部，气为之塞，施救后始复赛。上场终结，如无所获。然在场中外观众均认吾队表演不俗，且多占优势，上场不能取胜，实为吾人下场失败之先兆。良机错过，到现在尚有余憾。柠檬后再复登场，我队苦战二十五分，仍未见胜负。延至二十八分，始由其右翼传中，我队守者失误，由其左锋近门破网而入，打开纪录。斯时我队长力渐形不济，敌乘先胜之威，屡屡胁迫，卒于十分内以雷同之传递，被敌中锋再立一功，胜败遂因而判定。我队虽仍作困兽之斗，先后由余及景祥远射，亦无功而还，鸣金收军，我队遂以二比零之成绩，被淘汰出局，不能再复觊觎锦标，惟有静看他人逐鹿罢了。

是赛我们虽败，但施展尚可人意，留下极佳印象，博得舆论界极好批评，并且运动精神方面，也有良好的表现。但据我本人的意思，我们那天还拿不出我们十足的功夫。南游中战印度、战仰光、战星洲诸役，比较上还精彩佳妙。这恐怕是因为停顿过久和上面所说的“过度思虑”（Over-Anxiety）有以致之罢。战后沈嗣良对我说他不大满意前锋的左方，错过了不止一次的良机。又据我们的容主任和黄管理的观察，他们都以为如果是日改用纪良守门，两球或都可以解救。这三位先觉者之言，我也表点同情，因为锦顺和北华都渐觉肥胖迟缓了。家平守门，虽较老练和敏捷机智，但因身材的关系，扑救险救，却没有纪良来得勇敢，那天的两失，都离门甚近，守者如有勇气的话，实应走出来抱扑救护。事后还有狠〔很〕多关系者说，如果我们改用下列的阵势，结果或会转变也未可定。

黄纪良

谭江柏　李天生

陈镇和　徐亚辉　梁荣照

郑季良　叶北华　李惠堂　冯景祥　曹桂成

这种论调，虽则未尝绝无见解，但事后的忖测，是靠不住的。焉知以上列的阵容去应敌，不更惨败，不更无济。我唯一的大憾，是英国第二周中竟因守门之失误，被锦标第四、平平无奇的波兰征服了。这样一来，从比较中越显出我们的渺小。其实说句老实话，除了体格、气力、本〔奔〕跑各方面，是赶人不上外，我们的球艺，又何尝多让于他人。

"学而后知不足，知不足而后能自反也。"我只希望这一回的败绩，给予我们一个良好的教训，给予我们归国后一个自反的机会。

# 主要征引文献及参考资料

（一）著作

毕克官:《中国漫画史话》,百花文艺出版社 2005 年版。

陈明辉:《中华全国体育协进会研究(1924～1949)》,武汉大学出版社 2019 年版。

崔乐泉:《中国近代体育史话》,中华书局 1998 年版。

崔乐泉主编:《中国奥林匹克运动通史》,青岛出版社 2008 年版。

董守义:《奥运会与中国》,文史资料出版社 1985 年版。

黄金麟:《历史、身体、国家——近代中国的身体形成(1895～1937)》,新星出版社 2006 年版。

蒋槐青编:《刘长春短跑成功史》,勤奋书局 1933 年版。

李惠堂:《球圃菜根集》,前锋体育书报社 1948 年版。

李青编:《世界运动大会图画特刊》,良友图书印刷公司 1936 年版。

勤奋书局编:《第十一届世界运动大会画报》,勤奋书局 1936 年版。

阮蔚村:《远东运动会历史与成绩》,勤奋书局 1933 年版。

完颜绍元:《王正廷的外交生涯》,团结出版社 2008 年版。

吴文忠:《中国体育发展史》,台湾三民书局 1981 年版。

游鉴明:《近代中国女子的运动图像——一九三七年前的历史照片和漫画》,台湾博雅书屋有限公司 2008 年版。

游鉴明:《运动场内外:近代华东地区的女子体育(1895～1937)》,"中研院"近代史研究所 2009 年版。

张博:《近代中国的奥运记忆》,天津古籍出版社 2008 年版。

周家骐主编:《上海足球》,业余周报社 1945 年版。

[澳]费约翰:《唤醒中国:国民革命中的政治、文化与阶级》,李恭忠等译,三

联书店 2004 年版。

[加]卜正民、施恩德编：《民族的构建：亚洲精英及其民族身份认同》，陈城等译，吉林出版集团有限责任公司 2008 年版。

[美]阿尔弗雷德·赛恩：《权力、政治与奥运会》，贡娟等译，北京体育大学出版社 2008 年版。

[美]柯伟林：《德国与中华民国》，陈谦平、陈红民等译，江苏人民出版社 2006 年版。

[美]易劳逸：《流产的革命：1927～1937 年国民党统治下的中国》，陈谦平等译，中国青年出版社 1992 年版。

[英]埃里克·霍布斯鲍姆：《民族与民族主义》，李金梅译，上海人民出版社 2000 年版。

[英]约·罗伯茨编著：《十九世纪西方人眼中的中国》，蒋重跃、刘林海译，中华书局 2006 年版。

Xu Guoqi（徐国琦），*Olympic Dreams*：*China and Sports*，*1895-2008*，Cambridge，Mass.：Harvard University Press，2008.

（二）论文

陈建守：《图像的历史重量——引介彼得·柏克著〈目击：当作历史证据的图像用途〉》，《新史学》2007 年第 1 期。

陈佳利：《创伤、博物馆与集体记忆之建构》，《台湾社会研究》（季刊）2007 年第 66 期。

崔乐泉：《中国体育史学研究的历史与现状》，《体育文化导刊》2002 年第 1 期。

崔乐泉：《奥林匹克运动在中国的发展（一）》，《武汉体育学院学报》2007 年第 4 期。

崔乐泉：《20 世纪中国体育的崛起与中华民族的复兴》，《体育文化导刊》2010 年第 10 期。

丁栋、谈利兵：《二战前德国与南京国民政府军事技术现代化》，《德国研究》2007 年第 2 期。

高翠：《中国代表团与第 11 届奥运会》，《体育文化导刊》2004 年第 8 期、第 9 期。

何兰:《德国军事顾问与中德关系》,《华中师范大学学报》(人文社会科学版)1999 年第 2 期。

黄金鳞:《近代中国的军事身体建构,1895～1949》,《近代史研究所集刊》(台北)2004 年第 43 期。

李润波:《历经艰险进军奥运》,《北京档案》2007 年第 12 期。

林玫君:《身体的竞逐与身份的游移——台湾首位奥运选手张星贤的身份认同之形塑与其纠葛》,《思与言》2009 年第 1 期。

吕绍理:《展示台湾:一九〇三年大阪内国劝业博览会台湾馆之研究》,《台湾史研究》2002 年第 2 期。

汤铭新、朱方东等:《简论宋如海〈我能比呀·世界运动会丛录〉在中国奥林匹克史中的地位与影响》,《浙江体育科学》1999 年第 1 期。

王冠华:《近代中国体育——范畴类别与体制归属》,王希、姚平主编:《在美国发现历史——留美历史学人反思录》,北京大学出版社 2010 年版。

王正华:《呈现"中国":晚清参与 1904 年美国圣路易万国博览会之研究》,黄克武主编:《画中有话:近代中国的视觉表述与文化构图》,"中研院"近代史研究所 2003 年版。

威子:《第一支走向世界的中国足球队》,《传承》2010 年第 6 期。

吴靖、云国强:《北京奥运会开幕仪式的文化批评》,《二十一世纪》2008 年第 110 期。

徐康:《抗战前德国军事顾问团对中国军事教育的改进与贡献》,《民国档案》2010 年第 1 期。

薛毅:《1936 年〈德华信用借款合同〉签订的作用与影响》,《武汉大学学报》(人文科学版)2004 年第 6 期。

易豪精:《从"蜜月"到断交——抗日战争爆发前后中德关系的演变》,《中共党史研究》1995 年第 5 期。

易剑东:《2008 年北京奥运会中国体育代表团的形象塑造与媒体应对》,周亭主编:《奥林匹克的传播学研究》,中国传媒大学出版社 2009 年版。

张北根:《1933～1941 年的中德关系》,《历史研究》1995 年第 2 期。

赵善性:《中国与第 11 届奥林匹克运动会》,《武汉体育学院学报》1988 年第 6 期。

郑光路:《中国武术走向世界的序曲——国术表演队一九三六年赴"奥运会"》,《体育文化导刊》2004 年第 7 期。

郑志林、赵善性:《中华体育考察团赴欧考察评述》,《体育文化导刊》1992年第4期。

[德]伯恩德·马丁:《德国与国民党中国(1927～1941)》,李济民译,张寄谦主编:《中德关系史研究论集》,北京大学出版社2011年版。

[德]罗梅君:《德国人如何看待中国和中国人、如何看待德国人在中国的作用(1890～1945)》,李济民译,张寄谦主编:《中德关系史研究论集》,北京大学出版社2011年版。

[美]徐国琦:《现代奥林匹克运动与中国的国际化》,《二十一世纪》2009年第111期。

[日]濱田幸絵:《戦前日本のオリンピック--コミュニケーションの政治経済学的視点から》,《コミュニケーション科学》2010年第32卷。

(三)资料汇编

教育年鉴编纂委员会:《第二次中国教育年鉴》,沈云龙主编:《近代中国史料丛刊三编》第十一辑,商务印书馆1948年版。

沈嗣良:《十年来的中国体育》,沈云龙主编:《抗战十年前之中国(1927～1936)》,台湾文海出版社1983年版。

沈嗣良:《我国参加第十届世界运动会盛况》(1932年);《行政院关于筹备参加第十一届世界运动会项目、经费筹措等计划及派戴季陶为政府代表赴会的有关电文》(1935年11月～1936年4月),中国第二历史档案馆编:《中华民国史档案资料汇编》第五辑第一编,江苏古籍出版社1994年版。

体育文史资料编审委员会编:《体育史料》第二辑,人民体育出版社1980年版。

中国第二历史档案馆:《中国筹备参加第十一届奥运会的一组史料》,《民国档案》1990年第3期。

中华全国体育协进会编:《出席第十一届世界运动会中华代表团报告》,华丰印刷所1937年版。

(四)报纸、期刊

《大公报》(1934～1936),《电声》(1936),《东方杂志》(1933～1936),《东南日报》(1934～1936),《读书青年》(1936),《公童公学校刊》(1937),《国术声》(1936),《福建教育》(1936),《华年》(1936),《教与学》(1937),《康藏前锋》(1936),《良友》(1936),《玲珑》(1936),《民国日报》(广州)(1936),《勤奋体育月报》(1934～1937),《申报》(1934～1936),《时报》(1936),《实报半月刊》(1936～

1937)，《体育季刊》(1935～1936)，《体育研究与通讯》(1932～1936)，《体育杂志》(1935～1936)，《体育周报》(1930～1932)，《新闻杂志》(1936)，《益世报》(1934～1936)，《医药评论》(1936)，《朝日新闻》(1936)，《震亚月报》(1936)，《中央日报》(1934～1936)